Herausgeber und Bezugsquelle
Richemont Fachschule, CH-6006 Luzern

Produkteaufnahmen: Richemont Fachschule
Farbbilder/Umschlag/Stilleben: R. Heeb, Luzern
Illustrationen: M. Nuber, Kastanienbaum
Druck: Abächerli Druck AG, CH-6061 Sarnen

© 2008 by Richemont Fachschule, CH-6006 Luzern

Alle Rechte vorbehalten. Ohne schriftliche Genehmigung der Richemont Fachschule ist es nicht gestattet, dieses Buch oder Teile daraus im Druck, digital (Internet, CD-ROM usw.) oder auf fotomechanischem Weg (Fotokopie, Mikrokopie usw.) zu vervielfältigen oder das Werk ganz oder teilweise (auch unter Angabe der Quelle) zu übersetzen.

Printed in Switzerland

ISBN 3-9522817-9-4

Schweizer Konditorei

Richemont Fachschule

Vorwort

Die Schweizer Konditorei, ein Standardwerk für die Fachwelt, wurde bereits zum 4. Mal überarbeitet. Damit behält das Buch seine Aktualität und wird Sie weiterhin kompetent und hilfreich begleiten.

Dieses Buch erscheint in vier Sprachen. Die gesetzlichen Vorschriften weichen – trotz EU-Recht – in den verschiedenen Ländern erheblich voneinander ab. Unsere Hinweise und Rezepturen müssen möglicherweise Ihren Landesvorschriften angepasst werden.

Unser Buch «Schweizer Konditorei» ist klar auf die Praxis ausgerichtet, verbunden mit der nötigen Theorie für ein fundiertes Fachwissen.

Im ersten Teil finden Sie den schematischen Rezeptaufbau für die Grundrezepturen. Sie erhalten damit die Möglichkeit, Rezepte selbst zu beurteilen und individuell Ihren Wünschen anzupassen, respektive dem Markttrend. Mit den erforderlichen Berufs- und Rohstoffkenntnissen wird der erste Teil abgerundet.

Der zweite Buchteil beinhaltet ausschliesslich Grund-Rezepturen über das ganze Konditoreisortiment. Traiteurartikel und Eisarbeiten sowie die eigentliche Confiserie werden in unserem Standardbuch «Schweizer Confiserie» abgehandelt.

Die redaktionelle Bearbeitung, inklusive Fotoaufnahmen, lag ausschliesslich in den Händen unserer Richemont-Abteilungsleiter. An dieser Stelle danke ich allen Beteiligten für ihre gute Arbeit.

Ich freue mich, wenn unser Buch Sie in der täglichen Arbeit unterstützt mit dem Ziel, die gewünschten Qualitätsanforderungen unserer Kundinnen und Kunden optimal zu erfüllen.

Walter Boesch
Direktor Richemont Fachschule

Aus der Geschichte der Konditorei

Dr. sc. techn. h.c. Max Währen

Das Konditorenhandwerk war seit eh und je eines der schönsten und anspruchsvollsten Handwerke. Neben den technischen Voraussetzungen bedarf es schöpferischer und künstlerischer Eigenschaften. Der Urgrund des langsam sich entwickelnden Konditorenhandwerks lag im Bedürfnis etwas Feineres zu schafffen, wie – neben Brot – Kuchen. Dieses Bedürfnis und eine entsprechende Kreativität finden wir nach meinen neusten Forschungen bei uns in der Schweiz schon in der Zeit von 3600 bis 3500 vor Christus, also vor rund 5500 Jahren. Als mir die Getreideverarbeitungsforschungen aus der Grabung des jungsteinzeitlichen Siedlungsgebietes von Twann am Bielersee übertragen wurden, machte ich einen merkwürdigen Fund. Nachdem ich einige verkohlte Stücke zusammensetzte und den Gegenstand dann untersuchte, ergab sich folgendes: Diese Jungsteinzeitleute schnitten vor rund 5500 Jahren aus einer Birke ein quadratisches Stück von 5 cm Länge. Darauf drückten sie eine runde Teigschale. Diese gebogene Birkenschale hatte mich zur festen Überzeugung gebracht, dass sie die Stelle eines Kuchenbleches versehen sollte, was auch zutrifft. Die Schalenform besagt, dass man sie mit etwas auffüllen wollte, wozu Obst, wahrscheinlich Beeren, in Frage kamen. Dies stellt den bisher ältesten Versuch dar, Feingebäck herstellen zu wollen. Es muss uns mit Freude erfüllen, dass dies sich ausgerechnet in unserem Lande zutrug.

Eine ausgeprägte Konditorei bestand in Mesopotamien schon vor etwa 4000 Jahren. Eine bekannte Süssspeise war das Mutaku, zu dem man Emmer und Sesam, Honig und vermutlich Butter oder Milch benützte.

Auch die Ägypter kannten bereits die Feinbäckerei respektive Konditorei. So verfertigten sie z.B. um 2300 bis 2200 vor Christus feine runde Honigkuchen, streuten Sesam darüber und setzten in die Mitte Konfitüre. Über ein solches Teigplätzchen von ca. 10 cm Durchmesser wurde ein zweites darüber gelegt. Beides tat man zwischen zwei genau passende gewölbte Kupferschalen, die erhitzt wurden, und buk es. Man stellte aber auch spiralförmiges Schneckengebäck her, das man im schwimmenden Öl in einer grossen Pfanne buk. Im weitern fertige man kraterförmige Kuchenteige an, die man mit einer bisher nicht bekannten Masse füllte.

Gross muss die Konditoreikunst im syrischen Königspalast von Mari in der Zeit von etwa 1800 vor Christus gewesen sein, denn man fand fast 50 schöne, künstlerisch hochwertige Kuchenmodel aus Ton mit prächtig modellierten Figuren. Es gab auch kleine Pâtisseriemodel, von denen ich eines als Leihgabe besitze. Es ist rund, hat einen Durchmesser von 4 cm und weist die schöne Figur eines Rehleins auf. Pâtisserie kannte übrigens auch Ägypten, die mit nur etwa 3,5 cm grossen Modeln bedruckt wurden.

Im alten Griechenland florierte die Kuchenbäckerei sondergleichen. Die Städte wollten sich mit ihren Feingebäcken übertreffen. Die Kuchen geleiteten das Leben von der Geburt bis zum Tod. Es gab Geburtstags- und Hochzeitskuchen. Kuchen in allen möglichen Tierformen, mit Rahm, Honig und Sesam gemacht.

Im alten Rom brachte man die Konditorei zur letzten Finesse. Da waren einmal die «pistores placentarii», die Kuchenbäcker, dann die «pistores dulciarii» (dulcia = süss), die man als eigentliche Zuckerbäcker bezeichnen muss. Feine Milchgebäcke verfertigten die «pistores lactarii». Der Pastillarius machte Opferkuchen und «pastilli», Konditoreiplätzchen zur Verbesserung des Mundgeruches. Vom Dessertgebäck in Muschelform bis zum süssen Schweinchen gab es Dutzende von Formen.

Bei uns waren es die Klöster, welche die Feinbäckerei mitsichbrachten. Vom 16. Jahrhundert an erschienen bei uns die «Confectmacher», die man zunächst noch zu den Apothekern zählte. Hierauf verweist auch die Schrift «Confectbüchlein und Hausapotheke» von 1544.

Berühmt waren die Bündner Zuckerbäcker, die in alle Welt wanderten und 1680 die ersten Kaffeehäuser in Venedig errichteten.

Wie damals die Bündner Zuckerbäckerei hat noch heute die Schweizer Konditorei einen weltweiten, angesehenen Namen und ich bin überzeugt, dass das vorliegende Standardwerk bald einen ebenso angesehenen Namen in Anspruch nehmen wird. In hoher Anerkennung des prächtigen Bandes gebe ich ihm meine besten Wünsche mit.

Das Mehl

Weissmehl

Die Rezepturen der «Schweizer Konditorei» basieren, wenn nicht anders vermerkt, auf der Verwendung von handelsüblichem Weissmehl der Type 405.
Wie die nachstehenden Kennzahlen zeigen, handelt es sich dabei um ein relativ proteinreiches Mehl mit einer eher starken Glutenqualität.

Typ 550

Bei dem vorwiegend industriell eingesetzten Weissmehltyp liegt ein durchgemahlenes Mehl von schwächerer Glutenqualität und etwas höherer Enzymaktivität vor.
Dieser Mehltyp wird daher mit Vorteil bei Aufschlagmassen eingesetzt, um eine zähe Struktur zu vermeiden.
Der dunkleren Mehlfarbe zufolge (Aschegehalt 0,55%) ist die Verwendung jedoch auf Produkte beschränkt, bei denen die Gebäcksfarbe kein qualitätsbestimmendes Merkmal darstellt.

Mehl für Blätterteiggebäcke

Grundsätzlich wird für die Herstellung von Blätterteig handelsübliches Weissmehl eingesetzt. Voraussetzung für eine problemlose Verarbeitung ist vor allem eine elastisch-dehnbare Glutenbeschaffenheit. Mit der Verwendung unbehandelter Mehle (kein Ascorbinsäurezusatz) wird das Risiko einer zu starken zusätzlichen Glutenanregung beim Tourieren verrringert.
Spezielle Blätterteigmehle zeichnen sich dadurch aus, dass die Teige weniger stark auf die mechanische Anregung beim Tourieren reagieren und unabhängig von der Herstellungsmethode möglichst gleichmässige Gebäcke ergeben. Dies wird müllerseitig vor allem mit einem höheren Anteil eiweissreicher Weizensorten mit elastischen Gluteneigenschaften (US Northern Spring, australische Provenienzen) erreicht.

Richtwerte für die Mehlqualität

Prüfkriterien			Anforderungen Weiss	Typ 550
Asche	% (TS)	Min.	0,38	0,51
		Max.	0,45	0,57
Wasser	%	Basiswert	14,0	14,0
Protein	% (TS, N×5,7)	Min.	11,5	12,0
Zeleny	ml Sedimentation	Min.	45	40
Gluten,	feucht %	Min.	27	27
Quellzahl,	Differenz $\frac{Q_{30} \times 100}{Q_0}$		30–70	30–70
Wasseraufnahme	% 500 FE	Min.	59	60
	360 FE	Min.	64	65
Extensogramm	Proportion (R_5)		2–3	2–3
	Fläche cm² (135')	Min.	120	110
Amylogramm	(Verkleisterung AE (Mittelwert)		600	600
Fallzahl		Min.	330	330
Maltose	%	Max.	2,3	2,3
Kastenbackversuch Volumen aus 100 g Mehl		Min.	550	520

Mehl für Biscuitböden und Rouladen

Bei der Herstellung von Biscuitmassen kann sich ein hoher Eiweissgehalt des Mehles negativ auf den Aufschlag und das Volumen auswirken, so dass ein Verschnitt mit Stärke angezeigt ist. Eine feinere Granulation und eine niedrigere Wasseraufnahmefähigkeit des Mehles begünstigt den Aufschlag.
Um unerwünschte Reaktionen bei der Verwendung von Aufschlagmitteln auszuschliessen (Käsigwerden, Nesterbildung) sind grundsätzlich Mehle ohne Ascorbinsäurezusatz zu verwenden.

Mehl für Lebkuchen

Die für Lebkuchen typische Fladenform kann am besten mit einem glutenschwachen Mehl (Proteingehalt 8 bis 10%) erzielt werden. Der Verschnitt von Weissmehl mit Roggen- oder Dinkelmehl ist daher üblich.

Roggenmehl
Als Beimischung eignet sich hauptsächlich dunkles Roggenmehl der Type 997. Es ist darauf zu achten, dass Roggenmehle mit guten Quelleigenschaften und ausreichender Verkleisterungsfähigkeit verwendet werden. Enzymreiche Roggenmehle mit niedriger Fallzahl (unter 250) führen zu einer mangelhaften Lockerung und beeinträchtigen die Gebäcksausbildung.
Der Einsatz von Roggenmehl wird für länger gelagerte Teige empfohlen.

Dinkelmehl
Als Korn wird Dinkel oder Spelz (Triticum spelta) in den niederschlagsreichen Randgebieten des Getreideanbaues (Kantone Bern, Luzern und Aargau) noch angebaut. Das Mehl, als Weiss- oder Halbweissmehl hergestellt, findet als Korneinschlag seit alters her bei der Lebkuchenherstellung Verwendung.
Im Gegensatz zum Weizen weist Korn eine sehr lange, plastisch dehnbare Glutenbeschaffenheit auf, die für die Herstellung von Lebkuchen und Fladengebäck geradezu ideal ist.

Die Stärken

Native Stärken (Stärkemehle)

In der Konditorei finden vor allem Weizenstärke und Maisstärke sowie Kartoffelstärke (Fécule) vielseitige Verwendung.
Die Gewinnung erfolgt durch Auswaschen der kaltwasserunlöslichen Stärkekörner und anschliessender schonender Trocknung, um den nativen, d.h. den unveränderten Stärkecharakter zu erhalten.
Die unterschiedlichen Verkleisterungs- und Gebildungseigenschaften der verschiedenen Stärkearten liegen im Aufbau und dem Anteil an Amylopektin und Amylose begründet. Vor allem bei Cremen und Massen kann mit der Wahl der Stärkeart oder durch Kombinationen die Qualität des Endproduktes (Struktur, Schmelz usw.) wesentlich beeinflusst werden.

Modifizierte Stärken

Durch thermischen Aufschluss physikalisch modifizierte Stärken bilden im Unterschied zu nativen Stärken bereits mit kaltem Wasser einen Gel. Sie werden u.a. als Quellstärken für Instant-Produkte wie kaltanrührbare Cremen eingesetzt. Chemisch modifizierte Stärken sind in Form von Stärkeestern und Stärkephosphaten ebenfalls Bestandteil von kaltanrührbaren Pudding- und Cremepulvern, indem sie spezifisch Gelier- und Verdickungseigenschaften aufweisen.

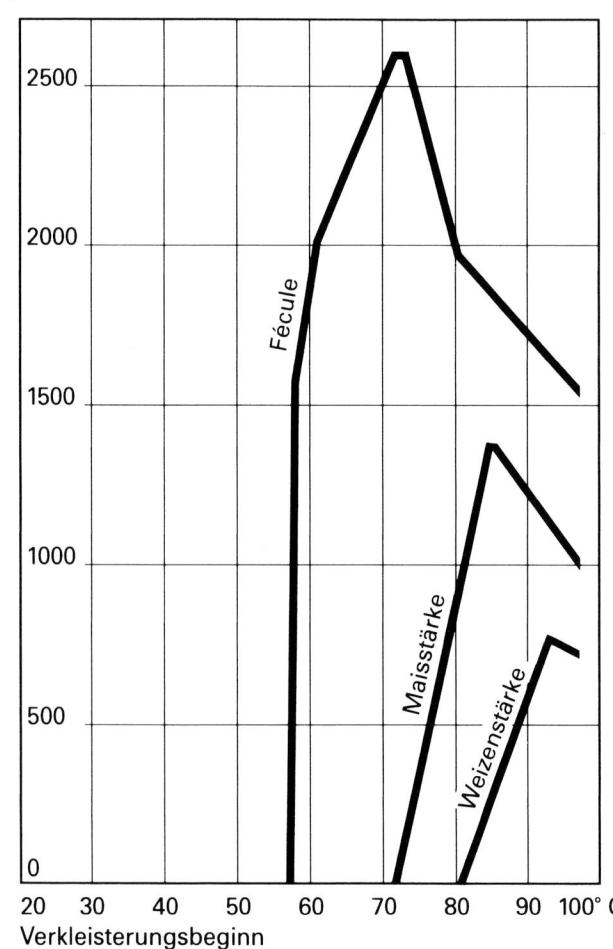

Verkleisterungseigenschaften verschiedener Stärken
120 g Stärke pro Liter Wasser

Zucker und Zuckerarten

Unter der allgemeinen Bezeichnung Zucker ist gemäss Lebensmittelverordnung (LMV Artikel 232) ausschliesslich Rohr- oder Rübenzucker (Saccharose) zu verstehen.
Andere Zuckerarten (Glucose, Sirup, Invertzucker, Traubenzucker) sind entsprechend zu bezeichnen, wobei in der Deklaration die vereinfachte Bezeichnung «Zuckerarten» zulässig ist.

Zuckersorten und deren Verwendung

Kristallzucker

Am häufigsten verwendete Form, die sich für die meisten Konditoreiprodukte eignet.
Englischer Zucker zeichnet sich durch einen bestimmten Feinheitsgrad aus und wird vor allem für die Herstellung von Confiserieartikeln verwendet.

Griesszucker

Feiner gemahlener Kristallzucker von besserer Löslichkeit.

Puder- oder Staubzucker

Staubfein vermahlener Kristallzucker, der wegen seiner guten Löslichkeit anstelle von Kristall- oder Griesszucker, aber auch zum Stauben und Abflämmen eingesetzt wird.

Hagelzucker

Kugeliger, in kleiner, mittel- und grobkörniger Form erhältlicher Kristallzucker, der zu Dekorzwecken und zum Überstreuen verwendet wird.

Rohzucker

In grober und feiner Form auch als Reformprodukt im Handel. Der hell- bis dunkelbraune, etwas klebrige Rohzucker entstammt der ersten Kristallisationsstufe bei der Zuckergewinnung (meist aus Zuckerrohr) und enthält noch etwas Melasse, Mineralsalze und Stickstoffverbindungen.

Kandiszucker

Durch Auskristallisieren entstandene grosse Zuckerkristalle, die ungefärbt (blonder Kandis) oder gefärbt (brauner bis schwarzer Kandis) mit oder ohne Faden in den Handel kommen.

Raffinadezucker

Extra weisser Zucker mit einem sehr niedrigen Ascheanteil. Vereinzelt für Likörpralines und zum Süssen von Mineralwasser und Erfrischungsgetränken verwendet.

Nichtknollender Puderzucker

Zur Verhütung des Knolligwerdens können geringe Mengen eines Antiklumpmittels (Stärke, Phosphate, Karbonate, Silikate) beigegeben werden; dieser Puderzucker eignet sich nicht für alle Rezepturen wie Gianduja, Dauercremen usw.

Puderschnee

Mischung von Puderzucker, Antiklumpmittel und Fettstoffen. Der schlechten Löslichkeit wegen wird er deshalb zum Überstauben von mit Creme eingestrichenen Torten und Patisserie verwendet.

Vanillezucker

Mischung von Zucker mit mindestens 10% getrockneter Vanille. Wird zum Aromatisieren gebraucht.

Vanillinzucker

Mischung von Zucker mit mindestens 2% Vanillin. Verwendung analog dem Vanillezucker.

Gelierzucker

Mit Pektin versetzter Kristallzucker, der zur Verdickung und Gelierung von Marmeladen, Kompotten und Desserts meist im Haushaltbereich verwendet wird.

Zuckerprodukte

Läuterzucker

Gelöster, gekochter und geklärter Zucker, der als Sirup zum Tränken, zum Verdünnen von Fondant und bei der Speiseeisherstellung Anwendung findet.

Zuckercouleur

Bei einer Temperatur von 180 bis 200° C gebrannter Zucker. Die schwarzbraune Masse hat eine sehr starke Färbkraft und wird zum Färben von Zuckerwaren, Cremen, Fondant und Likörspezialitäten verwendet.
Gilt lebensmittelrechtlich als brauner Farbstoff (Caramel, E 150).

Andere Zuckerarten

Glukosesirup

Zäher, dickflüssiger Sirup. Wird auch als Stärkesirup bezeichnet. Gewinnung aus Stärke auf enzymatischem Wege, durch Säureabbau oder in Kombination.

Stärkezucker

Pulverförmiges Produkt, das durch weitgehenden Säureabbau aus Stärke gewonnen wird. Wird ähnlich wie Glukosesirup eingesetzt.

Traubenzucker

Auch als Glucose oder Dextrose bezeichneter Einfachzucker, der in vielen süssen Früchten und im Honig vorkommt. Technisch durch Säureabbau aus Stärke gewonnen. Verwendung für Süsswaren, Getränke und diätetische Nahrungsmittel. Wesentlich weniger süss als Rohr- oder Rübenzucker.

Invertzucker

Zu gleichen Teilen aus Traubenzucker und Fruchtzucker bestehendes Gemisch, das bei der Aufspaltung von Rohr- oder Rübenzucker (Saccharose) durch Säuren oder Enzyme entsteht. Wird zur Verhinderung der Rückkristallisation bei Teigen und Massen eingesetzt. Häufig verwendet bei der Bonbon- und Fruchtwarenfabrikation und für die Herstellung von Kunsthonig.
Invertzucker wirkt durch den Gehalt an Fruchtzucker wasseranziehend (hygroskopisch) und kann daher als Feuchthaltemittel bei Konditoreiprodukten eingesetzt werden.

Fruchtzucker

Auch als Fructose oder Laevulose bezeichneter Einfachzucker, der zusammen mit Traubenzucker in süssen Früchten und im Invertzucker vorkommt. Als Austauschstoff für Saccharose in diätetischen Nahrungsmitteln, für den Diabetiker verträglicher. Wesentlich süsser als Rohr- oder Rübenzucker. Wirkt hygroskopisch und dient als Weichhaltemittel.

Milchzucker

Auch als Lactose bezeichnet. Doppelter Zucker (aus Galaktose und Glucose bestehend), der in der Humanmilch und der Milch von Säugetieren vorkommt. Wird aus Molke und Milchserum gewonnen. Wirkt schwach laxierend und schmeckt nur schwach süss.

Honig

Von der Biene aus Blütennektar und Pflanzenabsonderungen gesammelter und verarbeiteter süsser Stoff von gleichzeitig hohem ernährungsphysiologischem Wert. Enthält rund 70% Frucht- und Traubenzucker, daneben Saccharose, Dextrine, Mineralstoffe, Säuren, Enzyme sowie Eiweiss-Substanzen. Wassergehalt meist unter 20%. Benennung nach dem Nektar, der Gewinnung oder dem Verwendungszweck.
Bei kühler, trockener Lagerung ist Honig lange haltbar, neigt jedoch zum Auskristallisieren. Um einen Wertverlust zu vermeiden darf er beim Wiederauflösen nicht über 60° C erhitzt werden.
Im Aussehen und der Konsistenz dem Honig ähnliche Zuckererzeugnisse sind entsprechend zu bezeichnen (Kunsthonig, Tafelmelasse, eingedickter Birnensaft).
Kunsthonig wird aus Invertzucker durch Aromatisieren und Färben hergestellt. Die gewerbsmässige Fabrikation ist meldepflichtig.

Zuckeralkohole

Durch Reduktion von fünf- und sechswertigen Monosacchariden entstehen entsprechende Zuckeralkohole, welche süss schmecken und ähnliche Eigenschaften wie die Zucker aufweisen. In der Natur nur in geringer Menge in Früchten und Beeren vorkommend, werden die als Zuckeraustauschstoffe verwendeten Substanzen technisch hergestellt.
Von den Hexiten ist Sorbit am gebräuchlichsten für diätetische Lebensmittel und wird als Frischhaltemittel und Weichmacher für Süsswaren verwendet.
Bei den Pentiten ist vor allem Xylit für zahnschonende Bonbons und zuckerfreien Kaugummi gebräuchlich.

Süsskraft verschiedener Zuckerarten

bezogen auf Rohr- oder Rübenzucker

Fruchtzucker	1,2–1,7
Rohr- oder Rübenzucker	1,0
Invertzucker	0,8–0,9
Traubenzucker	0,5–0,8
Stärkesirup	0,3–0,5
Milchzucker	0,2–0,6
Sorbit	0,4–0,5
Xylit	0,9–1,1

Süssstoffe

Substanzen mit einer mehrfach grösseren Süsskraft als Saccharose. Sie werden heute den Zusatzstoffen zugerechnet (Zusatzstoffverordnung, Positivliste 13).

Saccharin

In der Natur nicht vorkommende, chemisch synthetisierte Verbindung mit einer ca. 450fach grösseren Süsskraft als Rohr- oder Rübenzucker. Als Natriumsalz (Kristallsaccharin) besser löslich. In Tablettenform mit Natriumbikarbonat gemischt für den Direktverbrauch im Handel. Zersetzt sich in Gegenwart von Säuren beim Erhitzen und ruft einen bitteren Beigeschmack (Phenol) hervor.

Cyclamat

Nicht natürlich vorkommende, synthetisierte Substanz mit einer ca. 30fach grösseren Süsskraft als Zucker. Koch- und backfest, kommt als Natrium- und Calziumsalz sowohl pulverförmig als auch verdünnt in flüssiger Form und in Tablettenform in den Handel. In Kombination mit Saccharin (10:1) geschmacklich besonders vorteilhaft.

Aspartam

Synthetisierte Verbindung, zerfällt jedoch beim Stoffwechsel in die natürlicherweise in Eiweissstoffen vorkommenden Aminosäuren Phenylanalin und Asparaginsäure. Ca. 180- bis 200fach süsser als Zucker.

Thaumatin

Natürlich vorkommender Süssstoff, der aus einer in Westafrika heimischen Frucht (Thaumatucoccus) gewonnen wird. Die Süsskraft ist ca. 2500mal stärker als diejenige von Saccharose. Thaumatin hat einen lakritzähnlichen Eigengeschmack und wirkt gleichzeitig als Geschmacksverstärker. Ist nicht hitze- und säurestabil und wird vorerst nur für zuckerfreien Kaugummi zugelassen.

Zuckerkochen

Zum Kochen des Zuckers eignet sich am besten ein Kupferkessel. 3 Teile Zucker und mindestens 1 Teil Wasser durchmischen und unter öfterem Herunterwaschen mit nassem Pinsel bis zum gewünschten Grad kochen. (Eventuelle Glukosebeigabe sobald der Zucker kocht.) Wird der Zucker mit Rahm gekocht (Caramel), so muss ständig gerührt werden. Ist der Kochgrad erreicht, den Kessel kurz in kaltes Wasser tauchen, um ein Weiterkochen zu unterbinden.

Das Messen der Zuckerlösung

Dünnere Lösungen können mit der Zuckerwaage (Senkspindel) nach Beaumégraden gemessen werden.
Für dickere Lösungen eignet sich das Thermometer (Réaumur oder Celsius).

Umrechnung von Réaumur- und Celsiusgraden:

$\dfrac{\text{Celsius}}{5} \times 4 = \text{Réaumur}$ $\dfrac{\text{Réaumur}}{4} \times 5 = \text{Celsius}$

Zuckerproben und Kochgrade

1 kg Zucker
1½ lt Wasser } ergeben ca. 18° Bé

1 kg Zucker
1 lt Wasser } ergeben ca. 23° Bé

1½ kg Zucker
1 lt Wasser } ergeben ca. 27° Bé

2 kg Zucker
1 lt Wasser } ergeben ca. 32° Bé

Zuckerkochgrade

	Beaumé-Grade	Réaumur-Grade	Celsius-Grade
Fadenzucker			
Schwacher Faden	32°–33° Bé	82°–84° R	100°–105° C
Mittlerer Faden	33°–34° Bé	84°–86° R	105°–107° C
Starker Faden	35° Bé	86°–88° R	107°–110° C
Flugzucker			
Schwacher Flug	37° Bé	88°–90° R	110°–112° C
Kettenflug	38°–39° Bé	90°–92° R	112°–115° C
Ballenprobe			
Schwacher Ballen	40° Bé	92°– 94° R	115°–117° C
Mittlerer Ballen		94°– 96° R	117°–120° C
Starker Ballen		96°–100° R	120°–125° C
Bruchprobe			
Schwacher Bruch		102°–105° R	127°–130° C
Mittlerer Bruch		106°–112° R	130°–140° C
Starker Bruch		113°–116° R	141°–145° C
Caramelprobe		116°–122° R	145°–152° C
Couleur	Weiterkochen bis zum gewünschten Farbton.		

Verbrannter Zucker (Herstellung siehe Seite 33)

Eier

Die Bezeichnung «Eier» darf nur für die Eier des Haushuhnes verwendet werden. Eier anderer Vögel müssen entsprechend bezeichnet werden.

Qualitätsklassen laut Lebensmittelverordnung Artikel 172[1]:

«Extra», «A», «B» und «C».

«Extra»

Abpackdatum:	höchstens 5 Tage nach Legedatum
Verkaufsdatum:	höchstens 12 Tage nach Abpackdatum
Luftkammerhöhe:	höchstens 4 mm im Zeitpunkt des Abpackens

«A»

Abpackdatum:	bei Kühllagerung bis 8 Wochen nach Legedatum
Verkaufsdatum:	höchstens 18 Tage nach Abpackdatum
Luftkammerhöhe:	höchstens 7 mm im Zeitpunkt des Abpackens

«B»
Erreichen Anforderungen an die Qualitätsklasse «A» bezüglich Frische, Luftkammer, Schale, Eiweiss und Dotter nicht.

«C»
Mit qualitativen Mängeln behaftet, jedoch zur Verwendung noch zugelassen.

Gewichtsklassen:

Grosseier	mindestens 65 g
Normaleier	50 bis 65 g
Kleineier	unter 50 g

Importeier

Sie müssen mit dem Namen des Herkunftlandes versehen sein oder die Bezeichnung «Imp.» tragen.
Gefrier- und Trockeneier dürfen nur pasteurisiert eingeführt werden.

Gefriereier

Verwendung: Sie lassen sich im aufgetauten Zustande wie Frischeier verarbeiten.

Trockeneiweiss

Ist auf zwei Arten im Handel:
— Schuppeneiweiss
— Pulvereiweiss

Auflösen von Trockeneiweiss:
180 bis 200 g Trockeneiweiss, 1000 g Wasser.

Schuppeneiweiss ca. 12 Stunden stehen lassen, bis es sich vollständig gelöst hat.

Pulvereiweiss kann sofort weiterverarbeitet werden.
Verwendung: Wie Frischeiweiss.

Schneepulver

Es enthält nebst Hühnereiweiss noch weitere Produkte wie Stärke und Bindemittel.
Verwendung: Wie Trockeneiweiss.

Milch und Milchprodukte

Milch

Milch, die in den Verkauf gelangt, muss qualitativ einwandfrei sein und darf in bakteriologisch-hygienischer Hinsicht keine Mängel aufweisen.
Fettgehalt mindestens 3%.

Rohmilch

Rohmilch darf höchstens 48 Stunden nach dem Melken abgegeben werden. Sie muss bei weniger als 5° C aufbewahrt und darf nicht zum Rohgenuss verwendet werden.
Verwendung: Zum Abkochen von Cremen, Glacen und Füllungen.

Vorzugsmilch

Unter dieser Bezeichnung darf nur eine besonders keimarme trinkfertige Rohmilch in den Verkauf gebracht werden.

Pasteurisierte Milch

Milch darf als pasteurisiert bezeichnet werden, wenn sie unmittelbar nach der Pasteurisation auf 3 bis 5° C abgekühlt und unter hygienischen Bedingungen in verschliessbare Behältnisse abgefüllt wird.
Auf der Packung muss die Bezeichnung «pasteurisiert», der Vermerk «Bei 3 bis 5° C vor Licht geschützt aufbewahren» und das letztzulässige Datum für die Abgabe im Detailhandel angebracht sein.

Ultrahocherhitzte Milch (UHT)

Sie darf nur in Packungen in den Verkehr gebracht werden, die keimfrei, keimdicht und für Licht und Gase undurchlässig sind.
Letztzulässiges Abgabedatum im Detailhandel 11 Wochen nach dem Tag der Ultrahocherhitzung.
Lagerung: Raumtemperatur.

Joghurt

Joghurt ist ein durch eine besondere saure Gärung von Milch hergestelltes Erzeugnis. Es müssen darin die geeigneten thermophilen Laktobazillen und Milchsäurestreptokokken in lebensfähigem Zustande vorhanden sein (mindestens 1 Mio./g).

Joghurt ohne Zutaten   Fettgehalt mindestens 3,5%
Joghurt teilentrahmt   Fettgehalt mindestens 2,0%
Joghurt mager   Fettgehalt mindestens 0,5%
Lagerung bei max. 5° C.
Verwendung: Zur Herstellung von leichten und bekömmlichen Cremen.

Quark

oder «Frischkäse» ist ein Erzeugnis, das aus roher Käsereimilch durch Lab oder Säure von der Molke abgeschieden wird.

Rahmquark   Fettgehalt mindestens 55% i.T.
Magerquark   Fettgehalt weniger als 15% i.T.
Verwendung: Zur Herstellung von Quarktorte und leichten, bekömmlichen Cremen.

Ziger

Wird durch Säure-Hitze-Fällung aus Fett oder Magersirte (Molke) gewonnen.
Verwendung: Zigerkrapfen.

Rahm

Ist der fettreiche Anteil der Milch, welcher durch Stehenlassen oder Zentrifugieren der Milch gewonnen wird.

Doppelrahm   Fettgehalt mindestens 45%
Rahm, Vollrahm oder Schlagrahm Fettgehalt mindestens 35%
Halbrahm   Fettgehalt mindestens 25%
Kaffeerahm   Fettgehalt mindestens 15%

Rahm gelangt unpasteurisiert, pasteurisiert und UHT behandelt in den Verkauf.
Für die Weiterverarbeitung ist nur pasteurisierter oder UHT behandelter Rahm zu verwenden.
Lagerung: 3 bis 5° C.
Verwendung: Vor allem Rahm mit Fettgehalt 35% für Desserts, Torten, Patisserie und als Bestandteil von Cremen und Füllungen.

Schlagcreme

oder «Patisseriecreme» ist eine pasteurisierte und emulgierte Mischung aus Milch und pflanzlichen Fettstoffen. Sie dient als Schlagrahmersatz. Bei der Verwendung darf die Aufmachung (z.B. Rosette als Dekor) und das Aussehen (unvermischt, in der Farbe und Konsistenz wie Rahm) keinesfalls Rahm vortäuschen, ansonst hat die Sachbezeichnung «hergestellt mit Patisseriecreme» zu erfolgen.

Butter

Ist Milchfett, das auf mechanischem Weg gewonnen wird.

Vorzugsbutter

Hergestellt aus pasteurisiertem Milchzentrifugenrahm, Fettgehalt mindestens 83%.

Molkereibutter

Hergestellt aus pasteurisiertem Milchrahm, Fettgehalt mindestens 83%.

Käsereibutter

Hergestellt aus einem Gemisch von pasteurisiertem Milch- und Sirtenrahm. Fettgehalt mindestens 83%.

Unpasteurisierte Butter

Sie muss als solche bezeichnet werden. Fettgehalt mindestens 83%.

Kochbutter

Ist jede Butter zu bezeichnen, die die Anforderung der erwähnten Sorten nicht erfüllt. Fettgehalt mindestens 82%.

Eingesottene Butter

Ist reines, wasserfreies Butterfett, Fettgehalt 100%.

Lagerung: Mit Ausnahme der eingesottenen Butter bei höchstens 5° C.
Verwendung: Sie ist vielseitig. Die besondere Wirkung der Butter beruht vor allem auf dem speziellen, vorzüglichen Aroma, das sie den Gebäcken und Cremen verleiht und dem niedrigen Schmelzpunkt (28 bis 32° C).

Fettstoffe

Sie lassen sich in zwei Hauptgruppen einteilen:
— Tierische oder animalische Fettstoffe
— Pflanzliche oder vegetabile Fettstoffe

Für Bäckereien und Konditoreien werden spezielle Fette hergestellt. Die Mischung und die Beschaffenheit ist auf ihren Verarbeitungszweck abgestimmt.

Bäckereifett

Beschaffenheit: fein und geschmeidig.
Zusammensetzung: pflanzlich, tierisch oder gemischt. Auch mit Zusatz von Butter.
Verwendung: Hefeteig, Kuchenteig, süsse Butterteige, Schwimmendbacken.

Konditoreifett

Beschaffenheit: weich oder fest, kurzer Schmelz.
Zusammensetzung: pflanzlich.
Verwendung: Cremen, Füllungen, Dauercremen.

Hartfett

Beschaffenheit: fest, hart, kurzer Schmelz.
Zusammensetzung: pflanzlich.
Verwendung: wie Konditoreifett.

Blätterteigfett

Beschaffenheit: lang, plastisch.
Zusammensetzung: pflanzlich, tierisch oder gemischt. Auch mit Zusatz von Butter.
Verwendung: Blätterteig, tourierte Hefeteige.

Gipfelfett

Beschaffenheit: lang, plastisch.
Zusammensetzung: pflanzlich, auch mit Zusatz von Haselnüssen und Butter.
Verwendung: Parisergipfel.

Margarine

Ist eine durch Emulgieren gewonnene, wasserhaltige Mischung von pflanzlichen oder tierischen Speisefetten oder -ölen mit oder ohne Beimischung von Milchfett. Fettgehalt mindestens 83%.

Patisseriemargarine

Beschaffenheit: butterähnlich.
Zusammensetzung: meist pflanzlich, auch mit Zusatz von Butter.
Schmelzpunkt: 32 bis 36° C.
Verwendung: anstelle von Butter für Cremen, Massen und Teige.

Blätterteigmargarine

Beschaffenheit: lang, plastisch.
Zusammensetzung: pflanzlich, tierisch oder gemischt.
Schmelzpunkt: pflanzlich 37 bis 39° C
tierisch 40 bis 44° C.
Verwendung: Blätterteig, tourierte Hefeteige.

Nüsse und Kerne

Die wichtigsten, für Konditoreiprodukte verwendeten Nüsse und Kerne:

Mandeln

Wichtigste Produktionsgebiete:	Sorten:
Italien	Bari, Palma, Girgenti.
Spanien	Valenzia, Longuettas, Alicante, Mallorca, Larquetas.
Kalifornien	Nonpareil, Pierless, Mission, Carmel, California.

Fettgehalt 45 bis 55%.

Qualitätsmerkmale:

Die italienischen und spanischen Sorten zeichnen sich aus durch ihr würziges, leicht süssliches Aroma. Den kalifornischen, sehr schönen, grossfruchtigen Kernen mit dünner Haut fehlt ein ausgeprägtes Mandelaroma. Sie enthalten, im Gegensatz zu den italienischen und spanischen, keine Bittermandeln.

Qualitätsbezeichnungen:

| Handgewählt | Von Hand erlesen ohne Bruch, Staub und Schalen. |
| Select | «ausgewählt» und nach Grösse sortiert, z. B. 18–20, d. h. auf 1 Unze (28 g) fallen 18 bis 20 Mandeln. |

Handelsformen:

Ganze Kerne, roh oder weiss (geschält).
Gehobelte Kerne, roh oder weiss.
Gemahlene Kerne, roh oder weiss.
Gestiftelte Kerne, weiss.

Bittermandeln

Sie stammen von wildwachsenden Bäumen oder von wilden Trieben der kultivierten Bäume.

Haselnüsse

Wichtigste Produktionsgebiete:	Sorten:
Italien	Piemonteser, Mortarelle, Römer, Giffoni.
Spanien	Tarragoner, Asturier.
Türkei	Levantiner, Kerrasunder, Trapezunder, Ordu.

Fettgehalt 55 bis 65%.

Qualitätsmerkmale:

Die türkischen Sorten eignen sich wegen ihres hohen Fettgehaltes besonders zum Schälen, die grossfruchtigen Piemonteser dank ihrer Regelmässigkeit und ihres vorzüglichen Geschmacks für Confiserie-Produkte und Dekorzwecke.

Handelsformen:

Ganze Kerne, roh.
Ganze Kerne, weiss, geröstet.
Gehobelte Kerne, roh.
Gemahlene Kerne, roh.

Baumnüsse

Wichtigste Produktionsgebiete:	Sorten:
Frankreich	Grenoble.
Italien	Sorrent.
Kalifornien	
Indien	

Fettgehalt 50 bis 55%.

Qualitätsmerkmale:

Besonders geschätzt sind die «Grenoble» dank ihres kräftigen Aromas und der hellen Farbe (durch Schwefeln herbeigeführt).

Handelsformen:

Halbe Kerne, offen oder in Dosen.
Viertel-Bruch, offen oder in Dosen.

Kokosnuss

Wichtigste Produktionsgebiete:
Sri Lanka, Indien, Zentral-Amerika, Indonesien, Philippinen.
Fettgehalt 60 bis 70%.

Handelsform:
Geraspelt in feiner oder grober Körnung.

Pistazien

Wichtigste Produktionsgebiete:
Italien, Tunesien und übriges Mittelmeergebiet.
Fettgehalt 50 bis 55%.

Qualitätsmerkmale:
Bevorzugt werden Kerne mit lebhafter, grüner Farbe.

Handelsformen:
Roh, ungeschält.
Heute vorwiegend geschält, vakuumverpackt.

Pinien

Wichtigste Produktionsgebiete:
Italien, Spanien.
Fettgehalt 45 bis 50%.

Qualitätsmerkmale:
Bevorzugt werden möglichst weiche, weisse Kerne von regelmässiger Grösse.

Handelsform:
Roh, ohne Schale.

Kastanien

Wichtigste Produktionsgebiete:
Italien, Spanien.
Fettgehalt 2 bis 3%.

Qualitätsmerkmale:
Bevorzugt wird die grossfruchtige Edelkastanie.

Handelsformen:
Roh, roh geschält, getrocknet oder tiefgefroren.
Heute vorwiegend als «Marron-Püree».

Lagerung der Nüsse und Kerne

Ihres hohen Fettgehaltes wegen (Ausnahme Kastanien) ist die Lagerdauer beschränkt.
Möglichst kühl und trocken und in dunklen und gut durchlüfteten Räumen.

Früchte

Frische Früchte

Sie dienen vorwiegend zum Belegen von Torten, Kuchen und Patisserie sowie zur Herstellung von Cremen und Glacen.

Fruchtkonserven

Da die Haltbarkeit der Früchte beschränkt ist, kommt den konservierten eine grosse Bedeutung zu.
Früchte werden konserviert durch Gefrieren, Trocknen, Einkochen, Sterilisieren, Confieren, Einlegen in Alkohol.

Gefrieren:

Um das Zellgefüge nicht zu zerstören, muss in kürzester Zeit bei möglichst tiefer Temperatur eingefroren werden, mit oder ohne Zuckerbeigabe.
Lagertemperatur: mindestens −18° C.
Besonders geeignet zum Tiefkühlen sind Aprikosen, Zwetschgen, Kirschen sowie die Beerenfrüchte Himbeeren, Brombeeren, Johannisbeeren, Heidelbeeren.
Problemlos lassen sich passierte Früchte (Fruchtmark) tiefkühlen.

Trocknen:

Es gibt zwei Methoden:
— Natürliches Trocknen an der Luft oder Sonne.
— Trocken im Dörrapparat oder Trockenraum.
Durch das Trocknen verdunstet Wasser, der Zuckergehalt wird dadurch anteilmässig erhöht, was die Haltbarkeit verlängert.
Die am meisten verwendeten Dörrfrüchte sind die Beeren der Weintraube.

Weinbeeren:	Gross, süss und sehr fleischig von braun-blauer Farbe. Sie enthalten meistens Kerne.
Rosinen:	Etwas kleiner als Weinbeeren, gelb-braun, sehr fleischig, süss, kernenlos.
Sultaninen:	Mittelgross, gelb-braun oder blau, auch künstlich durch Schwefeln gebleicht, kernenlos.
Korinthen:	Eher klein, violett-schwarz, kernenlos, etwas zähhäutig.

Weitere Früchte, die in der Konditorei verarbeitet werden sind Birnen und Zwetschgen.

Einkochen:

Durch das Kochen wird der Wassergehalt gesenkt, die hohe Zuckerbeigabe (750 bis 1000 g pro 1000 g Früchte) wirkt konservierend. Die Beigabe eines Geliermittels verkürzt die Kochzeit, verbessert die Backfähigkeit bei Konfitüren und Marmeladen sowie die Gelierfähigkeit bei Gelées und Aprikoturen.

Konfitüre:	Ist ein Gemisch von ganzen oder zerkleinerten Früchten und Zucker.
Marmelade:	Ist ein Gemisch von passierten Früchten und Zucker.
Gelée (Aprikotur):	Ist ein Gemisch von abgepresstem, geklärtem Fruchtsaft und Zucker.

Sterilisieren:

Das wichtigste Mittel zum Sterilisieren ist das Erhitzen.

Dunstfrüchte:	Sie werden ohne Zucker oder mit einem schwachen Zuckersirup sterilisiert. Die meistverwendeten sind Aprikosen (Oreillons), Zwetschgen und Kirschen. Verwendung: zum Backen auf Kuchen und Wähen.
Kompottfrüchte:	Sie werden mit einem stärkeren Zuckersirup sterilisiert. Die meistverwendeten sind Ananas, Birnen, Pfirsiche, Aprikosen, Kirschen, Fruchtsalat. Verwendung: Tortenbelag, Patisserie, Desserts, Coupes.

Confieren:

Beim Confieren wird das Wasser, das die Früchte enthalten, ausgetauscht durch eine übersättigte Zuckerlösung (bis 36° B mit 10% Glukose).

Kakao und Schokolade

Die meistverwendeten sind Ananas, Kirschen, Orangen-, Zitronenschalen, Zedrat, gemischt und gehackt als Cakesmischung.
Um das Austrocknen der confierten Früchte zu verzögern, können sie glasiert (kandiert) werden, d. h. sie mit einer dünnen, kristallinen Zuckerschicht umgeben.

Eingelegt in Alkohol:
Der Alkohol wirkt konservierend.
Es eignen sich Branntweine oder Liköre mit hohem Alkoholgehalt.

Blockkakao

Ungesüsste, feingewalzte und conchierte Kakaomasse.
Kakaobuttergehalt mindestens 50%.
Verwendung: Zum Aromatisieren von Teigen, Massen, Cremen, Füllungen und Glasuren.

Kakaobutter

Ist das durch Auspressen der Kakaomasse gewonnene Fett.
Verwendung: Zum Verdünnen von Couverture, zur Herstellung von Gianduja, Pralinémassen, haltbaren Cremen und Füllungen.

Kakaopulver

Ist der feingemahlene Presskuchen der beim Auspressen der Kakaobutter anfällt.
Fettgehalt mindestens 20%.
Gezuckertes Kakaopulver ist eine Mischung von Kakaopulver und Zucker.
Zuckergehalt max. 68%.
Verwendung: Zum Aromatisieren von Massen und Teigen. Zum Überstauben von Torten und Patisserie.

Schokolade

Schokolade oder auch Blockschokolade ist das homogene Gemisch aus Kakaomasse und Zucker.
Kakaobuttergehalt mindestens 18%.

Milchschokolade

Milchschokolade ist eine Schokolade mit mindestens 14% Milchbestandteilen, davon 3,5% Milchfett.
Verwendung: Zum Aromatisieren von Teigen, Massen und Cremen. Zur Herstellung von Füllungen.

Schokoladepulver

Ist pulverisierte Schokolade mit mind. 16% Kakaobuttergehalt.
Verwendung: wie Kakaopulver.

Weisse Schokolade

Weisse Schokolade besteht aus mindestens 20% Kakaobutter, 14% Milchbestandteilen, davon 3,5% Milchfett und max. 55% Zucker.
Verwendung: Fast ausschliesslich für Confiserieprodukte und Dekorartikel.

Couverture

Ist eine Schokolade mit mindestens 31% Fettgehalt. Der Fettgehalt der Couverture ist je nach Verwendungszweck unterschiedlich:

Dickflüssige Couverture	◆	32–34%	für Füllungen, Ganachen usw.
Couverture zum Überziehen	◆◆	36–37%	zum Überziehen von Pralines
Couverture zum Giessen	◆◆◆	38–40%	zum Giessen von Formen

	Kakaomasse %	Zucker %	Milchpulver %	Kakaobutter (zugesetzt) %
1. Dunkle Schokoladen	36–41	48–49		10–16
2. Dunkle Couverture	33–51	37–45		4–30
3. Milch-Schokoladen	8–10	40	20–24	25–30
4. Milch-Couverturen	6–10	35–38	22–31	21–28
5. Weisse Couverturen		38–42	20–24	35–39
Extrabittere Couverture	70	25		5

Lagerung von Schokolade und Couverture:

Trocken, dunkel, geschützt vor Fremdgeruch.
Temperatur 15–18° C.

Haltbarkeit der verschlossenen Blöcke:

Dunkle Couverture	12 Monate
Weisse und Milchcouverture	8 Monate.

Verarbeitung der Couverture

Um einen einwandfrei glänzenden Überzug bei Konfekt, Patisserie, Torten usw. zu erhalten, ist bei der Verarbeitung folgendes zu beachten:

Auflösen der Couverture	45° C
Verarbeitungstemperatur	32 bis 32,5° C
Temperatur der Produkte	18 bis 20° C
Abkühlen der Produkte	14 bis 16° C.

Temperierte Couverture immer gut aber sorgfältig durchmischen. Nicht aufschlagen, vor allem nicht in dickflüssigem Zustand, um ein Schaumigwerden zu vermeiden.

Couverture nicht in flüssigem Zustand über mehrere Tage aufbewahren, um ein Ausscheiden des Fettes von den Trockenbestandteilen zu vermeiden.

Couverture rapé

Auch «geraspelte Couverture» genannt.
Verwendung: Fast ausschliesslich zum Temperieren von Couverture.

Fettglasur

Ist eine der Couverture ähnliche Masse, bei der die Kakaobutter durch einen anderen Fettstoff ersetzt wird. Sie erlaubt eine einfachere Verarbeitung, da sie nicht «temperiert» werden muss.
Verwendung: Wie Couverture. Nicht erlaubt zum Giessen und Überziehen von Schokolade- und Confiseriewaren.

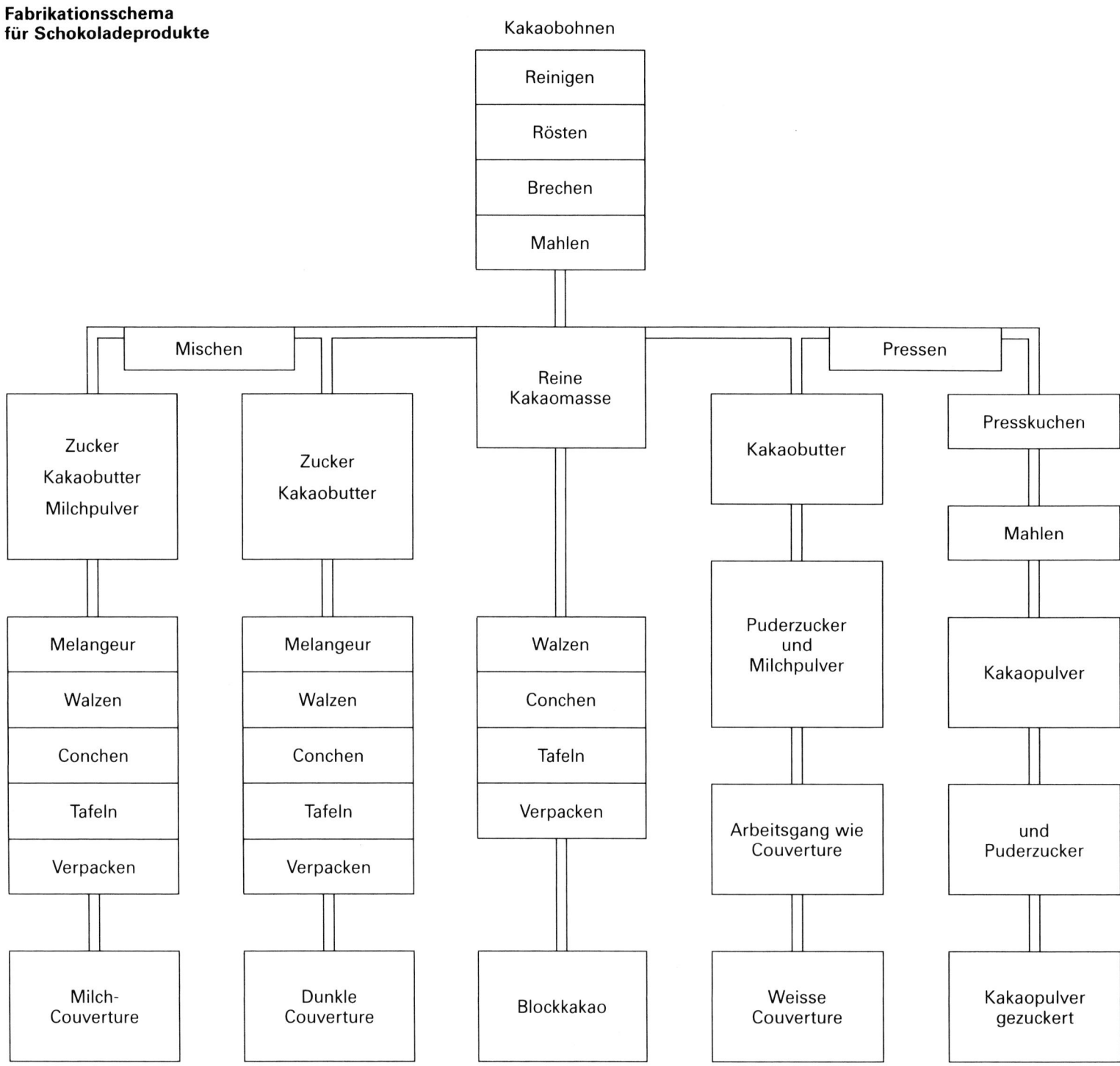

Gewürze

Sie werden eingesetzt, um den Geruch und Geschmack von Gebäcken und Cremen zu verfeinern und abzurunden.

Die wichtigsten Gewürzarten:

Rindengewürze: Zimt.
Samen und
Fruchtgewürze: Anis, Kardamomen, Koriander, Kümmel, Mohn, Muskat, Macis, Pfeffer, Sternanis, Vanille.
Wurzelgewürze: Ingwer.
Blütengewürze: Nelken, Safran.

Gewürze werden oft in Form von Mischungen verwendet (Seite 70).

Spirituosen

Spirituose ist die Bezeichnung aller Erzeugnisse, die durch Destillation vergorener Pflanzenteile gewonnen werden.

Sie lassen sich einteilen in:
— Feinsprit
— Branntwein
— Likör

Feinsprit

Ist reiner Alkohol, Alkoholgehalt mindestens 95%.
Er ist in dieser Form nicht trinkbar.

Branntwein

Alkoholgehalt mind. 40%, max. 55%.

Likör

Liköre sind Mischungen von Feinsprit, Branntwein, Zucker, Geschmacksstoffen.
Alkoholgehalt mind. 20%, max. 55%.
Zuckergehalt mind. 10%.

Zur Weiterverarbeitung, z.B. Aromatisieren von Konditoreiprodukten, sind Branntweine und Liköre mit hohem Alkoholgehalt im Handel.

Übersicht der gebräuchlichsten Spirituosen in der Konditorei

Branntweine

Kirsch	Destillat aus Kirschen.
Williams	Destillat aus Williamsbirnen.
Trester	(Träsch) Destillat aus Kernobst (Birnen, Äpfel).
Rum	Destillat aus Zuckerrohrmelasse. Färbung durch Zuckercouleur.
Arrak	Destillat von Reis und Zuckerrohrmelasse.
Cognac	Destillat aus Wein. Der Name «Cognac» darf nur verwendet werden für Produkte, die in der Region Charente (Frankreich) hergestellt werden.
Armagnac	Wie Cognac aber aus dem Departement du Gers (Frankreich) stammend.
Weinbrand	Destillat aus beliebigen Weinen, hergestellt wie Cognac.
Whisky	Destillat aus Weizen, Roggen oder Mais.
Wodka	Destillat aus Getreide, oft mit allerlei Gewürzen ergänzt.
Gin und Steinhäger	Destillat aus Korn, der Wachholder und andere aromatische Stoffe enthält.
Calvados	Destillat aus Apfelwein aus der Normandie (Frankreich).
Marc	Destillat aus vergorenem Traubentrester.
Grappa	Destillat aus vergorenem Traubentrester oder Traubentrester und Weindrusen.

Liköre

Maraschino	Aus der Maraske, einer Kirschenart Dalmatiens (Jugoslawien).
Curaçao	Aus einer Orangenart aus Curaçao (Venezuela).
Cointreau	Aus einem Destillat von Orangenschalen.
Grand Marnier	Aus einem Destillat von Orangen mit Cognac.
Benedictine	Aus Edelbranntweinen und Heilkräutern nach alter Rezeptur des Benediktinerklosters in Fécamp (Normandie).
Chartreuse	Wie Benedictine, nach einem Rezept aus einem Kartäuserkloster bei Grenoble.
Cherry-Brandy	ist ein Kirschsaftlikör, der durch Einlegen von Kirschen in Alkohol hergestellt wird.
Crème de Banane Cassis, Cacao	Ähnlich dem Likör, jedoch mit höherem Zuckergehalt, daher dickflüssiger.

Gelier- und Bindemittel

Als Gelier- und Bindemittel werden Hydrokolloide tierischer, pflanzlicher oder mikrobieller Herkunft eingesetzt. Aufgrund ihrer viskositätserhöhenden Eigenschaften vermögen die hochmolekularen, quellbaren Substanzen die Konsistenz und Struktur von Konditoreiprodukten wie Cremen, Desserts, Speiseeis, Flan, Pudding und Gelees günstig zu beeinflussen.
Die Wirkung reicht von der Viskositätserhöhung einer Flüssigkeit über die Stabilisierung bis zur schnittfähigen Verdickung in Form eines Gelees.
Mit Ausnahme der Gelatine, als Vertreter der Eiweissstoffe, sind die Gelier- und Verdickungsmittel mehrheitlich den Polysacchariden zuzurechnen.
Bei der Deklaration können die Gelier- und Bindemittel ihrer Wirkungsweise entsprechend auch als Stabilisatoren oder Verdickungsmittel bezeichnet werden.
Native Stärken und Quellstärken gelten als Zutaten und fallen daher nicht unter die Zusatzstoffverordnung.

Eigenschaften, Anwendung und Dosierung			Dosierung pro Liter Flüssigkeit
Gelatine	in Wasser quellbar, löslich durch Erwärmen.	Stabilisieren von Schlagrahm, Cremen. Binden von schnittfesten Rahm- und Cremedesserts.	5–10 g resp. 10–25 g
Alginate	in Wasser quellbar, Erhöhung der Viskosität durch Säurezugabe.	Verdickung und Stabilisierung von Cremen, Speiseeis, Füllungen.	2–10 g
Agar-Agar	quellbar in kaltem Wasser, löslich bei starkem Erwärmen.	Gelee zum Abglänzen. Bonbons.	2–5 g
Carrageen	in kaltem Wasser teilweise löslich, vollständig erst beim Erhitzen.	Stabilisierung von Cremen, Pudding, Flan.	2–5 g
Tragant	in Wasser quellbar; durch Rühren schneller löslich als durch Erhitzen.	Gequollen für Schaustücke. Für Gelee und Bonbons.	100–125 g
Pektin	in Wasser löslich; Quellung bei Säurezusatz.	Verdicken von Säften, Fruchtmark und Marmeladen. Herstellung von Gelee.	15–50 g
Carubin	in kaltem Wasser teilweise löslich, vollständig erst beim Erwärmen.	Binden von Desserts und Cremen.	20–40 g
Stärke	je nach Stärkeart beim Erwärmen über 50–80° C.	Binden von Cremen und Saucen. Mittelfeste Cremen. Cremen zum Schneiden und Stürzen.	0–50 g 50–100 g 100–150 g

Lockerungsmittel

Die Wirkung der chemischen Triebmittel beruht auf der Freisetzung von Lockerungsgasen. Je nach Art der Lockerungsmittel wird bereits bei der Verarbeitung in Raumtemperatur (Triebsalz, Backpulver), bei der Lagerung (Pottasche) und beim Erwärmen (Natron) Gas freigesetzt. Die eigentliche Gasentwicklung erfolgt jedoch durch die thermische und chemische Zersetzung beim Backprozess.

Lockerungsmittel	Chemische Bezeichnung	Eigenschaften	Reaktionsablauf	Anwendungsbereich	Anwendungshinweise
Triebsalz Auch Hirschhornsalz genannt	Ammoniumhydrogenkarbonat $NH_4 HCO_3$	weisses, kristallines Pulver. Unbeständig. Zerfällt bereits beim offenen Stehenlassen. Stechender Ammoniakgeruch.	zerfällt unter Einwirkung von Wärme vollständig in Ammoniak, Kohlensäuregas und Wasser.	nur für flache Gebäcke wie Zuckerteig, Trockenbiscuits und Honigteige, bei denen sich der Ammoniak verflüchtigen kann.	in kaltem Wasser lösen (1 Teil Triebsalz, 5 Teile Wasser), kleinere Beigaben direkt zum Mehl.
Natron Auch doppelt kohlensaures Natron genannt.	Natriumhydrogenkarbonat $Na HCO_3$	helles, kristallines Pulver mit laugigsalzigem Geschmack. Nicht wärmebeständig.	zerfällt unter Einwirkung von Wärme (über 60° C) in Kohlensäuregas, Natriumkarbonat (Soda) und Wasser.	für Gebäcke, bei denen ein Laugengeschmack erwünscht ist, wie Luzerner Lebkuchen und Trockenbiscuits.	in der Flüssigkeit auflösen.
Pottasche Auch kohlensaures Kalium genannt.	Kaliumkarbonat $K_2 CO_3$	hygroskopisches, kristallines Pulver mit laugigem Geschmack. Hitzebeständig, zersetzt sich durch Säure.	Umsetzung mit einer Säure in das entsprechende Salz (z.B. mit Milchsäure in Kaliumlaktat) unter Freisetzung von Kohlensäuregas und Wasser.	für Honigteige, bei denen während der Lagerung Säure gebildet wird. Zum Dehnbarmachen von Teigen und zur Feuchthaltung von Gebäcken.	in Wasser gelöst zusetzen.
Backpulver		Mischung von Natriumhydrogenkarbonat, Säuren und Säureträgern (Weinsäure, Weinstein, saure Phosphate) und Stärke als Trennmittel.	Natron zerfällt und Kohlensäuregas wird frei. Vor- und Haupttrieb werden durch die Wärme- und Säureeinwirkung ausgelöst. Der Nachtrieb setzt erst bei höheren Temperaturen ein.	für fett- und zuckerreiche Produkte wie Butter- und schwere Biscuitmassen, bei denen eine physikalische Lockerung nicht ausreicht.	mit dem Mehl vermischt beigeben.

Konservierungsmittel

Die Konservierung von Konditoreiprodukten beschränkt sich im handwerklichen Betrieb auf wenige abgepackte Gebäcke mit kritischem Feuchtigkeitsgehalt sowie verderbnisanfällige Massen und Füllungen.
Für Feinbackwaren können bei Schimmelgefahr als Konservierungsmittel Sorbinsäure (E 200) oder deren Salze (Natrium-, Kalium- oder Calciumsorbat) eingesetzt werden.
Die höchstzulässige Dosierung liegt bei 1 g pro kg Gebäcksanteil.
Für Massen und Füllungen, Cremen und confierte Früchte sind Ameisensäure (2,5 g pro kg), schweflige Säure oder Sulfite (0,5 g SO_2 pro kg), Benzoesäure, Ester der p-Hydroxybenzoesäure (PHB-Ester) sowie Sorbinsäure (1 g pro kg) gestattet.
Für Marzipan ist bei Schimmelgefahr ebenfalls Sorbinsäure (0,1 g pro kg) gestattet.

<u>Sorbinsäure</u> und deren Salze haben einen hohen Wirkungsgrad gegen Hefen und Schimmelpilze und sind besonders auch für fetthaltige Produkte gut geeignet.

<u>Benzoesäure</u> hat im sauren Bereich eine ähnliche Wirkung wie Sorbinsäure, zeigt aber vielfach eine geschmackliche Beeinträchtigung der konservierten Produkte.

<u>PHB-Ester</u> wirken stärker hemmend auf das Bakterienwachstum als Sorbinsäure und Benzoesäure und zeigen gerade bei Süsswaren und Füllungen mit relativ hohem pH-Wert eine gute Wirkung.

<u>Schweflige Säure</u> und deren Salze sind vor allem anitbakteriell wirksam, weisen aber einen stechenden Eigengeruch auf. Die Anwendung beschränkt sich daher auf Zwischenprodukte und Halbfabrikate.

Der zusätzliche Schutz schwefliger Säure gegen unerwünschte Oxydationsvorgänge wird bei Obst zur Verhinderung des Braunwerdens ausgenutzt. So bleibt die helle Farbe von frischen Apfelschnitzen, welche in eine 0,1%ige wässrige SO_2-Lösung eingelegt wurden, länger erhalten.
Bei der Deklaration von Konservierungsmitteln ist zusätzlich die Einzelbezeichnung oder die EG-Nummer aufzuführen (z. B. Konservierungsmittel, Sorbinsäure oder Konservierungsmittel, E 200).

Farbstoffe

Farbstoffe werden in der Konditorei grundsätzlich nur sehr zurückhaltend verwendet. Richtig eingesetzt, vermögen sie vor allem beim Dekor, bei Überzügen und Glasuren dem Endprodukt ein ansprechendes Aussehen zu verleihen.
Die Verwendung lebensmittelrechtlich unbedenklicher Farbstoffe ist in der Zusatzstoffverordnung (Positivliste 1) klar geregelt.
Natürlicherweise in Lebensmitteln vorkommende, nach physikalischen oder chemischen Verfahren gewonnene oder synthetisierte Farbstoffe, die sowohl zur Färbung der Masse wie auch der Oberfläche von Lebensmitteln verwendet werden, dürfen als *Lebensmittel-Farbstoffe* bezeichnet werden. Die Deklaration ist obligatorisch. Der Gruppenname (z.B. Carotinoide) kann ergänzend verwendet werden.
Farbstoffe, die natürlicherweise in Lebensmitteln nicht vorkommen, deren Verwendung zur Färbung jedoch gestattet sind, sind als *Farbstoffe* zu deklarieren.
Nebst der Gattungsbezeichnung ist bei dieser Gruppe auch die Angabe der Einzelbezeichnung oder der entsprechenden EG-Nummer obligatorisch (z. B. Farbstoff, Caramel oder Farbstoff, E 150 bei der Verwendung von Zuckercouleur).

Aromastoffe

Aromen (Essenzen) sind Gemische bestimmter chemischer Verbindungen mit aromatisierenden Eigenschaften. Sie dienen zur Geruchs- und Geschmacksabrundung von Lebensmitteln und werden im Konditoreibereich zum Abschmecken von Cremen und Speiseeis, für Füllungen und in Gebäcken eingesetzt. Ob zur eigentlichen Aromatisierung oder lediglich zur Abrundung des Eigengeschmacks verwendet, sind Aromastoffe stets mit Mass zu dosieren. Zu stark aromatisierte Produkte wirken aufdringlich und werden vom Konsumenten viel eher abgelehnt als solche mit einer wenig charakteristischen Geschmacksnote.

Lebensmittelrechtliche Einteilung

Aromastoffe sind lebensmittelrechtlich gesehen Zusatzstoffe, deren Anwendung und Deklaration in der Zusatzstoff-Verordnung (Artikel 4 und 12) geregelt ist.
Nach der Herkunft und Gewinnung werden in der Lebensmittelverordnung (Artikel 448b) unterschieden:

Natürliche Aromen

Ausschliesslich nach physikalischen Verfahren aus pflanzlichem oder tierischem Material oder aus aromatischen Lebensmitteln gewonnen.
Diese Aromastoffe sind als *natürliche Aromen* oder bei Gemischen natürlicher Aromen als *zusammengesetzte natürliche Aromen* zu bezeichnen.

Synthetische Aromen

Sind Gemische von einfachen naturidentischen Aromastoffen, die auf chemischem Wege aus natürlichen Stoffen isoliert oder synthetisiert werden.
Naturidentisch-synthetische Aromen werden als Aromen deklariert.

Künstliche Aromen

sind aus chemischen Substanzen zusammengesetzt, die in natürlichen Aromen nicht nachgewiesen worden sind.
Diese Aromastoffe gelten als *künstliche Aromen*.

Aromastoffe müssen in jedem Fall deklariert werden.

Gewürzextrakte

Diese dürfen, soweit in der Lebensmittelverordnung nicht anders bestimmt, überall anstelle der Gewürze gemäss guter Herstellungspraxis, d.h. ohne mengenmässige Beschränkung, verwendet werden.
In der Deklaration kann die vereinfachte Bezeichnung *Würzstoffe* verwendet werden, sofern die Summe dieser Zutaten 3% nicht überschreitet, der einzelne Anteil 1% nicht übersteigt und nicht qualitätsbestimmend ist (Artikel 13b, LMV).

Kühllagerung

Grundsätzlich eignen sich nur qualitativ einwandfreie, frisch hergestellte Konditoreiprodukte zu einer zeitlich eng begrenzten Kühllagerung.
Das Austrocknen und Altbackenwerden kann mit einer Kühllagerung über dem Gefrierpunkt nur bei Gebäcken mit hohem Fett-, Eier- und Zuckeranteil etwas verzögert werden. Produkte mit weniger reichen Zutaten sind vorteilhaft in geeigneten Tiefkühleinrichtungen bei mindestens $-18°$ C zu lagern.
Halbfabrikate wie Biscuitböden, Teige, Kapseln sowie ungebackene Artikel wie Blätterteig, Pâte à choux usw. gestatten mit der Tiefkühlung eine rationelle Arbeitsweise.
Die Kühllagerung bei hoher Luftfeuchtigkeit im klimatisierten Kühlschrank (90% rel. Luftfeuchtigkeit, 0°-C-Bereich) eignet sich für lagerempfindliche Produkte wie Rahmsachen erfahrungsgemäss recht gut. Es ist jedoch auf eine getrennte Produktelagerung zu achten, da die Gefahr einer Geschmacksübertragung recht gross ist.
Werden Cremen und Rahmartikel gefroren, ist eine stärkere Bindung (Gelatinebeigabe) erforderlich, um ein Erweichen oder Auslaufen zu vermeiden.
Glasierte und überzogene Produkte werden beim Auftauen feucht und sind daher erst nachträglich zu überziehen oder zu glasieren. Ausnahme: z.B. Konfekt in Klarsichtfolie verschweisst.
Früchte eignen sich nur beschränkt zum Gefrieren, da das Zellgefüge zerstört werden kann und sie beim Auftauen zusammenfallen.
Kernobst wie Aprikosen, Zwetschgen und Kirschen, Beerenfrüchte wie Himbeeren, Johannisbeeren, Brombeeren und Heidelbeeren sind für die Tiefkühlung am besten geeignet.
Problemlos lassen sich dagegen passierte Früchte in Form von Fruchtmark tiefkühlen.
Stark wasserhaltige und nach der Verarbeitung nicht mehr erhitzbare Konditoreiprodukte wie Rahmsachen, Cremen, Patisserie und Cremedesserts sind aus mikrobiologischer Sicht stark verderbnisanfällig. Wenn auch das Wachstum von Mikroorganismen bei tieferen Temperaturen eingeschränkt wird, darf die Lagerdauer im Kühlschrank (3 bis 5° C) nicht über 1 bis 2 Tage ausgedehnt werden.

Lebensmittelverordnung

Die Verordnung über Lebensmittel und Gebrauchsgegenstände, allgemein als Lebensmittelverordnung (LMV) bezeichnet, enthält die einschlägigen Vorschriften über die gewerbsmässige Herstellung, Behandlung und Verkauf von Lebensmitteln sowie die hierzu benötigten Apparate, Einrichtungen und Räumlichkeiten. Nebst den allgemeinen Bestimmungen sind für die einzelnen Lebensmittel verbindliche Vorschriften in den entsprechenden Kapiteln artikelweise aufgeführt.

Kapitel 21	Konditorei- und Zuckerwaren	Artikel 239–247
Kapitel 21bis	Speiseeis	Artikel 248–248e

In der Verordnung über die in Lebensmitteln zulässigen Zusatzstoffe, allgemein als Zusatzstoffverordnung bezeichnet, ist die Verwendung von Zusatzstoffen geregelt.
Den verschiedenen Lebensmitteln entsprechend sind die erlaubten Zusatzstoffe mit dem Hinweis auf die Positivlisten, der Höchstmenge und der Deklaration bei vorverpackten Lebensmitteln kapitelweise aufgeführt.

Kapitel 12.3	Dauerbackwaren
Kapitel 12.3.2	Lebkuchen
Kapitel 12.4.1	Feinbackwaren
Kapitel 21.1	Konditorei- und Zuckerwaren
Kapitel 21.3.1	Frucht- oder fetthaltige Massen, Füllungen, Cremen, confierte Früchte
Kapitel 21.4	Marzipan
Kapitel 21bis	Speiseeis

Einschlägige Vorschriften über die Deklarationspflicht sind in der Verordnung über verbindliche Angaben im Handel und Verkehr mit messbaren Gütern, kurz Deklarationsverordnung genannt, festgehalten.
Die Preisanschrift wird in der Verordnung über die Anschrift der Detailhandelspreise geregelt.
Die gesetzlichen Grundlagen der erwähnten Verordnungen, welche bei der Eidg. Material- und Drucksachenzentrale 3000 Bern bezogen werden können, basieren auf dem ersten schweizerischen Lebensmittelgesetz.

Halbfabrikate

Man versteht darunter Massen, Cremen, Glasuren usw., die bereits einen oder mehrere Arbeitsgänge hinter sich haben, bevor sie in der Backstube zum verkaufsfertigen Produkt weiterverarbeitet werden. Wurden früher alle diese Halbfabrikate selbst hergestellt, so hat sich in den letzten Jahren eine Änderung vollzogen, indem sich die Industrie einschaltete und heute einen grossen Teil der Halbfabrikate zum Kauf anbietet.

Weisse Mandelmasse:

Frischgeschälte oder in Wasser eingeweichte Mandeln und Zucker im Verhältnis 1:1 vermischen und fein reiben.

Braune Mandelmasse:

Mit rohen Mandeln, sonst wie weisse Mandelmasse.

Haselnuss-Masse:

Haselnüsse, eventuell zum Verstärken des Aromas einen Teil geröstet, mit Zucker im Verhältnis 1:1 vermischen und fein reiben.

Persipan:

Entbitterte Aprikosen- oder Pfirsichkerne anstelle von Mandeln, sonst wie weisse Mandelmasse.

Backmasse:

Sojabohnen, Sesamsamen, Stärke, Bindestoffe anstelle von Mandeln, sonst wie weisse Mandelmasse.

Birnenweggen-Einlage:

Gedörrte Birnen, evtl. teilweise Feigen oder Zwetschgen, und Zucker mit Gewürzen. Die Birnen einlegen und von Stiel und Fliege befreien. Fein reiben (Scheffel, Reibmaschine, Mixer). Anschliessend Zucker beigeben, einkochen und würzen.

Marron-Püree:

Edelkastanien und Puderzucker. Die Kastanien einschneiden, aufkochen bis sich die Schale abziehen lässt. Dann schälen, blanchieren und mit Puderzucker fein reiben. Aromatisieren mit Vanille oder Spirituosen, eventuell Sirup oder Fettstoffe beigeben.

Französischer Marzipan:

Zucker mit Wasser aufkochen, Glukose beigeben und unter ständigem Herunterwaschen auf 95 bis 100° R (119 bis 125° C) aufkochen, dann mit fein geriebenen, weissen Mandeln vermischen.
Zum Erkalten dünn auf Marmor verstreichen. Nach dem Erkalten, sofern nötig, mit frisch gekochtem Sirup verdünnen und in der Reibmaschine geschmeidig reiben.

Rezeptbeispiel:
1 800 g Zucker
 600 g Wasser
 200 g Glukose
1 000 g Mandeln, weiss, feingerieben.

Der Kochgrad des Zuckers bestimmt die Konsistenz des Marzipans:
Patisserie-Marzipan   95° R/119° C
Modellier-Marzipan   98° R/122° C
Confiserie-Marzipan   100° R/125° C

Je höher der Kochgrad, um so fester wird der Marzipan. Der Zucker für Confiserie-Marzipan wird deshalb so hoch gekocht, weil meistens noch Spirituosen zum Aromatisieren beigegeben werden.

Deutscher Marzipan

Frisch geschälte Mandeln und Zucker zusammen vermischen und reiben. Im Kupferkessel oder besser im Dampfkochkessel abrösten und auf dem Marmor erkalten lassen. Dann fein reiben und nach Bedarf Puderzucker darunterarbeiten. Wenn nötig mit Sirup verdünnen.

Rezeptbeispiel:
1000 g Mandeln
1000 g Zucker
Puderzucker und Sirup nach Bedarf.

Haselnuss-, Baumnuss-, Pistache-Marzipan:

Bei diesen Sorten wird ein Teil der Mandeln (25 bis 50%) durch die entsprechenden Kerne ersetzt. Als Ergänzung werden oft Spirituosen oder auch andere Aromastoffe beigegeben.

Öliger Marzipan

Marzipan wird ölig, wenn man ihn mit zu wenig Feuchtigkeit reibt. Er ist zur weiteren Verarbeitung ungeeignet. Um ihn wieder verwenden zu können, ist er mit Sirup zu verdünnen, bis sich das Öl mit der Masse bindet. Dann unter Beigabe von Puderzucker bis zur richtigen Festigkeit anwirken.

Nougat:

Zucker mit wenig Zitronensaft oder Glukose (auf 1000 g Zucker ½ bis 1 Zitronensaft oder 50 bis 100 g Glukose) vermischen und auf nicht zu starkem Feuer, am besten im Kupferkessel, schmelzen. Gehobelte oder gemahlene, geschälte Mandeln beigeben und sofort auf leicht geölten Marmor ausschütten.

Das Verhältnis Zucker zu Mandeln verändert sich, je nach der Feinheit der Mandeln.

Gehobelte Mandeln	1 Teil Mandeln, 2 Teile Zucker
Fein gehobelte Mandeln	1 Teil Mandeln, 2½ Teile Zucker
Ausgesiebte, gehobelte Mandeln	1 Teil Mandeln, 3 Teile Zucker
Geriebene Mandeln	1 Teil Mandeln, 4 Teile Zucker
Mandelstaub	1 Teil Mandeln, 5 Teile Zucker.

Pralinemasse:

Sie besteht aus Mandeln oder Haselnüssen und Zucker im Verhältnis 1:1.

Zucker schmelzen, dann die gerösteten Kerne beimischen und auf gestaubten Marmor oder Blech ausschütten. Wenn erkaltet, in der Reibmaschine ölig reiben.

Oder:

Zucker mit Wasser (⅓ vom Zuckergewicht) auflösen und zum mittleren Faden, 84 bis 86° R (105 bis 107° C), kochen.
Die rohen Kerne beigeben und auf dem Feuer durchspateln, bis der Zucker zuerst abstirbt und dann weiter, bis er ganz geschmolzen ist. Ausschütten und nach Erkalten ölig reiben.

Durch stärkeres oder schwächeres Abrösten wird die Pralinemasse herber oder süsser. Vor dem Reiben muss die Masse absolut trocken sein. Kann sie nicht unmittelbar nach dem Abrösten gerieben werden, ist sie im Trockenschrank aufzubewahren.

Verwendung: Zum Parfümieren von Cremen und Füllungen.

Gianduja:

Geschälte, gehobelte, geröstete Mandeln oder Haselnüsse mit Puderzucker im Verhältnis 1:1 vermischen und ölig reiben. Zum Festigen 1 Teil dunkle, helle oder weisse Couverture oder 15% Kakaobutter beigeben. Anziehen lassen, dann geschmeidig reiben. Durch grössere oder kleinere Couverturebeigabe wird die Gianduja fester oder weicher. Die Farbe der Gianduja wird durch mehr oder weniger Rösten der Kerne und von der Farbe der Couverture bestimmt.

Caramel:

Zucker schmelzen und heissen Rahm im Verhältnis 1:1 beigeben, gut durchrühren bis sich der Zucker wieder gelöst hat. Das Aroma hängt von der Farbe des geschmolzenen Zuckers ab. Mit hell geschmolzenem Zucker wird der Caramel süsser, mit dunklem herber.

Couleur:

Verbrannter Zucker mit heissem Wasser ablöschen und einkochen, 84 bis 86° R (105 bis 107° C).

Kaffee-Essenz:

Wie Couleur, jedoch mit starkem Kaffee ablöschen anstatt mit Wasser.

Fondant:

Rezept:

3000 g Zucker
1000 g Wasser
 300 g Glukose

Zucker mit Wasser aufkochen und Glukose beigeben. Unter ständigem Herunterwaschen auf 92 bis 95° R (115 bis 119° C) kochen. Anschliessend zwischen Eisenstäben auf den Marmortisch ausgiessen, leicht mit Wasser besprühen, etwas abkühlen lassen und dann tablieren, bis der Zucker kristallisiert, das heisst der Fondant «abstirbt». Mit feuchtem Tuch oder einer Schüssel zudecken, einige Zeit stehen lassen, dann von Hand durcharbeiten und in gut verschliessbare Kessel abfüllen.

Dieser Fondant kann nach Belieben parfümiert werden.

Wasserglasur:

Puderzucker mit heissem Wasser im Verhältnis 5:1 anrühren und stehen lassen, bis sich der Zucker gut gelöst hat. Je besser sich der Zucker dabei löst, um so schöner glänzt die Glasur. Wasser kann ganz oder teilweise durch Milch ersetzt werden.

Leckerliglasur:

Drei Teile Zucker und ein Teil Wasser auflösen und unter sauberem Herunterwaschen zum Faden, 84 bis 86° R (105 bis 107° C) kochen. Durch das Auftragen mit der Bürste (bei Basler Leckerli) oder dem Durchmischen mit dem entsprechenden Produkt (Honignüssli oder Magenbrot) wird der Zucker tabliert und «stirbt ab».

Weisse Spritzglasur:

Puderzucker mit Eiweiss im Verhältnis 5:1 vermischen und schaumig rühren. Für eine standfeste Glasur einige Tropfen Weinstein- oder Zitronensäure beigeben. Die Glasur stets mit einem nassen Tuch bedecken, um ein Verkrusten zu verhindern.

Schokolade-Spritzglasur:

Blockkakao auflösen und mit Sirup bis zur gewünschten Festigkeit anrühren. Erwärmen auf ca. 40° C.

Couverture auflösen, mit Wasser anrühren bis zur gewünschten Festigkeit. Erwärmen auf ca. 40° C.

Für Ornamente, Schaustücke, dick gespritzte Dekors usw.: Temperierte Couverture mit einigen Tropfen Wasser oder Spirituosen verrühren.

Fettglasur (Überzugsmasse):

Schokoladeähnliche Masse, bei der die Kakaobutter durch ein anderes Pflanzenfett ersetzt wird. Fettglasur muss nicht temperiert werden.

Der Einsatzbereich liegt vor allem bei Frischgebäck wie Torten und Patisserie, jedoch keinesfalls bei Pralines oder Schokoladespezialitäten.

Streumaterial:

Es soll stets mit verschieden groben Sieben zur gewünschten Körnung abgesiebt werden. Nicht abgesiebtes Streumaterial wirkt ungepflegt.

Geröstete, gehobelte Mandeln

Frisch geschälte Mandeln in nassem Zustande hobeln. Trockene Mandeln sind vor dem Zerkleinern im Ofen aufzuwärmen. Bei mittlerer Hitze rösten.

Geröstete Haselnüsse
Geröstete, gereinigte Haselnüsse hobeln oder je nach gewünschter Körnung mit der entsprechenden Scheibe mahlen.

Biscuitbrösel
Helle Biscuitbrösel durch das Sieb drücken und eventuell mit Schokoladenpulver vermischen.

Japonaisbrösel
Abfälle von Japonais oder Züngli durch das Sieb drücken oder in der Maschine mahlen. Im Trockenschrank aufbewahren, um zu verhindern, dass sie feucht werden.

Schokoladespäne
Von einem Couvertureblock mit dem Messer feine Späne abschaben.
Oder:
Aufgelöste Couverture auf dem Marmor dünn verstreichen und, wenn sie angezogen hat, mit dem Messer Späne abstossen.

Schokoladestreusel
Sie werden von den Fabriken geliefert und sind in verschiedenen Schokoladefarbtönen erhältlich.

Nougatstreusel
Nougat mit einem Rollholz zerstossen oder mit grober Scheibe mahlen. Trocken aufbewahren.

Krokantstreusel
Wie Nougatstreusel, aber den Zucker bei der Herstellung nicht vollständig schmelzen. Dadurch kristallisiert er und das hergestellte Streumaterial bleibt trocken.
Rezept:
1 000 g Zucker
 350 g Wasser
Zum Faden, 84 bis 86° R (105 bis 107° C) kochen.

1 000 g Mandeln, weiss, ganz

Beigeben und abrösten, bis der Zucker zuerst kristallisiert und dann bis ca. ¾ geschmolzen ist.
Auf den Marmor ausgiessen und erkalten lassen. Anschliessend mit grober Scheibe mahlen.

Grüne Mandeln
Eingeweichte, ausgesiebte, gemahlene weisse Mandeln mit verdünnter grüner Lebensmittelfarbe vermischen und trocknen lassen.

Sirup (Läuterzucker 28 bis 30° Bé)
Rezept:
3000 g Zucker
2000 g Wasser

Zucker mit Wasser aufkochen und abschäumen. Den Rand des Kessels während des Kochens fleissig herunterwaschen. Den Sirup im Kühlschrank aufbewahren.

Gummi arabicum
Trocken oder flüssig erhältlich.
Trocken wird er mit Wasser aufgelöst. Auf 1 Teil Gummi arabicum 5 Teile Wasser. Dem flüssigen Gummi arabicum wird zur Verarbeitung zusätzlich Wasser beigegeben.
Auf 1 Teil Gummi arabicum flüssig 2 Teile Wasser.
Die Gummilösung (zum schwachen Faden) erhitzen und heiss auftragen.

Féculestreiche
1 Teil Fécule (Kartoffelstärke), 5 Teile Wasser. Das Fécule rösten, mit kaltem Wasser anrühren und kurz aufkochen. Heiss verarbeiten.

Cremen und Füllungen

Vanillecremen

Vanillecremen dienen vor allem als Füllcremen für Patisserie. Vermischt mit geschlagenem Rahm (Diplomatcreme) oder mit Buttercreme werden sie auch für Torten oder Tortencakes verwendet. Die Kombination mit Eiweiss-Schnee wird überall dort eingesetzt, wo leichte Cremen erwünscht sind. Die Creme Bavaroise findet ihren Einsatz nach wie vor in klassischen Desserts. Alle diese Cremen können zusätzlich aromatisiert werden.
Die Haltbarkeit von Vanillecremen im Endprodukt beträgt 1 Tag.

Bei der Zubereitung ist aus hygienischen Gründen zu beachten:
— Abgekochte Cremen auf mindestens 85° C erhitzen.
— Nach dem Kochen sofort abkühlen.
— Keinen zu grossen Vorrat an Cremen herstellen (nur Tagesbedarf).
— Gekühlt bei 1 bis 5° C aufbewahren.

Vanillecreme mit Eier

200 g Zucker
60 bis 80 g Mais- oder Weizenpuder
150 bis 200 g Eigelb
evtl. etwas Milch

Zusammen gut verrühren.

1 000 g Milch
½ Vanillestengel

Aufkochen und in die Eigelbmasse schütten.
Nachher wieder aufs Feuer geben und erwärmen, bis die Creme gebunden ist.

Vanillecreme mit Cremepulver

1 000 g Milch
200 g Zucker

Aufkochen.

120 g Cremepulver
200 g Milch

Anrühren.

Die kochende Milch dazuschütten. Wieder aufs Feuer geben und die Creme kochen, bis sie gebunden ist.

Creme Bavaroise

1 000 g Milch
150 g Zucker
1 Vanillestengel

Zusammen aufkochen.

200 g Eigelb
30 g Maispuder oder Cremepulver
100 g Zucker

Aufrühren.

10 bis 30 g Gelatine, einweichen und auflösen

Beigeben.

500 bis 1000 g Rahm geschlagen

Darunterziehen.

Die kochende Milch in das Eigelb geben, gut rühren, zurückgeben aufs Feuer und bis zur Rose (82° C) abziehen. Die Creme sofort abkühlen und anschliessend kalt stellen.
Gelatine (für niedere Desserts 10 g, für hohe, sturzfähige Desserts bis zu 30 g) in kaltem Wasser einweichen, dann gut ausdrücken und im

Zitronencreme mit Schnee

Wasserbad auflösen. Mit der Creme vermischen und wenn die Creme anzuziehen beginnt, den geschlagenen Rahm darunterziehen.

Diplomat-Creme

ist ein Gemisch von Vanillecreme und geschlagenem Rahm. Für eine schnittfeste Konsistenz bis zu 10 g Gelatine pro kg Creme beigeben. Die Creme wird leichter mit mehr Rahm- oder schwerer mit grösserem Vanillecreme-Anteil. Diplomat-Creme kann parfümiert werden mit Kaffee-Essenz, Couverture, Caramel, Pralinemasse usw. oder vermischt mit einem beliebigen Fruchtmark.

Leichte Vanillecreme mit Schnee

  75 g Eiweiss
  30 g Zucker

Zu Schnee schlagen.

1 000 g Vanillecreme

Den Schnee unter die heisse Creme ziehen und sofort verarbeiten.

400 g Milch
200 g Zucker
 40 g Cremepulver

Zusammen aufkochen.

200 g Eigelb
100 g Zitronensaft
      Zitronenraps

Beigeben und nochmals bis zum Kochen erhitzen.

 10 g Gelatine, einweichen und auflösen
    (15 g für schnittfeste Creme)

Darunterrühren.

200 g Eiweiss
200 g Zucker

Zu Schnee schlagen.

Den Eiweiss-Schnee sofort in die heisse Creme rühren und abfüllen.

Buttercreme

Zusammensetzung: schaumig gerührte Butter und Zucker, verfeinert und luftiger gemacht durch die Beigabe von Vanillecreme oder schaumig geschlagenen Eiern, Eigelb, Eiweiss. Buttercreme möglichst frisch verarbeiten, denn durch ein Erstarren und anschliessend erneutem Aufschlagen verliert sie an Volumen. Wird Butter aus arbeitstechnischen Gründen teilweise durch 100%ige Pflanzenfette ersetzt, ist die Sachbezeichnung Buttercreme nicht zutreffend. Butter soll pasteurisiert und die Eier frisch sein.

Buttercreme mit Eigelb

300 g Eigelb
100 g Zucker
In der Maschine schaumig rühren.

400 g Zucker
150 g Wasser
Auf 92° R (115° C) kochen, langsam beifügen und kalt schlagen.

500 g Butter
In einem zweiten Kessel schaumig rühren, dann die Eigelbmasse beigeben.

Buttercreme mit Eier

300 g Zucker
300 g Eier
Aufwärmen und schaumig rühren.

500 g Butter
200 g Puderzucker
In einem zweiten Kessel schaumig rühren und die Eiermasse beigeben.

Buttercreme mit Fondant und Vanillecreme

500 g Butter
Schaumig rühren.

500 g Fondant
Geschmeidig arbeiten und stückweise beigeben.

250 g Vanillecreme
Nicht zu kalt und gut durchgerührt dazufügen.

Buttercreme mit Meringage italien

150 g Eiweiss
100 g Zucker
Zu Schnee schlagen.

400 g Zucker
150 g Wasser
 50 g Glukose
Auf 95° R (119° C) kochen und dann langsam in den Schnee einlaufen lassen.

500 g Butter
Schaumig rühren und den kalt gerührten Schnee einmelieren.

Schaumcreme

Buttercreme mit Pektin

350 g Zucker
 30 g Pektinmischung
200 g Eiweiss
 50 g Wasser

Auf ca. 45° C erwärmen, dann zu einem steifen Schnee schlagen.

600 g Butter

Schaumig rühren.

Den Schnee sorgfältig unter die schaumige Butter mischen.

Pektinmischung:
150 g Pektin
500 g Zucker

In der modernen Konditorei ist diese leichte Creme mehr und mehr die Basis-Creme für viele leichte Desserts, Patisserie und Torten mit den verschiedensten Aromen. Aufgrund ihrer Zusammensetzung mit geschlagenem Rahm ist die Haltbarkeit der Endprodukte auf einen Tag beschränkt, lässt sich jedoch durch Tiefkühlung verlängern.

Rezept:

200 g Eiweiss
200 g Zucker
 10 g Gelatine, einweichen

Auf ca. 45° C erwärmen, schaumig rühren und gewünschtes Aroma beigeben.

500 g Rahm geschlagen

Darunterziehen.

Zum Aromatisieren eignen sich:

Couverture	200 g mit 50 g Wasser angerührt
Caramel	ca. 200 g
Pralinemasse	ca. 100 g
Mocca	ca. 40 g Kaffee-Essenz
Fruchtmark	ca. 500 g

Cremen mit Quark und Joghurt

Verschiedene Cremen

Diese Cremen werden vor allem bei Torten, Tortencakes, Patisserie und Desserts eingesetzt. Die Grund-Rezepte sind schnittfest. Für Desserts in Patisserie-Kapseln die Gelatinebeigabe reduzieren.

Quarkcreme

100 g Eigelb
100 g Zucker
500 g Magerquark
　　　 Zitronenraps

Verrühren.

 12 g Gelatine, einweichen und auflösen

Beigeben.

600 g Rahm, geschlagen

Darunterziehen.

Creme mit Joghurt

100 g Eigelb
100 g Zucker
500 g Joghurt

Verrühren.

 12 g Gelatine, einweichen und auflösen

Beigeben.

600 g Rahm, geschlagen

Darunterziehen.

Fruchtcreme mit Joghurt

100 g Eigelb
100 g Zucker
500 g Joghurt
600 g Fruchtmark
　　　 evtl. etwas Farbe

Verrühren

 24 g Gelatine, einweichen und auflösen

Beigeben.

800 g Rahm, geschlagen

Darunterziehen.

Zitronencreme

300 g Zucker
150 g Butter
200 g Eier
 60 g Zitronensaft
  2   Zitronenraps

Alle Zutaten miteinander aufkochen, dann passieren. Erkalten lassen und nach Bedarf mit Buttercreme vermischen.
Um die Haltbarkeit zu verlängern, kann die Butter durch 100%iges Pflanzenfett ersetzt werden.

Orangencreme

20 g Zitronensaft, 90 g Orangensaft und anstelle von Zitronenraps Orangenraps beifügen.

Patisserie-Ganache

250 g Rahm
250 g Milch
800 g dunkle Couverture oder
　　　 1000 g Milchcouverture

Rahm und Milch aufkochen, Kessel vom Feuer nehmen und die gehackte Couverture daruntermischen.
Soll die Ganache schaumig gerührt werden, so muss sie vorher angezogen haben.

Ganache

 500 g Rahm
1000 g dunkle Couverture oder
　　　 1250 g Milchcouverture

Blätterteig

Zusammensetzung

Blätterteig setzt sich zusammen aus:
Mehl   Wasser   Fettstoff   Salz

Das Mehl

Für Blätterteig wird ausschliesslich Weissmehl verwendet. Ein Mehl mit einem dehnbaren, elastischen Kleber eignet sich am besten. Bei schwachen Mehlen kann der Kleber durch Säurebeigabe angeregt werden. Bei starken Mehlen kann durch intensives Bearbeiten des Teiges oder durch kurzes, leichtes Zusammenmischen ohne zu kneten, der Kleber ebenfalls günstig beeinflusst werden.

Das Wasser

Das Wasser hat die Aufgabe, das Mehl zu einem Teig zu binden. Die Zugabemenge muss der Wasseraufnahmefähigkeit des Mehles angepasst werden. Die Teigkonsistenz soll mit der Konsistenz des Fettstoffes übereinstimmen.
Beim Backprozess hilft das Wasser durch das Verdampfen die Gebäcke zu lockern und zu heben.

Die Fettstoffe

Als Fettstoffe können Butter, Margarine und 100%ige Fette eingesetzt werden. Geschmacklich ist reine Butter nach wie vor das Beste. Verarbeitungstechnisch ist Margarine oder Fett jedoch vorzuziehen. Die heutigen, speziell für Blätterteig hergestellten Margarinen und Fette haben eine lange, plastische Beschaffenheit, was die Verarbeitung vereinfacht und gleichzeitig die Trennfähigkeit des Teiges begünstigt. Der ideale Schmelzpunkt liegt bei 37 bis 39° C.
100%iges Fett enthält kein Wasser. Die Zugabemenge kann deshalb um 15% (Wassergehalt der Margarine) gekürzt werden.

Das Salz

Die Salzbeigabe beträgt 20 bis 25 g pro kg Mehl. Das Salz wird mit dem Wasser aufgelöst beigegeben.

Das Malz

Die Malzbeigabe bewirkt eine schönere Färbung im Gebäck und hat einen günstigen Einfluss auf starke Mehle. Zugabe pro kg Mehl 10 bis 20 g.

Die Verarbeitung

a) Kneten (für deutschen und französischen Blätterteig)
Die Knetzeit des Vorteiges richtet sich nach der Mehlqualität und der angewandten Methode. Bei Mehlen mit starkem Kleber wird der Teig nur leicht zusammengemischt oder für die Schnellmethode intensiv bearbeitet, bis er sich von Hand dünn ausziehen lässt.

b) Einschlagen (für alle Teigarten)
Die Konsistenz des einzuschlagenden Fettstoffes muss mit derjenigen des Vorteiges übereinstimmen. Zu hartes Fett oder Margarine lässt sich schlecht verarbeiten, zu weiches wird beim Tourieren herausgedrückt oder es vermischt sich mit den Teigschichten. Beides ergibt eine schlechte Trennfähigkeit und somit schlechte Gebäckvolumen.

c) Tourieren
Beim Tourieren mit der Maschine besteht die Gefahr, dass die Fettschichten durch zu rasches Engstellen der Walzen zerstört werden. Nur ein gleichmässiges, langsames Ausrollen bringt gute Resultate (z.B. 25, 20, 15 mm, kehren 12, 10, 8 mm).

d) Ausrollen

Ein Teigstück soll nach dem Ausrollen immer proportional die gleiche Form haben wie vor Beginn des Ausrollens. Ein Rechteck muss wieder rechteckig, ein Quadrat wieder quadratisch sein. Zu starkes Ausrollen in einer Richtung gibt Gebäcke, die sich beim Backen wieder zusammenziehen. Wie beim Tourieren den Teig nicht forcieren, sondern nur langsam auf die gewünschte Dicke rollen.

Fettbeigabe und Tourenzahl

Die Tourenzahl richtet sich nach der Fettmenge, die eingeschlagen wird. Ein Teig von 1 kg Mehl benötigt bei der deutschen Methode beispielsweise, mit

     500 g Margarine mindestens 3 Doppeltouren
600 bis 700 g Margarine mindestens 4 Doppeltouren
800 bis 1000 g Margarine mindestens 5 Doppeltouren.

Die verschiedenen Blätterteigarten

Deutscher Teig

1 000 g Mehl
  100 g Butter
   25 g Salz
  500 g Wasser, ca.
  700 g Blätterteigmargarine

Methode über Nacht

Zu einem Teig vermischen und kneten. Die geschmeidige Margarine einschlagen und sofort 2 doppelte Touren geben. 10 Minuten ruhen lassen, dann eine einfache Tour geben und den Teig in den Kühlschrank stellen. Am zweiten Tag nochmals zwei doppelte Touren geben. Nach ca. 30 Minuten Ruhezeit ist der Teig verarbeitungsbereit.

Schnellmethode

Den Teig kneten, bis er sich dünn ausziehen lässt. Die geschmeidige Margarine einschlagen, sofort zwei doppelte Touren und nach 10 Minuten Abstehzeit wiederum zwei doppelte Touren geben. Nach ca. 30 Minuten Ruhezeit ist dieser Teig verarbeitungsfähig.

Holländischer Teig

1 000 g Mehl
  800 g Blätterteigmargarine
  550 g Wasser, ca.
   25 g Salz

Die möglichst feste Margarine in nicht zu kleine Würfel schneiden und mit dem Mehl, Wasser und Salz kurz zu einem Teig vermischen. Die Margarinewürfel sollen möglichst ganz bleiben. In kurzen Abständen vier doppelte Touren geben.
Vor dem Aufarbeiten ca. 30 Minuten ruhen lassen.
Holländischer Teig kann auch über Nacht geführt werden (siehe Deutscher Teig).

Tempo-Teig

1 000 g Mehl
  400 g Blätterteigmargarine
      (bei starkem Mehl Patisseriemargarine)

Zusammen verreiben.

  500 g Wasser, ca.
   25 g Salz

Beigeben.

  400 g Blätterteigmargarine

Einschlagen.

Das verriebene Mehl-Margarinegemisch mit dem Wasser und dem Salz zu einem Teig vermischen. Die restlichen 400 g Margarine einschlagen und drei doppelte Touren geben. Im Kühlschrank 30 Minuten abstehen lassen, dann eine vierte doppelte Tour geben. Nach 15 Minuten ist der Teig verarbeitungsbereit.

Französischer Teig

700 g Blätterteigmargarine
250 g Weissmehl (Typ 400)

Gut vermischen.

750 g Weissmehl (Typ 400)
375 g Wasser
 25 g Salz
100 g Butter

Zu einem Teig kneten.

Das Margarine-Mehlgemisch rechteckig ausrollen. Den Teig ebenfalls rechteckig drücken und in die Margarine einschlagen. Den Rand gut zusammenpressen, damit der Teig beim Tourieren nicht herausgedrückt wird. In kurzen Abständen vier doppelte Touren geben. Vor dem Aufarbeiten ca. 30 Minuten ruhen lassen.
Der Teig kann auch über Nacht geführt werden.

Blätterteig mit Butter

700 g Butter
200 g Weissmehl (Typ 400)

Vermischen.

800 g Weissmehl (Typ 400)
400 g Wasser, ca.
 25 g Salz
100 g Butter

Zu einem Teig kneten.

Die Butter mit dem Mehl gut vermischen und in den Kühlschrank stellen. Wenn diese Mischung gut angezogen hat, in den Teig einschlagen und sofort zwei doppelte Touren geben. Im Kühlschrank ca. 30 Minuten abstehen lassen, dann noch eine einfache Tour geben.
Am zweiten Tag nochmals zwei doppelte Touren geben. Vor dem Aufarbeiten ca. 30 Minuten ruhen lassen.

Blätterteig mit Butterplatten

1500 g Weissmehl (Typ 400)
 150 g Butter
 750 g Wasser ca.
  35 g Salz
  10 g Malz, evtl.

Zu einem Teig kneten.

1000 g Butter (1 Butterplatte)

Rezeptaufbau süsse Butterteige

Zusammensetzung

Die einfachsten süssen Butterteige bestehen aus:

Butter:

Die Butter kann durch Margarine oder 100%ige Fette ersetzt werden. Dabei ist zu berücksichtigen, dass Fett kein Wasser enthält und deshalb anstelle von Butter 85% Fett und 15% Flüssigkeit (Milch) eingesetzt werden.

Zucker:

Es eignet sich Feinkristallzucker oder Puderzucker.

Mehl:

Mehrheitlich wird Weissmehl eingesetzt.

Eier:

Verwendet werden ganze Eier, Eigelb oder Eiweiss.
Eier können ganz oder teilweise durch andere Flüssigkeiten ersetzt werden.

100 g Ei entsprechen → 125 g Rahm
　　　　　　　　　　　85 g Milch
　　　　　　　　　　　75 g Wasser

Rezeptschema

Die Butterteige lassen sich in drei Gruppen einteilen, wobei die unterschiedlichen Verhältnisse von Butter und Zucker für deren Zugehörigkeit massgebend sind.

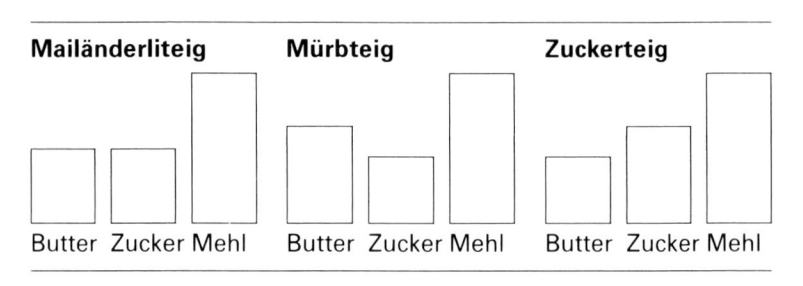

Mailänderliteig | **Mürbteig** | **Zuckerteig**

Butter Zucker Mehl | Butter Zucker Mehl | Butter Zucker Mehl

Die Eierbeigabe richtet sich nach dem Verhältnis Butter — Mehl.

Eierbeigabe

Mailänderliteig

Er enthält gleichviel Butter wie Zucker.
Beträgt die Butterbeigabe die Hälfte des Mehlgewichtes, so ergibt dies:

Regel: Gesamtgewicht (Butter, Zucker, Mehl) : 10 = Eierbeigabe.

Beispiel:

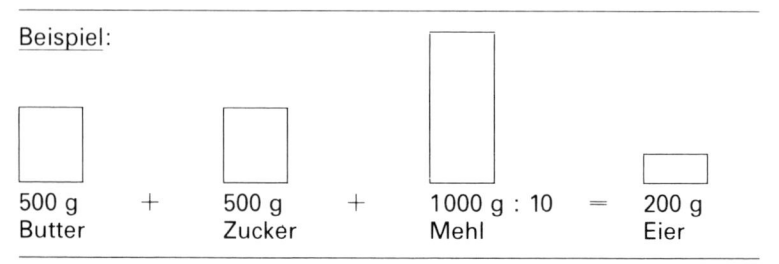

500 g Butter + 500 g Zucker + 1000 g : 10 = 200 g Eier
　　　　　　　　　　　　　　　　Mehl

Herstellung:

Butter und Zucker vermischen, die Eier beigeben, dann mit dem Mehl sorgfältig zu einem Teig kneten.

Mürbteig

Die Butterbeigabe ist höher als das Zuckergewicht.
Die Eierbeigabe reduziert sich, weil das Butterquantum höher ist als die Hälfte des Mehlgewichtes.
Regel: Für 25 g Butter mehr = 10 g Ei weniger.

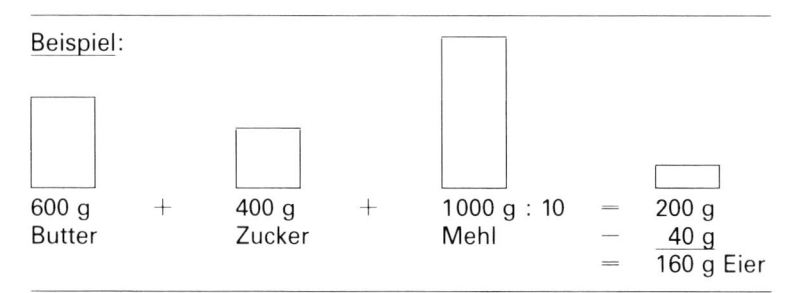

Beispiel:

600 g Butter + 400 g Zucker + 1000 g : 10 Mehl = 200 g
− 40 g
= 160 g Eier

Herstellung:
wie Mailänderliteig.

Zuckerteig

Das Zuckergewicht ist höher als die Butterbeigabe.
Die Eierbeigabe wird erhöht, weil das Butterquantum kleiner ist als die Hälfte des Mehlgewichtes.
Regel: Für 25 g Butter weniger = 10 g Ei mehr.

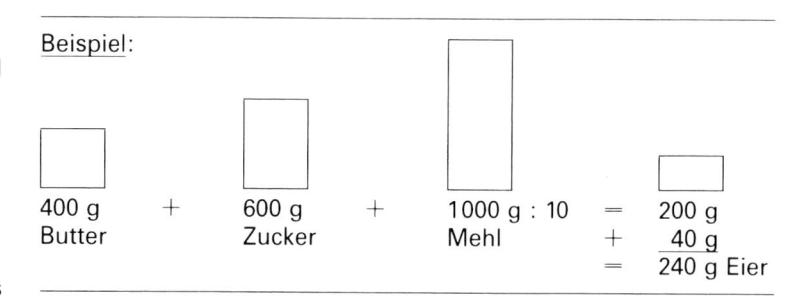

Beispiel:

400 g Butter + 600 g Zucker + 1000 g : 10 Mehl = 200 g
+ 40 g
= 240 g Eier

Herstellung:

Eier und Zucker schaumig rühren, die Butter beigeben und mit dem Mehl sorgfältig zu einem Teig kneten.

Rohstoffe und Halbfabrikate, die den süssen Butterteigen beigegeben werden können:

Nüsse, Kerne, confierte oder getrocknete Früchte

Keine Rezeptänderung, sofern sie grob gehackt beigegeben werden.

Mandelmasse, Haselnussmasse

Keine Rezeptänderung, sofern die Festigkeit der Massen der Teigfestigkeit entspricht.

Biscuitbrösel

Keine Rezeptänderung. Die Brösel mit Milch anrühren, bis sie Teigfestigkeit aufweisen.

Schokolade oder Blockkakao

Keine Rezeptänderung. Mit Wasser oder Sirup zu einer Ganache anrühren.

Kakaopulver

Das beizugebende Quantum vom Mehlgewicht abziehen.

Feingemahlene Kerne (Mandeln, Haselnüsse, Baumnüsse, Kokosnüsse)

Sie werden bei der Flüssigkeitsberechnung mitgerechnet.
Maximale Beigabe

Zucker   Kerne   Die Kernenbeigabe soll nicht höher sein, als das Zuckergewicht.

Beispiele zur Berechnung der Eierbeigabe:

Mailänderliteig mit gemahlenen Kernen

Die Butterbeigabe beträgt die Häfte des Mehlgewichtes.

500 g Butter + 500 g Zucker + 500 g Kerne + 1000 g : 10 Mehl = 250 g Eier

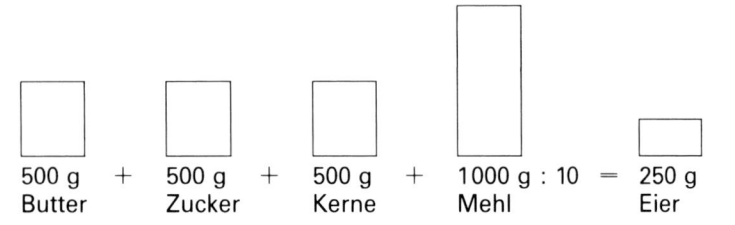

Mürbteig mit gemahlenen Kernen

Der Butteranteil ist höher als die Hälfte des Mehlgewichtes.
100 g Butter mehr = 40 g Eier weniger beigeben.

600 g Butter + 400 g Zucker + 400 g Kerne + 1000 g : 10 Mehl = 240 g − 40 g = 200 g Eier

Zuckerteig mit gemahlenen Kernen

Der Butteranteil ist kleiner als die Hälfte des Mehlgewichtes.
100 g Butter weniger = 40 g Eier mehr.

400 g Butter + 600 g Zucker + 600 g Kerne + 1000 g : 10 Mehl = 260 g + 40 g = 300 g Eier

Beigabe von Backpulver oder Triebsalz

Sie ist nur notwendig bei Teigen mit kleiner Butterbeigabe oder bei Rezepten mit Biscuitbrösel.
Pro kg Mehl ca. 10 g Triebsalz in Milch aufgelöst oder doppelt soviel Backpulver, mit dem Mehl abgesiebt beigeben. Darauf achten, dass die Triebmittel nicht direkt mit dem Fettstoff in Berührung kommen (Gefahr einer eventuellen Verseifung).

Rezeptbeispiele:

Mailänderliteig

1000 g Mehl
500 g Butter
500 g Zucker
200 g Eier
     Vanille
     Zitronenraps

Zuckerteig

1000 g Mehl
375 g Butter
625 g Zucker
250 g Eier
     Vanille
     Zitronenraps

Zuckerteig mit Mandeln

1000 g Mehl
450 g Butter
550 g Zucker
200 g Mandeln, weiss,
     gemahlen
200 g Eier
     Zitronenraps

Mürbteig

1000 g Mehl
650 g Butter
350 g Puderzucker
100 g Eier
40 g Eigelb
     Vanille
     Zitronenraps

Mandelmürbteig

1000 g Mehl
600 g Butter
400 g Zucker
400 g Mandeln, weiss,
     gemahlen
200 g Eier
     Vanille
     Zitronenraps

Sabléteig

900 g Mehl
600 g Butter
300 g Puderzucker
120 g Eiweiss
     Vanille

Linzerteig I

750 g Mehl
450 g Butter
250 g Zucker
250 g Mandeln, roh,
     gemahlen
100 g Eier
40 g Eigelb
     Zimt
     Nelkenpulver
     Zitronenraps

Schokolade-Mürbteig

920 g Mehl
80 g Kakaopulver
625 g Butter
375 g Puderzucker
150 g Eier

Zuckerteig mit Triebsalz

1000 g Mehl
450 g Butter
550 g Zucker
100 g Eier
70 g Milch
10 g Triebsalz

Linzerteig II

1000 g Mehl
500 g Butter
500 g Zucker
500 g Mandeln, roh,
     gemahlen
500 g Biscuitbrösel,
     mit Milch anfeuchten
150 g Eier
85 g Milch
10 g Triebsalz
     Zimt
     Nelkenpulver

Napolitainteig

1000 g Mehl
750 g Butter
750 g Mandelmasse
75 g Eier
     Zitronenraps

Wienerwaffeln

1000 g Mehl
500 g Butter
500 g Zucker
500 g Mandeln, roh,
     gemahlen
250 g Eier
     Zimt
     Zitronenraps

Rezeptaufbau Biscuitmassen

Zusammensetzung

Die einfachsten Biscuitmassen bestehen aus den Rohstoffen:

Eier

Das Ei gilt als Grundlage für die Berechnung der übrigen Zugabemengen.
1 Ei = 50 g, 1 Eigelb = 25 g, 1 Eiweiss = 25 g.
Ganze Eier können teilweise durch Eigelb oder Eiweiss ersetzt werden. Mehr Eigelb ergibt schwerere Massen mit feinerer Porung. Mehr Eiweiss ergibt leichtere Massen mit gröberer Porung. Bei schweren Massen eignet sich die Verschiebung von ganzen Eiern auf Eigelb nicht, weil der Wassergehalt zu stark reduziert wird und sich dadurch der Zucker schlecht löst.

Zucker

Am besten eignet sich Feinkristallzucker, der sich gut auflösen lässt.

Mehl

Nicht zu starkes Weissmehl. Das ideale Mehl für Biscuit sollte eine gut dehnbare Klebestruktur aufweisen.

Herstellung

Warme Masse

Eier und Zucker aufwärmen bis sich der Zucker aufgelöst hat, dann schaumig rühren. Das Mehl durchgesiebt einmelieren.

Kalte Masse

Eigelb und Zucker schaumig rühren, Eiweiss mit etwas Zucker (pro Eiweiss ca. 10 g) zu Schnee schlagen. Beide Massen zusammen mit dem Mehl einmelieren.

Rezeptschema für Torten und Kapseln

In Formen gebacken ist das Verhältnis Zucker zu Mehl 1:1.

Schwerste Masse			Mittlere Masse			Leichteste Masse		
50 g Eier	50 g Zucker	50 g Mehl	50 g Eier	35 g Zucker	35 g Mehl	50 g Eier	20 g Zucker	20 g Mehl

Zwischen der schwersten und leichtesten Masse kann die Zucker-Mehlbeigabe erhöht oder herabgesetzt werden.
Backen: In dampffreiem Ofen 190 bis 210° C.

Rohstoffe und Halbfabrikate, die den Biscuitmassen beigegeben werden können:

Stärkemehl

Das Mehl kann bis zur Hälfte durch Weizen- oder Kartoffelstärke ersetzt werden. Dadurch entsteht eine feinere Porung und eine kürzere Struktur. Vor der Beigabe mit dem Mehl absieben.

Maximale Beigabe

25 g Mehl	25 g Stärkemehl	Je nach Bedarf 1/3 bis zu 1/2 des Mehles durch Stärkemehl ersetzen.

Butter

Butter dient vor allem zur Verbesserung der Qualität. Sie wird am Schluss, aufgelöst, aber nicht zu heiss, schonend in die Masse einmeliert.

a) warme Masse

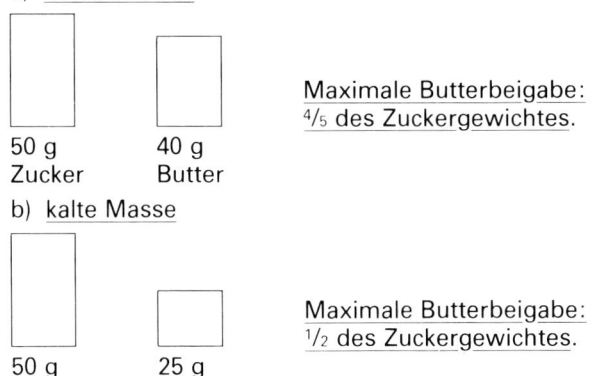

50 g Zucker   40 g Butter

Maximale Butterbeigabe:
4/5 des Zuckergewichtes.

b) kalte Masse

50 g Zucker   25 g Butter

Maximale Butterbeigabe:
1/2 des Zuckergewichtes.

Haselnuss- und Mandelbeigabe

Grob gehackte Kerne dienen als Beigabe. Sie können ohne Änderung des Rezeptes einmeliert werden. Bei fein gemahlenen Kernen hingegen ist der Saugfähigkeit Rechnung zu tragen und das Mehl zu reduzieren:
Für 3 Teile gemahlene Kerne = 1 Teil Mehl weniger.
Maximale Beigabe von Mandeln und Haselnüssen:

50 g Zucker   50 g Kerne

Die Kernenbeigabe soll nicht höher sein als die Zuckerbeigabe.

Mandelmasse

Wird anstelle der feinen Mandeln Mandelmasse eingesetzt, muss diese eine streichfähige Konsistenz aufweisen. In dieser Form gilt sie als Beigabe, d. h. am Rezept ist nichts zu ändern.

Couverture oder Kakao

Folgende Schokoladeprodukte eignen sich zum Aromatisieren von Biscuitmassen:

Kakaopulver	pro kg Mehl ca. 80 g
Blockkakao	pro kg Mehl ca. 100 g
Gezuckertes Kakaopulver	pro kg Mehl ca. 120 g
Schokoladepulver	pro kg Mehl ca. 150 g
Couverture	pro kg Mehl ca. 200 g

Anwendung

Kakaopulver: Das beizugebende Quantum vom Mehlgewicht abziehen. Mit dem Mehl zusammen einmelieren.

Gezuckertes Kakaopulver, Schokoladepulver: Sie dienen als Beigabe. Bei höherer Zugabe als 10% vom Mehlgewicht ist der Masse etwas Wasser beizufügen.
Mit dem Mehl zusammen einmelieren.

Blockkakao, Kakaopulver, Couverture: Mit Wasser anrühren bis die Konsistenz mit derjenigen der Biscuitmasse übereinstimmt. Am Schluss einmelieren.

Zitronen-, Orangenraps, Vanille: Können zum Aromatisieren beigegeben werden.

Biscuitbrösel:

Biscuitbrösel können ohne Verrechnung zu Biscuitmassen beigegeben werden, sofern sie in der Konsistenz mit der Masse übereinstimmen. Aus diesem Grunde die Brösel mit Milch anrühren und als streichfähige Masse ins Biscuit einmelieren.

Rezeptbeispiele:

Warme Massen

35 : 35
500 g Eier
350 g Zucker
350 g Mehl

Wienermasse
35 : 35
500 g Eier
350 g Zucker
350 g Mehl
100 bis max. 280 g Butter

Sandmasse
25 : 25
500 g Eier
250 g Zucker
200 g Mehl
 50 g Stärkemehl
 50 g bis max. 200 g Butter

30 : 30
mit mehr Eigelb
350 g Eier
150 g Eigelb
300 g Zucker
300 g Mehl

Haselnussbiscuit
40 : 40
500 g Eier
400 g Zucker
300 g Mehl
300 g Haselnüsse, gemahlen

Mandelbiscuit
mit Butter 30 : 30
500 g Eier
300 g Zucker
250 g Mehl
150 g Mandeln, weiss,
    gemahlen
 50 g bis max. 240 g Butter

Kalte Massen

30 : 30
250 g Eigelb
150 g Zucker
250 g Eiweiss
150 g Zucker
300 g Mehl

Wienermasse
25 : 25
250 g Eigelb
150 g Zucker
250 g Eiweiss
100 g Zucker
250 g Mehl
 50 g bis max. 125 g Butter

Schokolade-Biscuit
35 : 35
250 g Eigelb
200 g Zucker
250 g Eiweiss
150 g Zucker
320 g Mehl
 30 g Kakaopulver

20 : 20
mit mehr Eigelb
300 g Eigelb
100 g Zucker
200 g Eiweiss
100 g Zucker
200 g Mehl

Mandelbiscuit
mit mehr Eiweiss 25 : 25
200 g Eigelb
100 g Zucker
200 g Mandelmasse
300 g Eiweiss
150 g Zucker
250 g Mehl

40 : 40
mit Butter
250 g Eigelb
200 g Zucker
250 g Eiweiss
200 g Zucker
400 g Mehl
 50 g bis max. 200 g Butter

Rezeptschema für Rouladen

Es gelten die gleichen Regeln wie für Biscuitmassen in Formen gebacken.
Um Rouladen herzustellen ist jedoch die Mehlbeigabe gegenüber der Zuckerbeigabe um ca. 1/3 zu reduzieren.
Schwere Massen lassen sich nur schlecht aufstreichen. Es empfiehlt sich deshalb, mittlere und leichte Massen herzustellen.

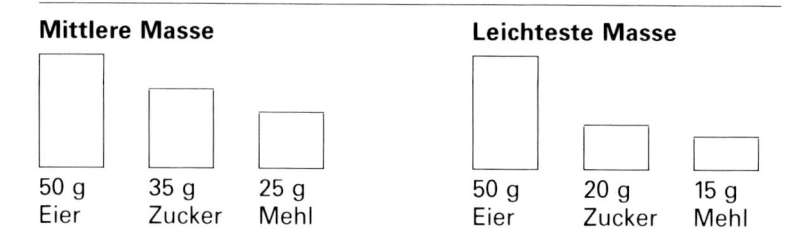

Mittlere Masse

50 g Eier 35 g Zucker 25 g Mehl

Leichteste Masse

50 g Eier 20 g Zucker 15 g Mehl

Durch die Mehlreduktion wird der Zuckeranteil in der Biscuitmasse grösser, die Roulade bleibt länger feucht und lässt sich besser rollen. Im übrigen gilt der Rezeptaufbau wie für gewöhnliche Biscuitmassen.

Backen:
In dampffreiem Ofen 210 bis 230° C.

Rezeptbeispiele:

Warme Massen

35 : 25

500 g Eier
350 g Zucker
250 g Mehl

**Schokolademasse
30 : 20 mit Butter**

500 g Eier
300 g Zucker
180 g Mehl
 20 g Kakaopulver
100 g Butter

Kalte Massen

25 : 20

250 g Eigelb
100 g Zucker
250 g Eiweiss
150 g Zucker
200 g Mehl

30 : 20 mit mehr Eigelb

400 g Eier
100 g Eigelb
300 g Zucker
200 g Mehl

**Haselnussmasse
35 : 25**

500 g Eier
350 g Zucker
200 g Mehl
150 g Haselnüsse, gemahlen

25 : 15 mit Mandelmasse

250 g Eigelb
400 g Mandelmasse
100 g Zucker
250 g Eiweiss
150 g Zucker
150 g Mehl

Rezeptschema für Mohrenkopfmasse

Es gelten die gleichen Regeln wie für Biscuitmassen in Formen gebacken.
Für Mohrenkopfmassen ist jedoch das Zuckergewicht gegenüber dem Mehlgewicht um ca. ¹/₃ zu reduzieren. Damit die Masse weniger zäh wird, ist das Mehl zur Hälfte durch Stärkemehl zu ersetzen.

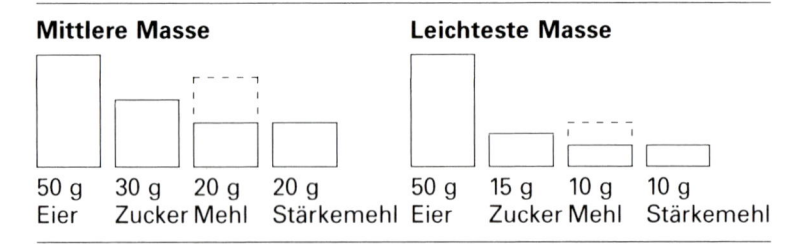

Mittlere Masse

50 g	30 g	20 g	20 g
Eier	Zucker	Mehl	Stärkemehl

Leichteste Masse

50 g	15 g	10 g	10 g
Eier	Zucker	Mehl	Stärkemehl

Durch Erhöhen des Eiweissanteiles und dementsprechendes Reduzieren des Eigelbes wird die Masse luftiger und leichter.

Die Mohrenkopfmasse ist immer im kalten Verfahren herzustellen.

Backen:
In dampffreiem Ofen 210 bis 230° C.

Rezeptbeispiele:

15 : 25

250 g Eigelb
 50 g Zucker
250 g Eiweiss
100 g Zucker
125 g Mehl
125 g Stärkemehl

Löffelbiscuit (Pellerines)
25 : 30 mit mehr Eigelb

200 g Eiweiss
125 g Zucker
300 g Eigelb
125 g Zucker
150 g Mehl
150 g Stärkemehl

20 : 30 mit mehr Eiweiss

300 g Eiweiss
120 g Zucker
200 g Eigelb
 80 g Zucker
150 g Mehl
150 g Stärkemehl

Durch Erhöhen des Eigelb-Anteiles und gleichzeitiger Reduktion des Eiweisses wird die Masse schwerer.

Biscuitmassen mit Aufschlagmittel

Rezeptschema

Pastenförmige Aufschlagmittel mit emulgatorhaltigen Zusätzen können in den Rezeptaufbau integriert werden. Bei Fertigmehl besteht diese Möglichkeit nicht, hier müssen die von den Hersteller-Firmen angegebenen Richtrezepturen eingehalten werden.

Das Aufschlagmittel anstelle von Eiern:

Die Eierreduktion beträgt 20 bis 30% und wird durch folgende Wasser/Aufschlagmischung ersetzt:

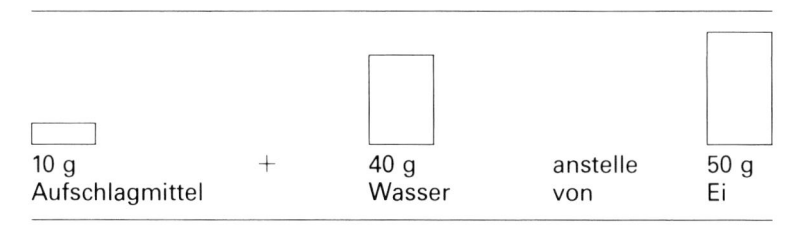

10 g Aufschlagmittel + 40 g Wasser anstelle von 50 g Ei

Es eignen sich vor allem mittelschwere Massen (25 g bis 35 g Zucker/Mehl pro Ei) unter Berücksichtigung folgender Punkte:

Wasser: Temperiertes Wasser löst den Kristallzucker schneller auf.
Backpulver: Um eine genügende Lockerung zu erhalten ist eine Backpulverbeigabe von 20 bis 30 g pro kg Mehl erforderlich.
Mehl: Es ist ausschliesslich Mehl ohne Ascorbinsäure zu verwenden.
Stärkemehl: Die maximale Beigabe beträgt 1/3 des Mehlgewichtes und ist vor allem bei schweren Massen oder bei starkem Mehl vorzusehen.
Butter: Maximale Butterbeigabe wie bei warmer Masse, 4/5 des Zuckergewichtes.
Haselnuss- und Mandelbeigabe: Das beste Volumen wird durch Mitaufschlagen der mit Wasser angerührten, gemahlenen Nüssen erreicht. Diese sollen das Zuckergwicht nicht übersteigen und werden zusätzlich dem Rezept beigegeben.

Mandelmasse: Das Zuckergewicht muss um ca. die Hälfte der Mandelmasse-Beigabe gekürzt werden.
Couverture oder Kakao: Beigabe wie bei warmer Masse.
Abstehzeit vor dem Backen: Die Biscuitmasse kann bis 1 Stunde ohne Volumeneinbusse stehen gelassen werden.
Backtemperatur: Ca. 210° bis 220° C, also ca 10° C höher als bei herkömmlicher Biscuitmasse.
Dampf: Biscuitmassen mit Aufschlagmittel werden immer dampffrei gebacken.

Rezeptbeispiele:

35 : 35

375 g Eier
100 g Wasser
 25 g Aufschlagmittel
350 g Zucker
350 g Mehl
 10 g Backpulver

Mit Butter und Stärkemehl 30 : 30

375 g Eier
100 g Wasser
 25 g Aufschlagmittel
300 g Zucker
200 g Mehl
100 g Stärkemehl
  8 g Backpulver
100 g Butter

Mit Haselnüssen 30 : 30

375 g Eier
100 g Wasser
 25 g Aufschlagmittel
300 g Zucker
300 g Haselnüsse, gemahlen
100 g Wasser, ca.
      zum Anfeuchten
300 g Mehl
  8 g Backpulver

Roulade 30 : 20 mit mehr Eigelb

300 g Eier
 75 g Eigelb
100 g Wasser
 25 g Aufschlagmittel
300 g Zucker
200 g Mehl
  5 g Backpulver

Rezeptaufbau Buttermassen

Zusammensetzung

Die einfachsten Buttermassen bestehen aus:

Butter:

Die Butter kann durch Patisseriemargarine ersetzt werden.

Zucker:

Feinkristallzucker oder für gewisse Rezepte auch Puderzucker oder Rohzucker.

Eier:

Das Ei gilt als Grundlage für die Berechnung. Ganze Eier können teilweise durch Eigelb oder Eiweiss ersetzt werden.
1 Ei = 50 g, 1 Eigelb = 25 g, 1 Eiweiss = 25 g.

Mehl:

Es eignet sich vor allem Weissmehl.

Stärkemehl

Das Mehl kann bis zur Hälfte durch Stärkemehl ersetzt werden. Dadurch wird die Struktur kürzer (sandig) und die Porung feiner. Stärkemehl wird aber auch beigesetzt, damit die Masse nicht zähe wird und damit das Gebäck flach bleibt.

Rezeptschema

Das Zugabegewicht von Butter, Zucker und Mehl wird pro Ei berechnet.

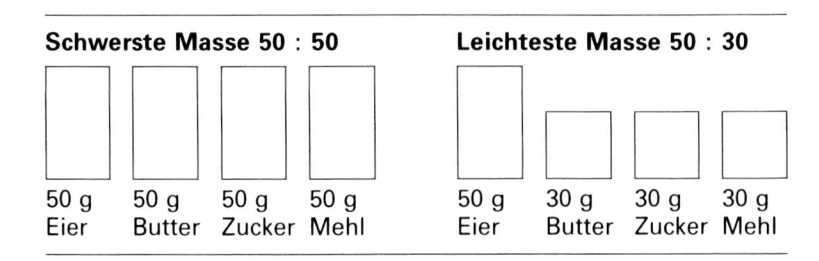

Schwerste Masse 50 : 50				Leichteste Masse 50 : 30			
50 g Eier	50 g Butter	50 g Zucker	50 g Mehl	50 g Eier	30 g Butter	30 g Zucker	30 g Mehl

Zwischen der schwersten und der leichtesten Masse kann die Butter-, Zucker-, Mehl-Beigabe beliebig erhöht oder reduziert werden.

Weitere Rohstoffe und Halbfabrikate, die den Buttermassen beigegeben werden können:

Nüsse, Kerne und Früchte

Beigaben, die keine Feuchtigkeit absorbieren, wie Sultaninen, confierte Früchte, grob gehackte Mandeln, Haselnüsse oder Couverture, haben keinen Einfluss auf die Konsistenz. Sie können zusätzlich einmeliert werden. Früchte werden vorgängig in Spirituosen eingelegt.

Feingemahlene Nüsse und Kerne

Sie nehmen Feuchtigkeit auf. Deshalb ist das Mehlgewicht im Verhältnis 3:1 zu kürzen.

300 g gemahlene Mandeln oder Haselnüsse = 100 g Mehl weniger.

Vor oder mit dem Mehl einmelieren oder mit der Butter und dem Zucker schaumig rühren.

Mandelmasse

Backfeste Mandelmasse oder auch Haselnussmasse kann zusätzlich beigegeben werden. Sie sollen jedoch eine streichfähige Konsistenz aufweisen. Sie werden mit der Butter zusammen schaumig gerührt.

Maximale Beigabe von Früchten, Nüssen und Kernen:

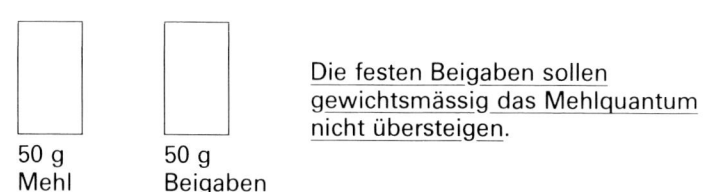

50 g Mehl   50 g Beigaben

Die festen Beigaben sollen gewichtsmässig das Mehlquantum nicht übersteigen.

Couverture oder Kakao

Couverture mit Wasser, Blockkakao mit Sirup anrühren bis die Konsistenz mit derjenigen der Masse übereinstimmt. Dann ohne Rezeptänderung beigeben.
Kakaopulver vom Mehlgewicht abziehen und beigeben.

Biscuitbrösel

Biscuitbrösel mit Milch anrühren bis die Konsistenz mit derjenigen der Masse übereinstimmt. Dann ohne Rezeptänderung beigeben.

Milch, Spirituosen

Werden einer Masse Milch zum Verbilligen oder Spirituosen zum Aromatisieren beigemischt, so wird dadurch die Masse verdünnt. Der Mehlanteil muss deswegen erhöht werden.

Für 100 g Flüssigkeit = 125 g Mehl mehr.

Bei grosser Flüssigkeitsbeigabe wird somit das Mehlquantum stark erhöht. Dies bedingt, dass das Zuckergewicht angepasst werden muss.

Als Regel gilt:

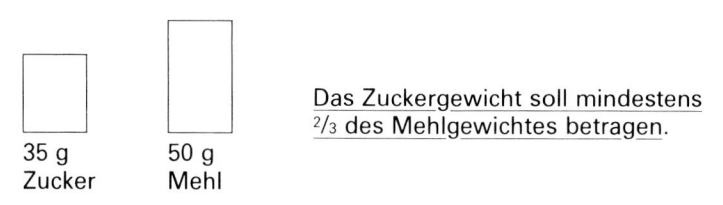

35 g Zucker   50 g Mehl

Das Zuckergewicht soll mindestens $2/3$ des Mehlgewichtes betragen.

Milch mit den Eiern gleichzeitig einrühren, eventuell zusammen mit wenig Mehl, um ein Grenieren der Masse zu verhindern.
Spirituosen ebenfalls mit den Eiern einrühren oder vermischt mit den Früchten einmelieren.

Backpulver

Schwere Massen werden durch das Schaumigrühren nur ungenügend gelockert. Deshalb ist Backpulver als Lockerungsmittel beizugeben:

20 bis 30 g pro kg Mehl.

Wird bei Rezepturen mit Milchbeigabe zusätzlich ein Gupf erwünscht, erhöht sich die Backpulvermenge bis

40 g pro kg Mehl.

Leichte Massen benötigen kein zusätzliches Lockerungsmittel.

Triebsalz

Es hinterlässt in Cakes einen geschmacklichen Rückstand und ist aus diesem Grund nicht zu verwenden.

Herstellung

Die Butter soll weich und geschmeidig sein. Zum Schaumigrühren die Maschine bei mittlerer Geschwindigkeit laufen lassen.
Die Eier sowie die Milch dürfen nicht zu kalt sein, damit die Masse nicht greniert.

Schwere und mittlere Massen mit gewünschter Gupfbildung:

Butter und Zucker schaumig rühren. Eier und Milch langsam, abwechslungsweise mit dem Mehl und dem Backpulver (sofern solches im Rezept enthalten), durchgesiebt einrühren bis die Masse zäh ist. Eventuell weitere Zutaten zuletzt einmelieren.

Schwere und mittlere Massen für Gebäcke ohne Gupf:

Butter und Zucker schaumig rühren. Eier langsam beigeben und das Mehl, eventuell Backpulver sowie weitere Zutaten am Schluss schonend einmelieren.

Leichte Massen für Gebäcke ohne Gupf:

Butter und Zucker schaumig rühren, die Eigelb langsam beigeben. Die Eiweiss zu Schnee schlagen und zuletzt mit dem Mehl einmelieren.

Spezialmassen zum Aufstreichen und Schablonieren:

Butter und Mehl (Stärkemehl) schaumig rühren.
Eigelb und Zucker schaumig rühren, Eiweiss mit etwas Zucker zu Schnee schlagen, dann alles zusammen melieren.

Backen

190 bis 200° C, schwere Massen und Gebäcke ohne Gupf
210 bis 220° C, leichte Massen und Gebäcke mit Gupf.

Rezeptbeispiele:

Gleichschwer-Cakes 50 : 50

500 g Butter
500 g Zucker
500 g Eier
500 g Mehl
 20 g Backpulver

Knusper-Cakes 50 : 50

500 g Butter
600 g Zucker
500 g Eier
300 g Milch
850 g Mehl
 30 g Backpulver
300 g Haselnüsse,
    gehackt, geröstet
300 g dunkle Couverture,
    gehackt

Schokolade-Cakes 50 : 40

400 g Butter
400 g Zucker
500 g Eier
200 g Milch
650 g Mehl
 15 bis 20 g Backpulver
100 g Blockkakao
 50 g Sirup, ca.

Vollkorn-Früchtecakes 50 : 50

500 g Butter
500 g Rohzucker
500 g Eier
325 g Vollkornmehl
325 g Mehl
 25 g Backpulver
300 g Aprikosen,
    getrocknet, gestückelt
200 g Pflaumen,
    getrocknet, gestückelt
150 g Sultaninen
120 g Rum

Früchtecakes 50 : 40

400 g Butter
600 g Zucker
500 g Eier
250 g Milch
800 g Mehl
 30 g Backpulver
300 g Cakesfrüchte
 75 g Rum

Praline-Cakes 50 : 30

300 g Butter
200 g Zucker
250 g Pralinemasse
250 g Eigelb
250 g Eiweiss
100 g Zucker
300 g Mehl

Gerührter Gugelhopf 50 : 50

500 g Butter
100 g Glukose
500 g Zucker
500 g Eier
300 g Milch
700 g Mehl
150 g Stärkemehl
 35 g Backpulver
    Zitronenraps
400 g Sultaninen

Rezeptaufbau Schneemassen

Zusammensetzung

Die einfachste Schneemasse besteht aus:

Eiweiss:

Es eignet sich frisches Eiweiss, aufgetautes Gefriereiweiss, aufgelöstes Kristall- oder Pulver-Eiweiss (pro Liter Wasser 180 bis 200 g), sowie Schneepulver.
1 Eiweiss = 25 g.

Zucker:

Feinkristallzucker und für spezielle Rezepte auch Puderzucker.

Rezeptschema für Meringuesmassen

Sie lassen sich in bezug auf die Herstellung in drei Gruppen einteilen:

Kalte Schneemassen: Auch kalte oder gewöhnliche Meringage genannt.
Warme Schneemassen: Auch warme Meringage genannt.
Italienische Meringage: Mit gekochtem Zucker hergestellt.

Kalte Schneemassen zum Backen

25 g Eiweiss   25 g bis 50 g Zucker

Rezeptbeispiel Meringuesmassen (25 : 50):
Für Meringuesschalen, Vacherin-Böden und ähnliches.
250 g Eiweiss
150 g Zucker
Zu Schnee schlagen.
175 g Zucker
Während des Schlagens einstreuen.
175 g Zucker
Einmelieren.

Herstellung:

$1/3$ des Zuckers mit dem Eiweiss vermischen und aufschlagen.
$1/3$ des Zuckers während des Schlagens nach und nach beigeben.
$1/3$ des Zuckers in den fertig geschlagenen Schnee einmelieren.

Backen:

Auf Papier bei 150 bis 170° C und offenem Zug.
Damit sich bei höherer Backtemperatur die Gebäcke nicht zu stark färben, empfiehlt sich eine Beigabe von 100 g Stärkemehl auf 1000 g Eiweiss.
Für Schokolade-Meringues-Masse 100 g Stärkemehl und 150 g Kakaopulver, eventuell wenig rote Lebensmittelfarbe.

Meringues mit weniger Zucker

Wird die Zuckerbeigabe reduziert, so muss die Backtemperatur herabgesetzt oder Stärkemehl zugefügt werden.

Kalte Schneemasse für andere Zwecke

Zum Abflämmen, zum Vermischen mit Cremen und für Halbgefrorenes (Mousse)

25 g Eiweiss   20 g bis 40 g Zucker

Rezeptbeispiel (25 : 30):
250 g Eiweiss
100 g Zucker
Aufschlagen.
200 g Zucker
Während des Schlagens nach und nach beigeben.

Herstellung:
Pro Eiweiss 10 g Zucker beigeben und aufschlagen. Restlicher Zucker nach und nach beigeben.
Temperatur zum Abflämmen 230 bis 250° C.

Warme Schneemasse

Für Halbgefrorenes (Mousse), zum Vermischen mit Cremen und für Schaumkonfekt.

25 g Eiweiss   25 g bis 50 g Zucker

Mit kleinem Zuckeranteil (25 bis 40 g) ist die Masse nicht backfest.

Herstellung:
Das Eiweiss mit dem Zucker vermischen und aufwärmen bis sich der Zucker gelöst hat, dann zu Schnee schlagen.

Italienische Meringage

Für Schokolade-S, Schaumkonfekt, Glacefüllungen (Mousse) und Cremen.

Nicht backfest   **Backfest**

25 g Eiweiss   50 g Zucker   25 g Eiweiss   80 g Zucker

Herstellung:
Pro Eiweiss 10 bis 15 g Zucker beigeben und zu Schnee schlagen. Den restlichen Zucker mit Wasser (1/3 des Zuckergewichtes) auflösen, auf 92 bis 98° R (115 bis 122° C) kochen, in dünnem Strahl in den aufgeschlagenen Schnee giessen (Maschine langsam laufen lassen und in die Mitte giessen, damit sich am Kesselrand keine Zuckerknollen bilden können).

Rezeptschema für Japonaismassen

Schneemasse mit zusätzlich feingemahlenen Mandeln oder Haselnüssen. Das Beigabegewicht beträgt im Maximum 2/3 des Zuckergewichtes.

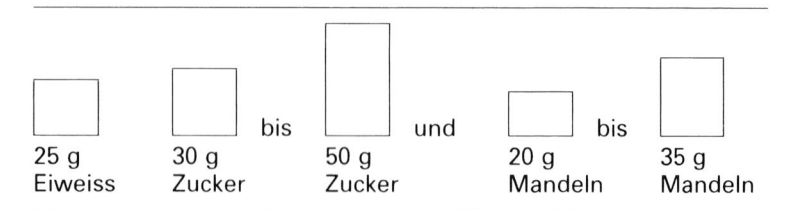

| 25 g Eiweiss | 30 g Zucker | bis | 50 g Zucker | und | 20 g Mandeln | bis | 35 g Mandeln |

Herstellung:
Pro Eiweiss 10 g Zucker beigeben und aufschlagen. Mandeln mit dem restlichen Zucker vermischen und einmelieren.
Für Schokolade-Japonaismasse am Schluss, ohne Rezeptänderung, pro Eiweiss 5 g Schokoladepulver einmelieren.

Backen:
Auf Silikonpapier bei 160 bis 180° C und offenem Zug.

Rezeptbeispiele

Japonaisschalen, hohe Form
(z.B. Schlossbergkugeln)

Pro Eiweiss 45 g Zucker und 20 g Mandeln.

250 g Eiweiss
100 g Zucker
Zu Schnee schlagen.

150 g Zucker
Während des Schlagens beigeben.

200 g Zucker
200 g Mandeln, roh, gemahlen
Einmelieren.

Japonaisböden zum Schablonieren

Pro Eiweiss 35 g Zucker und 25 g Mandeln.

250 g Eiweiss
100 g Zucker
Zu Schnee schlagen.

250 g Zucker
250 g Mandeln, roh, gemahlen
Einmelieren.

Japonaisböden zum Dressieren

Pro Eiweiss 40 g Zucker und 25 g Mandeln.

250 g Eiweiss
100 g Zucker
Zu Schnee schlagen.

300 g Zucker
250 g Mandeln, roh, gemahlen
Einmelieren.

Rezeptschema für Zünglimassen

Schneemasse mit zusätzlich feingemahlenen Mandeln oder Haselnüssen.
Das Beigabegewicht beträgt in der Regel gleichviel wie Zucker.
Schwere Massen lassen sich nur schlecht aufstreichen. Es empfiehlt sich deshalb, mittlere und leichte Massen herzustellen.

Leichteste Masse

25 g Eiweiss 30 g Zucker 30 g Mandeln

Schwerste Masse

25 g Eiweiss 50 g Zucker 50 g Mandeln

Herstellung: wie Japonais.

Butterbeigabe:
Durch Beigabe von 50 g aufgelöster Butter auf 250 g Eiweiss (am Schluss unter die Masse ziehen) lösen sich die Züngli besser vom Papier und Blech.
Gleichzeitig wird die Masse etwas kompakter und bricht dadurch weniger.

Backen:
Auf Silikonpapier bei 170 bis 180° C und offenem Zug.

Rezeptbeispiele

Leichte Masse 30 : 30

250 g Eiweiss
100 g Zucker
Zu Schnee schlagen.

200 g Zucker
300 g Mandeln, roh, gemahlen
Einmelieren.

Schwere Masse 50 : 50

250 g Eiweiss
150 g Zucker
Zu Schnee schlagen.

350 g Zucker
500 g Mandeln, roh, gemahlen
Einmelieren.

Mittlere Masse 40 : 40

250 g Eiweiss
150 g Zucker
Zu Schnee schlagen.

250 g Zucker
400 g Mandeln, roh, gemahlen
Einmelieren.

Abgeröstete Massen

Darunter versteht man Massen, bei denen der Backprozess eingeleitet wird, bevor sie in den Ofen kommen.
Dies geschieht durch Wärmeeinwirkung beim Abrösten. Der Grund, warum abgeröstet werden muss, ist unterschiedlich.

Pâte-à-choux

(auch Brandmasse oder Brühteig genannt)

Zweck des Abröstens: Einleitung der Stärkeverkleisterung.

Zusammensetzung

Wasser oder Milch:

Wasser kann teilweise oder ganz durch Milch ersetzt werden. Beim Backen färben sich Gebäcke mit Milchbeigabe besser.

Butter:

Butter kann durch Patisseriemargarine ersetzt werden.

Mehl:

Es eignet sich vor allem Weissmehl.

Eier:

Es werden vor allem ganze Eier (Vollei) eingesetzt.

Salz:

Ca. 2,5 g pro dl Flüssigkeit.

Zucker:

Ca. 5 g pro dl Flüssigkeit.

Rezeptschema

Das Wasser gilt als Grundlage für die Berechnung der übrigen Zugabemengen. Verhältnis Butter/Mehl 1 : 2

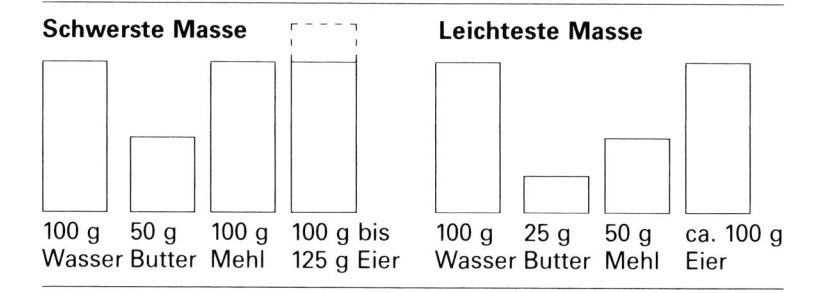

Schwerste Masse   **Leichteste Masse**

| 100 g Wasser | 50 g Butter | 100 g Mehl | 100 g bis 125 g Eier | 100 g Wasser | 25 g Butter | 50 g Mehl | ca. 100 g Eier |

Zwischen der schwersten und der leichtesten Masse kann beliebig variiert werden. Z. B. pro 100 g Wasser
30 g Butter 60 g Mehl
35 g Butter 70 g Mehl
40 g Butter 80 g Mehl

Schokolade-Pâte-à-choux

Die fertige Masse nach Belieben mit Kakao einfärben, eventuell mit etwas Ei verdünnen.

Herstellung

Wasser, Butter und Zucker aufkochen. Mehl beigeben und zusammen abrösten, bis sich die Masse vom Kessel löst. Sofern in einem Kupferkessel abgeröstet wurde, die Masse in einen Chromstahlkessel geben, dann Salz und in kleinen Quantitäten die Eier bis zur gewünschten Festigkeit beigeben.

Backen:
Feste oder schwere Massen ca. 180° C, weiche oder leichte Massen ca. 220° C. Zum Anbacken Zug geschlossen, zum Fertigbacken Zug ziehen.

Rezeptbeispiele:

Mittelschwere Masse 35 :70

200 g Wasser oder Milch
 70 g Butter
 10 g Zucker

Aufkochen.

140 g Mehl

Beigeben und abrösten.

  5 g Salz
200 g Eier, ca.

Einrühren.

Mittelschwere Masse 40 : 80 ohne Zucker

für Aperitivgebäcke

200 g Milch
 80 g Butter

Aufkochen.

160 g Mehl

Beigeben und abrösten.

  5 g Salz
200 g Eier, ca.

Einrühren.

Kokosmakronen- und Sebastopolmassen

Zweck des Abröstens: Auflösen des Zuckers und Einleiten der Koagulation des Eiweisses.

Zusammensetzung

Zucker:

Am besten eignet sich Feinkristallzucker, der sich gut auflösen lässt.

Nüsse und Kerne:

Kokosnüsse, fein geraspelt.
Mandeln, gehobelt oder gehackt.

Eiweiss:

Es eignet sich frisches oder aufgelöstes Eiweiss.

Mehl:

Weissmehl nur in kleinen Mengen und vorwiegend bei Massen zum Dressieren.

Herstellung

Zucker, Nüsse oder Kerne und Eiweiss mischen und im Kupferkessel abrösten, bis die Masse sich bindet und sich vom Kesselrand löst. Mehl beigeben.

Backen:
Auf Silikonpapier, in Kapseln oder zwischen Stäben bei 200 bis 210° C mit offenem Zug.

Rezeptbeispiele:

Kokosmakronen-Masse

1 000 g Zucker
500 g Kokosnüsse, geraspelt
400 g bis 450 g Eiweiss
100 g Mehl

Sebastopol-Masse

600 g Zucker
400 g Mandeln, grob gehackt
Zitronenraps
200 g Eiweiss

Florentiner- und Bienenstichmassen

Zweck des Abröstens: Auflösen des Zuckers und teilweises Verdunsten von Wasser.

Zusammensetzung

Zucker:
Am besten eignet sich Feinkristallzucker, der sich gut auflösen lässt.

Honig:
Möglichst heller Bienenhonig verwenden.

Rahm:
Rahm mit 35% Milchfettgehalt.

Butter:
Butter aus geschmacklichen Gründen nicht durch andere Fettstoffe ersetzen.

Früchte:
Confierte Früchte, meist klein gewürfelt.

Mandeln:
Mandeln, weiss, gehobelt.

Herstellung

Sämtliche Zutaten miteinander abrösten, bis sie sich zu einer Masse gebunden haben.

Oder:

Zucker, Honig, Rahm, Butter auf 91° R (114° C) kochen, dann die übrigen Zutaten daruntermischen.

Backen:
200 bis 210° C, Zug geöffnet.

Rezeptbeispiele:

Florentiner-Masse

600 g Zucker
200 g Honig
250 g Rahm
300 g Butter
Auf 91° R (114° C) kochen.

400 g Orangeat
600 g Mandeln, weiss, gehobelt
Daruntermischen.

Bienenstich-Masse

150 g Honig
450 g Zucker
300 g Rahm
Aufkochen.

600 g Mandeln, weiss, gehobelt
Daruntermischen.

Makronen-Massen

Zusammensetzung

Die einfachsten Makronenmassen bestehen aus:

Mandeln oder Haselnüsse:

Mandeln oder Haselnüsse roh, geschält, gemahlen.

Zucker:

Feinkristallzucker oder für gewisse Rezepte auch Puderzucker.

Eiweiss:

Es eignet sich am besten Frischeiweiss.

Es können weitere Zutaten beigegeben werden:

Weichhaltemittel:

Invertzucker, Honig, Sorbit, Glukose.

Aromastoffe:

Zitronenraps, Vanille, Bittermandeln, Zimt, Honig, Orangeat, Zitronat, Kakao, Couverture.

Flüssigkeit:

Für schablonierte Massen kann Milch oder Rahm zum Verdünnen eingesetzt werden.

Mehl:

Weissmehl, meist in kleinen Mengen, vor allem bei schablonierten Massen.

Rezeptschema

Man unterscheidet drei Hauptarten von Makronenmassen:

für Mandelkonfekt	für Makrönli	für Amaretti
1 : 1	1 : 2	1 : 3
Mandeln Zucker	Mandeln Zucker	Mandeln Zucker

Das Zugabegewicht des Eiweisses hängt von der erwünschten Konsistenz ab.

Mandelkonfekt:

10% für Konfekt zum Ausrollen und Ausstechen.
10 bis 15% für Konfekt zum Formen von Hand.
15 bis 20% für Mandelkonfekt zum Dressieren.

Makrönli:

20 bis 25% zum Dressieren.

Amaretti:

Ca. 20 bis 30% ergibt eine leicht breitlaufende Masse.

Herstellung

1 Teil Mandeln oder Haselnüsse, 1 Teil Zucker und eventuell andere Zutaten mit Eiweiss in der Reibmaschine fein (nicht ölig) reiben und anschliessend wo nötig die restliche Zuckermenge dazugeben und zur richtigen Festigkeit verdünnen. Auf Silikonpapier Zuckerteigböden oder Obladen, Amarettimasse auf geschmierte, gestaubte Bleche dressieren.

Rezeptbeispiele:

Mandelkonfekt 1 : 1

1 000 g Mandeln, weiss, gemahlen
 950 g Zucker
  50 g Invertzucker

 350 g Eiweiss ca.

Amaretti 1 : 3

 400 g Mandeln, weiss, gemahlen
 100 g Bittermandeln, gemahlen
 500 g Zucker
 250 g Eiweiss

1 000 g Puderzucker
 200 g Eiweiss ca.

Makrönli 1 : 2

500 g Mandeln oder Haselnüsse, gemahlen
500 g Zucker
350 g Eiweiss ca.

500 g Zucker

Honigteige

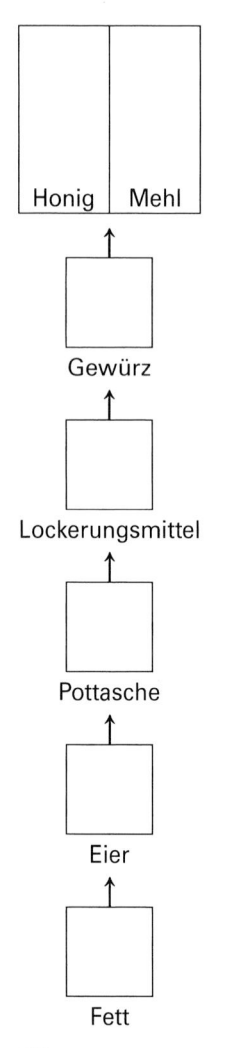

Honig — Mehl
↑
Gewürz
↑
Lockerungsmittel
↑
Pottasche
↑
Eier
↑
Fett

Die zur Herstellung benötigten Rohstoffe:

Honig
Es eignet sich Bienen- wie auch Kunsthonig.
Honig und Mehl zu gleichen Teilen vermischt ergibt eine mittelfeste Beschaffenheit, sofern der Honig 20% Wasser enthält.

Mehl
Die besten Resultate werden mit Weissmehl erzielt. Bei starkem Mehl ⅓ bis ½ durch Roggenmehl oder Korneinschlag ersetzen. (Roggenmehl nur für länger gelagerte Teige einsetzen.)

Gewürze
Zum Aromatisieren des Honigteiges werden einzelne Gewürze oder auch spezielle Gewürzmischungen verwendet.

Lockerungsmittel
Je nach dem gewünschten Volumen (Lockerung) ist die Beigabe eines Triebmittels notwendig. Die Beigabe muss auf das Gashaltevermögen des Teiges (Kleberelastizität) abgestimmt werden.

Pottasche
ist hygroskopisch. Sie wird deshalb zur Feuchthaltung der Honiggebäcke verwendet. Soll Pottasche als Triebmittel wirken, so ist eine vorgängige Lagerung (Milchsäurebildung) des Teiges notwendig. Lagerung ca. 2 bis 3 Monate.

Eier
gelten als Verfeinerung. Sie wirken aber auch günstig auf den Kleber. Speziell bei schwachen Mehlen ist eine Eierzugabe zu empfehlen.

Fett
macht den Teig mürber und stellt deshalb eine gewisse Verfeinerung dar. Durch die Fettbeigabe wird aber das Gashaltevermögen des Teiges herabgesetzt, wodurch das Gebäck ein kleineres Volumen erhält. Beim Vermischen des Teiges darauf achten, dass das Fett nicht in direkte Berührung mit dem Triebmittel kommt, was zu einer Verseifung führen könnte.

Herstellung

Honig oder das Honig-Zuckergemisch aufwärmen, bis alle Zuckerkristalle gelöst sind. Etwas abkühlen lassen, dann die Gewürze beigeben und mit dem Mehl vermischen. Bei ca. 40 C Teigtemperatur Lockerungsmittel und eventuell Pottasche beigeben. Eier oder Fett am Schluss daruntermischen und zu einem Teig kneten. 1 bis 8 Tage ruhen lassen.
Eine Lagerung des Teiges ist von Vorteil. Der Teig macht während dieser Zeit einen gewissen Reifungsprozess durch, der sich günstig auf die Qualität auswirkt. Er wird durch die Lagerung fester und verliert die ursprüngliche Geschmeidigkeit. Um ihn zur weiteren Verarbeitung wieder geschmeidig zu erhalten 2—3mal durch die Reibmaschine mit geöffneten Walzen lassen.
Den Teig 4 bis 6 mm dick ausrollen, ausstechen oder ausschneiden und auf gestaubte Bleche absetzen. (Bemehlte Bleche verhindern eine Blasenbildung am Boden). Mit Milch bestreichen und backen (ca. 200 C). Solange noch heiss, mit Gummi arabicum oder Féculestreiche bestreichen.

Verschiedene Rezepte

Schokolade-S mit Couverture zum Sofortbacken

300 g Eiweiss
100 g Zucker
Zu Schnee schlagen.

700 g Zucker
250 g Wasser
Auf 96° R (120° C) kochen und langsam einrühren.

400 g dunkle Couverture
    flüssig
Einmelieren.

Schokolade-S auf Silikonpapier dressieren und in dampffreiem Ofen backen (170 bis 180° C).

Dressierte Japonaisroulade

200 g Eiweiss
100 g Zucker
Zu Schnee schlagen.

180 g Zucker
Beigeben.

120 g Mandeln
Einmelieren.

Mit 10er-Tülle eine 60 cm lange Roulade auf Papier dressieren und backen (200° C).

Schokolade-S mit Kakao zum Antrocknen

225 g Eiweiss
100 g Zucker
Zu Schnee schlagen.

650 g Zucker
200 g Wasser
Auf 95° R (119° C) kochen und einrühren.

150 g Kakaoblock flüssig
Einmelieren.

Schokolade-S auf Silikonpapier dressieren, etwas antrocknen lassen und in dampffreiem Ofen backen (170 bis 180° C).

Caprisrollen

250 g Eiweiss
100 g Zucker
 30 g Invertzucker
Zu Schnee schlagen.

150 g Zucker
200 g Mandeln
 30 g Mehl
Einmelieren.

Die Masse mit Schablone (9 × 9 cm) aufstreichen, mit mittelfeinen gehobelten Mandeln bestreuen, bei ca. 200° C backen und aufrollen.

Mandelschneemasse

250 g Eiweiss
120 g Zucker
Zu Schnee schlagen.

450 g Mandelmasse
 50 g Ei
Vermischen, einen Teil vom Schnee beigeben.

180 g Mehl
    Zitrone
Und restlicher Schnee einmelieren.

42 × 50 cm auf Blech aufstreichen und backen (200° C). In 6 Streifen à 7 cm schneiden.

Biscuitmasse für Florentinerschnitten

300 g Eier
240 g Zucker
240 g Mehl
    Zitronenraps

In einer Kapsel oder einem Rahmen (48 × 44 cm) aufstreichen. Die eine Hälfte mit gehobelten Mandeln bestreuen und backen (200° C).

Dressierte Schokolade-Roulade

300 g Eiweiss
 90 g Zucker
 10 g Eiweisspulver
Zu Schnee schlagen.

50 g Stärkemehl
Beigeben.

150 g dunkle Couverture
    flüssig
    mit einem Sirup von
 50 g Zucker und
 30 g Wasser anrühren
Einmelieren.

Mit 10er-Tülle eine 60 cm lange Roulade auf Papier dressieren und backen (200° C).

Glanzstreiche

 50 g Honig
150 g Zucker
100 g Rahm
Zusammen aufkochen.

Nach ca. 2/3 der Backzeit aufgiessen. Verstreichen und anschliessend fertig backen.

Holländermasse

1 000 g Mandelmasse
  500 g Butter

Schaumig rühren.

  500 g Eier

Beigeben.

  250 g Mehl

Einmelieren.

Pralinesandkapsel

150 g Pralinemasse
300 g Butter
150 g Stärkemehl

Schaumig rühren.

300 g Eier
 75 g Eigelb
300 g Zucker

Schaumig rühren und unter die Buttermasse mischen.

150 g Mehl

Einmelieren.

In gefetteten Kapseln, 30 × 40 cm, backen (190° C).

Dobosch-Masse

400 g Butter
500 g Zucker

Schaumig rühren.

400 g Eier
 50 g Eigelb

Beigeben.

400 g Mehl

Einmelieren.

Masse auf zwei gefettete Bleche, 35 × 70 cm, aufstreichen und backen (190° C).

Helvetiaschnitten-Masse

450 g Eigelb
300 g Zucker

Schaumig rühren.

225 g Eiweiss
 75 g Zucker

Schaumig rühren.

400 g Mehl
250 g Rahm, geschlagen

Einmelieren.

Masse auf zwei gefettete Bleche, 40 × 60 cm, aufstreichen und backen (190° C).

Moccamürbteig

1 000 g Mehl
 550 g Butter
 375 g Zucker
  50 g Instantcafé
 100 g Wasser
 100 g Eier

Butter und Zucker miteinander durcharbeiten, mit dem Wasser, dann mit den Eiern und dem angerührten Instantcafé mischen und mit dem Mehl zu einem Teig zusammenmischen.

Halbconfierte Ananas

300 g Zucker
200 g Ananassaft

Aufkochen.

 10   Ananasscheiben

Beigeben und nochmals aufkochen.

Biber-Gewürz

100 g Zimt
100 g Koriander
 25 g Muskat
 50 g Sternanis
 40 g Nelkenpulver
  5 g Ingwer

Lebkuchen-Gewürz

100 g Zimt
 75 g Nelkenpulver
 50 g Muskat
 75 g Ingwer
125 g Fenchel
125 g Koriander
125 g Anis gemahlen

Gewürz-Salz

1 000 g Salz
 500 g Aromat
  50 g Pfeffer
  50 g Muskat

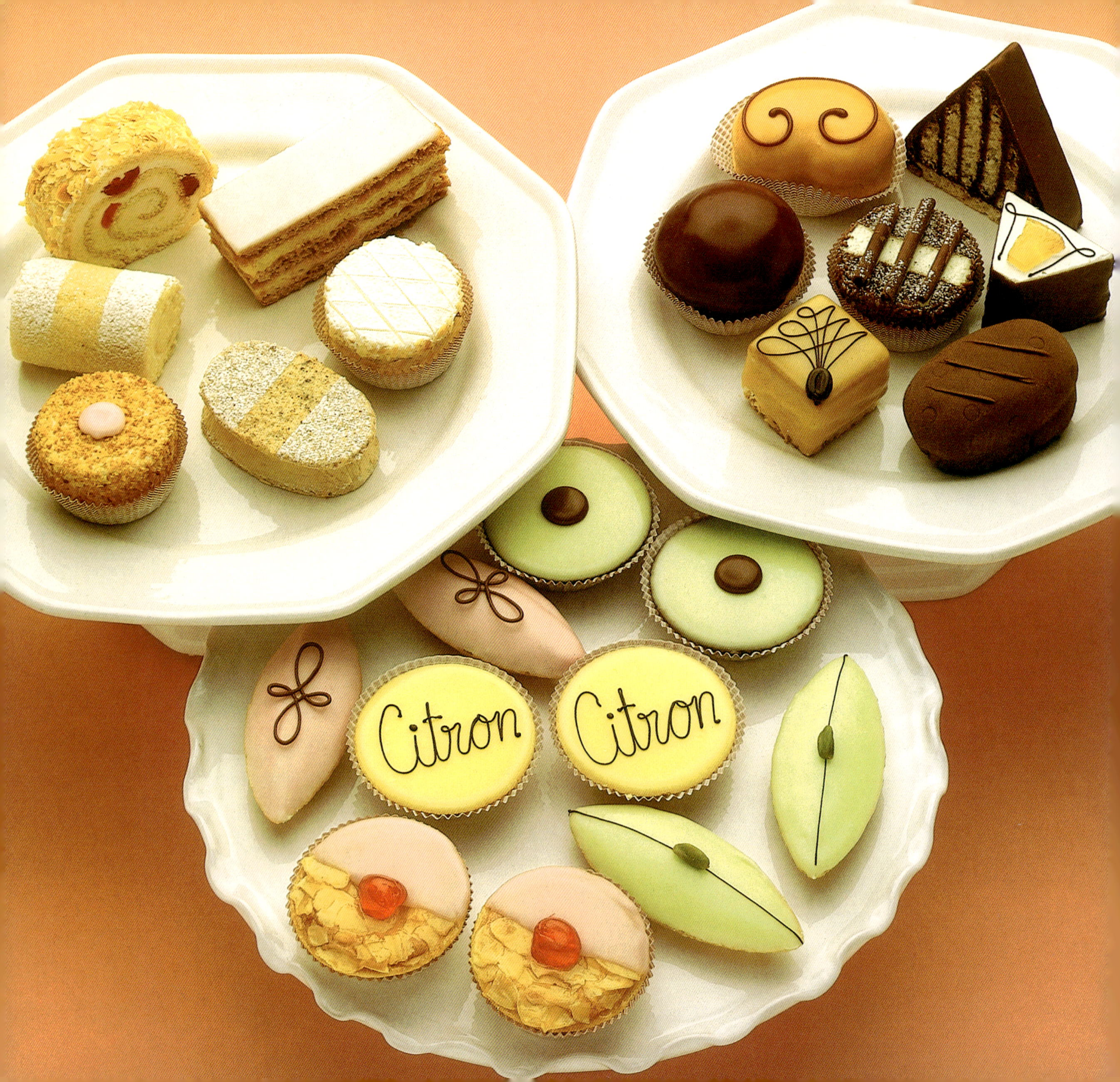
Citron
Citron

Patisserie

Cremeschnitten

Abfallblätterteig
Vanillecreme

Den Teig ca. 2 mm dick ausrollen, stupfen, leicht mit Zucker überstreuen und rösch backen (210° C). Drei solche Streifen mit Vanillecreme, eventuell mit etwas Rahm vermischt, füllen. Die Oberfläche aprikotieren, weiss glasieren und wenn der Fondant angezogen hat, in Stücke schneiden.

Cornets

Abfallblätterteig
Vanillecreme

Den Teig ca. 2 mm dick ausrollen. In 1,5 cm breite Bänder schneiden. Mit Ei bestreichen und auf gefettete Cornet-Spitzen aufrollen. Die Oberfläche in Zucker tunken und auf Blech absetzen. Backen (220° C), und solange noch heiss von den Formen lösen. Wenn erkaltet, mit Vanillecreme füllen.

Puits d'amour

Abfallblätterteig
Vanillecreme

Förmchen mit Abfallblätterteig auslegen. Etwas Vanillecreme eindressieren und backen. Wenn erkaltet, mit Vanillecreme bombiert füllen. In die Mitte etwas Zucker streuen und mit Puderzucker stauben. Mit heissem Eisen abflämmen.

Mirleton

200 g Eier
200 g Zucker
200 g Rahm
100 g Mehl
100 g Butter, aufgelöst
　　　Zitronenraps

Eier und Zucker leicht aufrühren. Rahm beigeben, dann Mehl und Butter. Förmchen mit Abfallblätterteig auslegen und stupfen. Die Masse einfüllen (ca. 2/3). Mit Puderzucker übersieben, je eine halbe, weisse Mandel auflegen und backen (200° C).

Holländerli

Abfallblätterteig
Holländermasse (Seite 70)

Ovale, gezackte Förmchen auslegen und stupfen. Auf den Boden etwas Aprikosenmarmelade dressieren, dann Holländermasse einfüllen. Schmale Streifen aus Abfallblätterteig kreuzweise darüberlegen und backen (200 bis 210° C). Noch heiss aprikotieren und mit dünnem Fondant glasieren.

Conversation

300 g Weisse Mandelmasse
 50 g Eigelb
　　　Zitronenraps
　　　etwas fein gehacktes Orangeat
　　　evtl. etwas Wasser

Förmchen (ca. 30 Stück) mit Abfallblätterteig auslegen, stupfen und die Füllung eindressieren. Mit Blätterteig decken und mit Spritzglasur glasieren. Blätterteigstreifen kreuzweise darüberlegen. Nach dem Antrocknen backen (200 bis 210° C).

Pariserzungen

Abfallblätterteig
Pralinebuttercreme

Abfallblätterteig 6 mm dick ausrollen. Mit gezacktem Ausstecher (4 cm ⌀) ausstechen, einseitig in Zucker vorrollen, dann auf einem Waffeleisen oval rollen. Auf Bleche absetzen und backen (210 bis 220° C), so dass der Zucker schmelzen kann. Zwei Zungen mit Pralinebuttercreme füllen.

Vier-Finger

Abfallblätterteig
Kirschbuttercreme
Dekor: Couverturetupfen

Abfallblätterteig in Zucker ca. 25 cm breit ausrollen und zusammenlegen (siehe Zeichnung). Diese Stangen kalt stellen. In ca. 1 cm dicke Scheiben schneiden und auf leicht gefettete Bleche absetzen. Wie Prussiens backen. Wenn erkaltet, mit Kirschbuttercreme füllen (glatte Tülle), leicht schräg zusammensetzen und mit Schokoladetupfen garnieren.

Handörgeli

Abfallblätterteig
Vanille-Buttercreme

Abfallblätterteig in Zucker 3 mm dick ausrollen. Fünf ca. 4 cm breite Streifen schneiden und mit wenig Eierstreiche aufeinandersetzen. Leicht pressen, kalt stellen, dann in 6 bis 8 mm dicke Tranchen schneiden und backen (210 bis 220° C). Wenn erkaltet, mit Vanille-Buttercreme (glatte Tülle) füllen und beide Seiten in Couverture tunken.

Pralineschnitten

Haselnussbiscuitkapsel
Pralinebuttercreme
Geröstete, gehobelte Mandeln

Das Biscuit zweimal füllen, die Oberfläche glattstreichen und kämmen. Anziehen lassen. In Streifen schneiden, die Seiten einstreuen, dann in Stücke schneiden.
Dekor: Rand aus Pralinebuttercreme.

Ananas-Schnitten

Gewöhnliche Biscuitkapsel
Arrak- oder Rumbuttercreme
Gehackte, confierte Ananas
Gerillter Rosa-Marzipan

Das Biscuit zweimal füllen und anziehen lassen. In Streifen schneiden, einstreichen, mit dem Marzipan einschlagen und in Stücke schneiden.
Dekor: Confierte Ananas-Stückchen.

Schokoladespitzen

Biscuitmasse aufstreichen und backen
Ganache (Seite 40)
Dunkle Couverture

In Streifen schneiden und je vier mit Ganache zusammensetzen. Nach dem Erstarren in der Diagonale durchschneiden, die beiden Teile spitzförmig zusammensetzen und auf einen weiteren Streifen absetzen. Einstreichen, anziehen lassen, glasieren und sofort schneiden.

Orangenschnitten

Butterbiscuitmasse in Känelform
Orangencreme/Buttercreme 1:1
Orange-Fondant

Das Biscuit zweimal durchschneiden und füllen. Anziehen lassen. Die Oberfläche aprikotieren, glasieren, dann garnieren und schneiden.
Dekor: Mit Schokoladespritzglasur überspritzen.

Haselnusswürfel

Haselnussbiscuitkapsel
Haselnussbuttercreme
Geröstete, gehobelte Mandeln

Das Biscuit zweimal durchschneiden und füllen. Die Oberfläche mit Creme glattstreichen und anziehen lassen. In Würfel schneiden, die Seiten einstreichen und einstreuen.
Dekor: Ornament aus Schokoladespritzglasur, geröstete Haselnuss.

Schokoladewürfel

Schokoladebiscuitkapsel
Schokoladebuttercreme
Schokoladefondant
Schokoladestreusel

Das Biscuit zweimal füllen, anziehen lassen, die Oberfläche aprikotieren und mit Schokoladefondant glasieren. Wenn der Fondant fest geworden ist, schneiden. Die Seiten einstreichen und einstreuen.
Dekor: Kleines Truffe.

Pralinewürfel

Mandelbiscuitkapsel
Pralinebuttercreme mit feinem Krokant
Gehobelte, geröstete Mandeln

Das Biscuit zweimal füllen und anziehen lassen, dann schneiden. Die Seiten einstreichen und einstreuen. Die Oberfläche der Würfel nicht ganz durchschneiden, eine Ecke hochheben und eine Rosette aufdressieren. Mit Puderzucker stauben.

Ananas-Ecken

Gewöhnliche Biscuitkapsel
Ananasbuttercreme
Confierte Ananas, gehackt
Couverture

Das Biscuit zweimal füllen, die Oberfläche mit Creme glattstreichen und anziehen lassen. In Stücke schneiden und diese bis an die Oberfläche in Couverture tunken.
Dekor: Confiertes Ananasstück, Schokoladespritzglasur.

Mocca-Halbmond

Gewöhnliche Biscuitkapsel
Moccabuttercreme
Moccafondant

Das Biscuit zweimal füllen und anziehen lassen. Mit rundem Ausstecher Halbmonde ausstechen. Die Oberflächen aprikotieren und im Fondant tunken.
Dekor: Buttercremerosette, Schokolade-Moccabohne.

Mohrenköpfe

Zwei Mohrenkopfschalen
Vanillecreme
Schokoladefondant

Die ausgehöhlten Schalen mit der Creme füllen, aprikotieren und glasieren.

Mocca-Bohnen

Zwei bohnenförmig dressierte Mohrenkopfschalen
Mocca-Vanillecreme
Moccafondant

Die Schalen aushöhlen, mit der Creme füllen, aprikotieren und glasieren.
Dekor: Schokoladespritzglasur

Royal-Kugeln

Zwei Mohrenkopfschalen
Kirsch-Vanillecreme
Rote Kirsche
Weisser Fondant

Die Schalen mit der Creme füllen, die Kirsche einlegen. Aprikotieren und glasieren.
Dekor: Ring aus gerilltem Rosa-Marzipan, gehackte, confierte Ananas.

Kartoffeln

Zwei längliche Mohrenkopfschalen
Praline-Vanillecreme
Schokolademarzipan

Die Schalen aushöhlen und mit der Creme füllen. Mit ausgerolltem, dünn mit Sirup bestrichenem Marzipan einwickeln und in Schokoladepulver drehen. Mit dem Messer einschneiden und mit einem Stäbchen Löcher eindrücken.

Pfirsich

Zwei Mohrenkopfschalen
Rum-Vanillecreme
Gelber Marzipan

Die ausgehöhlten Schalen mit der Creme füllen. Mit ausgerolltem, dünn mit Sirup bestrichenem Marzipan einschlagen. Leicht rötlich schminken und in Zucker drehen.
Dekor: Stiel aus Angélique.

Schokolade-rosetten

Eine Mohrenkopfschale
Couverture
Vanillecreme
Schokolade-Buttercreme

Die Schale mit der Vanillecreme füllen und in Couverture tunken. Eine Rosette mit Buttercreme aufdressieren und mit Schokoladepulver stauben.
Dekor: gehackte Pistazien.

Kirsch-Roulade

Mandelroulade
Kirschbuttercreme
Confierte Kirschen
Geröstete, gehobelte Mandeln

Das Biscuit mit der Creme bestreichen, die gehackten Kirschen daraufstreuen und aufrollen. Anziehen lassen, einstreichen und einstreuen, dann schneiden und leicht stauben.

Schokolade-Roulade

Schokoladebiscuitmasse aufstreichen und backen
Schokoladebuttercreme
Rosa-Marzipan zu einer Stange rollen
Couverture

Das Biscuit mit der Creme bestreichen. Auf den vorderen Rand die Marzipanrolle auflegen, und der Rolle entlang das Biscuit einschneiden. Nach einer Vierteldrehung wieder einschneiden usw. Mit zwei Stäben etwas pressen und anziehen lassen. Mit Couverture überstreichen und sofort schneiden.

Zitronen-Rolle

Mandelroulade (40 × 60 cm)
Zitronencreme/Buttercreme 1:1

Das Biscuit mit der Creme bestreichen und in der Mitte von oben nach unten durchschneiden. Beide Stücke von links und rechts gegen die Mitte zu vier dünnen Rouladen aufrollen, durchschneiden und anziehen lassen. In Zucker rollen, schneiden und leicht stauben.

Dressierte Roulade

Dressierte Schokoladeroulade (Seite 69)
Pistachebuttercreme

Das Biscuit mit der Creme bestreichen, aufrollen und anziehen lassen. Schräg in Stücke schneiden.

Japonais-Roulade

Dressierte Japonaisroulade (Seite 69)
Kirschbuttercreme
Gehackte, confierte Ananasstückchen
Couverture

Die Roulade mit der Creme bestreichen, die Ananas darüberstreuen und aufrollen. Anziehen lassen, mit Couverture bestreichen (Pinsel) und schneiden.
Dekor: Buttercremerosette, confierte Ananasstückchen.

Gepresste Roulade

Gewöhnliches Rouladebiscuit
Moccabuttercreme
Moccafondant

Die Roulade mit der Creme bestreichen, aufrollen und in Papier einrollen. Mit zwei Stäbchen in Dreieckform drücken. Anziehen lassen, aprikotieren, glasieren und schneiden.
Dekor: Buttercremerosette und Schokolademoccabohne.

Japonais

Zwei Japonaisbödeli
Pralinebuttercreme
Japonaisbrösel

Die Bödeli mit der Creme füllen, anziehen lassen, einstreichen und mit Japonaisbrösel einstreuen.
Dekor: Runder Tupfen aus Rosa-Fondant.

Zuger-Kirschtörtli

Zwei Japonaisbödeli
Eine Scheibe Mandelbiscuit
Kirschsirup
Kirschbuttercreme
Geröstete, gehobelte Mandeln

Japonaisbödeli mit Creme bestreichen. Biscuit auflegen und mit Kirschsirup tränken (Kirsch/Sirup 2:3). Das zweite mit Creme bestrichene Bödeli daraufsetzen. Anziehen lassen, ganz einstreichen und die Seiten mit Mandeln einstreuen. Mit Puderzucker stauben.
Dekor: ein Gitter einkerben.

Silvana

Zwei Japonaisbödeli
Pistachebuttercreme
Schokoladespäne

Die Bödeli mit der Creme füllen und anziehen lassen. Ganz einstreichen und die Seiten mit Schokoladespäne einstreuen.
Dekor: Drei Schokoladerollen, Stab auflegen und stauben.

Ananas-Japonais　　Züngli　　Capris-Rollen

Zwei Japonaisbödeli
Kirschbuttercreme

Die Bödeli mit der Creme füllen, einstreichen und anziehen lassen. Bis an den Rand in Couverture tunken.
Dekor: Ring aus gerilltem Rosa-Marzipan. In der Mitte gehackte confierte Ananas mit Aprikosenmarmelade vermischt.

Zwei ovale Züngli
Pralinébuttercreme

Die Creme kammförmig auf beide Züngli streichen und aufeinanderlegen. Die Oberfläche stauben.
Dekor: Gehackte Pistazien.

Capris-Rollen (Seite 69)
Schokoladebuttercreme mit Cognac parfümiert und Biscuitbrösel vermischt.

Capris-Rollenmasse mit Schablone (9×9 cm) aufstreichen, mit mittelfeinen, gehobelten Mandeln bestreuen, backen und aufrollen. Die Rollen mit der Creme füllen und die beiden Enden in Couverture tunken.

Zicka-Schnitten

Drei Streifen aus Mandelschneemasse (Seite 69)
Schokoladebuttercreme
Kirschbuttercreme

Mit einer Lage Schokolade- und einer Lage Kirschbuttercreme zusammensetzen. Die Oberfläche mit Creme bestreichen und mit feinen Schokoladespänen bestreuen. Anziehen lassen, leicht stauben und schneiden.

Mandel-Stengel

Zwei Stengel aus Japonaisschalen-Masse (Seite 60)
Ganache

Die Masse mit glatter Tülle auf Silikonpapier dressieren, mit gehobelten Mandeln überstreuen und backen (180° C). Ganache mit Sterntülle aufdressieren und zusammensetzen.

Schokoladekugeln

Zwei Japonaisschalen (Seite 60)
Vanillebuttercreme, Schokoladebuttercreme
Schokoladespäne

Zwei Schalen mit Vanillebuttercreme füllen und anziehen lassen. Mit Schokoladebuttercreme einstreichen und in Schokoladespänen rollen. Mit Puderzucker leicht stauben.

Doboschschnitten

Boden aus Doboschmasse (Seite 70)
Pralinebuttercreme
Geschmolzener Zucker

Drei Streifen der gebackenen Doboschmasse mit der Creme füllen und die Oberfläche bestreichen. Ein Streifen mit dem geschmolzenen Zucker überstreichen, sofort mit dem Messer zeichnen und schneiden. Die Stücke auf die Schnitte legen, anziehen lassen und schneiden.

Helvetiaschnitten

Boden aus Helvetiaschnittenmasse (Seite 70)
Ganache oder Ganache mit Buttercreme vermischt
Dunkle Couverture

Vier Streifen der gebackenen Masse mit der Creme füllen, die Seiten einstreichen und anziehen lassen. Mit dunkler Couverture einstreichen, mit dem Messer zeichnen und schneiden.

Rehrücken

Rehrückenmasse in Zwiebackformen gebacken (Seite 197)
Kirschbuttercreme

Aus der Stange (am besten in der Form) einen Keil herausschneiden, mit Creme füllen und den Keil wieder einsetzen. Anziehen lassen, aus der Form nehmen und schneiden.
Dekor: Einen Stab auflegen und stauben.

Nuss-Schnittli

Pralinesandkapsel (Seite 70)
Buttercreme mit gehackten Baumnüssen vermischt
Gerillter, weisser Marzipan

Die Kapsel zweimal füllen und anziehen lassen. In Streifen schneiden, diese einstreichen, mit dem Marzipan einschlagen und schneiden.
Dekor: Couverturetupfen und halbe Baumnuss.

Engadiner-Schnitten

Drei gebackene Mürbteigstreifen (2 bis 3 mm dick)
Kirschbuttercreme mit Mandelmasse vermischt
Feine, geröstete Mandeln

Die Streifen mit der Creme füllen und anziehen lassen. Einstreichen, einstreuen, leicht stauben und mit dem Messer zeichnen und schneiden.

Napolitain

Drei gebackene Streifen aus Napolitainteig (Seite 47)
Himbeer- oder Aprikosenmarmelade
Weisser Fondant

Die Streifen mit der Marmelade füllen und einige Stunden stehen lassen. Die Oberfläche aprikotieren, glasieren und marmorieren. Wenn der Fondant angezogen hat, schneiden.

Zitronentörtli

Niedere, leer gebackene Zuckerteigförmchen
Zitronencreme (Seite 40)
Gelber Fondant

Zitronencreme mit Buttercreme im Verhältnis 1:1 mischen, einfüllen und glattstreichen.
Anziehen lassen und glasieren.
Schrift: Schokoladespritzglasur.

Caracas

Niedere, leer gebackene Schokoladezuckerteigförmchen
Ganache (Seite 40)
Grüner Fondant

Die Förmchen mit Ganache füllen und glattstreichen.
Anziehen lassen und glasieren.
Dekor: Tupfen aus Schokoladefondant.

Sappho

Leer gebackene Schiffchen aus Schokoladezuckerteig
Pralinebuttercreme mit mittelfeinem Nougat vermischt
Schokoladefondant

Die Förmchen mit der Creme füllen und glattstreichen.
Anziehen lassen und glasieren.
Dekor: Weisser Fondant sofort, d.h. bevor der Schokoladefondant angezogen hat, aufspritzen.

Sarah Bernhard

Ein kleines Makrönli
Ganache (Seite 40)
Couverture

Die Ganache kegelförmig aufstreichen, anziehen lassen und in Couverture tunken.
Dekor: Silberperle.

Hawaii

Ein kleines Makrönli
Maraschinobuttercreme
Weisser Fondant

Die Creme bombiert aufstreichen, 3 confierte Stückchen Ananas und eine halbe confierte Kirsche auflegen, anziehen lassen und in dünnem weissem Fondant tunken.

Nougatines

Förmchen aus Zuckerteig
Holländermasse (Seite 70)
Rosa Fondant

Den Boden stupfen und wenig Aprikosenmarmelade eindressieren.
Holländermasse einfüllen, glattstreichen, die Hälfte der Oberfläche mit gehobelten Mandeln bestreuen und backen (200 bis 210° C).
Wenn erkaltet aprikotieren und glasieren.
Dekor: Halbe confierte Kirsche.

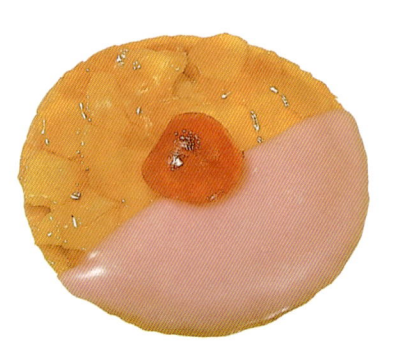

Linzerschnitten mit Konfitüre

Linzerteig (Seite 47)
Himbeermarmelade

Den Teig 4 mm dick ausrollen, 8 cm breite Streifen schneiden, und diese auf Blech legen.
Die Mitte mit der Marmelade bestreichen.
Die Ränder mit Ei bestreichen und kreuzweise Teigstreifen über die Marmelade legen.
Beidseitig je eine Teigrolle auflegen und kneifen.
Mit Ei bestreichen und zwischen Stäben backen (210 bis 220° C).

Linzerschnitten mit Mandelmasse

Linzerteig (Seite 47)
Mandelmasse 1:1

Den Teig 3 bis 4 mm dick ausrollen und in Stangenformen auslegen (ca. 3 cm hoch).
Die Mandelmasse mit Vanillecreme streichfähig verdünnen und etwas Zitronenraps beigeben.
Einfüllen, glattstreichen und mit Teig abdecken.
Die Ränder kneifen, mit Ei bestreichen, mit der Gabel zeichnen und stupfen, dann backen (210 bis 220° C).

Wienerwaffeln

Wienerwaffelteig (Seite 47)
Aprikosenmarmelade
Weisse Spritzglasur

Zwei gleichgrosse Rechtecke 4 mm dick ausrollen und auf Blech absetzen.
Einen der Böden in Quadrate einteilen und mit Spritzglasur gitterartig garnieren.
Backen (210 bis 220° C) und, solange noch heiss, mit der Marmelade zusammensetzen.
Durchschneiden und mit Puderzucker stauben.

Choux

Pâte-à-choux (Seite 63)
Rahm geschlagen

Tupfen auf geschmiertes Blech dressieren, mit Ei bestreichen und backen (200 bis 210° C).
Aufschneiden, Rahm eindressieren und Deckel auflegen.
Mit Puderzucker stauben.

Schweden-Choux

Pâte-à-choux (Seite 63)
Mürbteigplätzchen
Rahm geschlagen, mit Pralinemasse parfümiert

Tupfen auf geschmiertes Blech dressieren, rund ausgestochene Mürbteigplätzchen auflegen und backen (200 bis 210° C).
Aufschneiden, Pralinerahm eindressieren und Deckel auflegen.
Mit Kakaopulver stauben.

Schwänli

Pâte-à-choux (Seite 63)
Rahm geschlagen

Für den Körper Pâte-à-choux tropfenförmig mit Sterntülle dressieren.
Kopf und Hals mit glatter Tülle auf separates Blech spritzen und Mandelsplitter einstecken.
Mit Ei bestreichen und backen (200 bis 210° C).
Körper waagrecht durchschneiden.
In die untere Hälfte Rahm dressieren.
Die obere Hälfte der Länge nach durchschneiden, stauben und auflegen.
Den Kopf einstecken.

Eclairs

Pâte-à-choux (Seite 63)
Mocca-Vanillecreme
Moccafondant

Mit glatter Tülle Stangen auf geschmiertes Blech dressieren.
Mit Ei bestreichen, mit der Gabel zeichnen und backen (200 bis 210° C).
Eine Seite aufschneiden und die Creme eindressieren.
Aprikotieren und glasieren.

Kleine St. Honoré

Runde, gebackene Förmchen aus Abfallblätterteig
Kleine Choux in Caramelzucker getunkt
Diplomatcreme (Seite 37)

Die Creme in die Förmchen dressieren, Rahm aufdressieren und die Choux auflegen.

Frucht-Törtli

Förmchen aus Abfallblätterteig
Diplomatcreme (Seite 37)
Frische Früchte, Kompottfrüchte oder Beeren

Förmchen mit Abfallblätterteig auslegen und backen (210 bis 220° C).
Nach dem Erkalten Diplomatcreme eindressieren, mit den Früchten belegen und gelieren.

Meringues

Meringuesschalen
Rahm geschlagen, Vanille parfümiert

Zwei Schalen mit Rahm füllen.
Dekor: Mit Sterntülle Rahm aufdressieren.

Vermicelles

Runde, gebackene Förmchen aus Zucker- oder Wienerwaffelteig (Seite 47)
Rahm geschlagen
Marron-Püree (Seite 32)

Die Förmchen mit Couverture auspinseln um ein Durchweichen zu verhindern.
Rahm eindressieren und das Püree darüberspritzen.
Dekor: Rahmrosette.

Schokoladerollen

Rollen aus Hüppenmasse mit rohen Mandeln (Seite 152)
Rahm geschlagen

Mit dem Pinsel die Rollen mit Couverture überziehen. Mit Sterntülle Rahm von beiden Seiten eindressieren.

Midi-Patisserie mit leichten Cremen

Zitronen-Schnitten

Mürbteigboden, 24 × 44 cm
Aprikosenmarmelade
Biscuit mit Zitronensirup tränken
Zitronencreme mit Schnee (Seite 37, aus 400 g Milch)
Aprikotur

Den gebackenen Mürbteigboden mit der Marmelade bestreichen.
Das Biscuit (ca. 2,5 cm dick) auflegen und mit Zitronensaft parfümiertem Sirup tränken.
Mit einem Rahmen umstellen, die Creme einfüllen und anziehen lassen.
Die Oberfläche gelieren, dann in Streifen und diese in Stücke von ca. 3 cm Breite schneiden.

Birnen-Törtli

Schabloniertes oder ausgestochenes Biscuitbödeli, ⌀ 5 cm
Kompottbirnen, gehackt
Caramel-Schaumcreme
(Seite 39, für ca. 50 Törtli)

Biscuit in die Kapseln (6,5 cm ⌀, 2,8 cm hoch) legen.
Kompottbirnen darauflegen und die Creme eindressieren.
Dekor: Rahm und Birnenschnitze.

Schokolade-Schnitten

Schokoladerouladenbiscuit
Schokoladeschaumcreme (Seite 39, für ca. 30 Stück).

2 Zwiebackformen, 50 cm lang, mit dem Biscuit auslegen und die Hälfte der Creme einfüllen.
Einen Biscuitstreifen einlegen und mit der Creme auffüllen.
Mit einem Roulade-Streifen abdecken, anziehen lassen, stürzen und in Stücke von ca. 3,3 cm Breite schneiden.
Dekor: Stab auflegen und mit Puderzucker stauben.

Jamaica-Rahmschnitten

Zwei caramelierte Blätterteigböden,
24 × 44 cm
Punschmasse
Rahm, geschlagen (1000 g mit 10 g Gelatine gebunden)

Punschmasse

200 g Rum
125 g Sultaninen

Mischen und mindestens 1 Stunde stehen lassen.

500 g Biscuitbrösel
300 g Aprikosenmarmelade

Mischen und beigeben.

Einen Blätterteigboden mit Rahmen umstellen und die Masse darauf verstreichen.
Den Rahm einfüllen, glattstreichen und anziehen lassen.
Rahmen entfernen, drei Streifen von 8 cm Breite und diese in je 15 Stücke schneiden.
Den zweiten Boden vorschneiden und auflegen.

Excellent

Zwei Böden aus Abfallblätterteig, 24 × 44 cm, einer davon mit Bienenstichmasse
Diplomatcreme, 2400 g mit 12 g Gelatine gebunden

Einen der Böden, bevor ganz gebacken, mit 500 g Bienenstichmasse (Seite 65) bestreichen und fertig backen. Wenn erkaltet in Stücke von 8 × 3 cm schneiden.
Den anderen Boden mit einem Rahmen umstellen, die Creme einfüllen, glattstreichen und die vorgeschnittenen Stücke auflegen.
Anziehen lassen und schneiden.

Ananas-Törtli

Schablonierte Biscuitbödeli
(Ø 5 cm)
Halbconfierte Ananas-Stückchen
Quarkcreme (Seite 40, für ca. 50 Stück)
Pâte-à-choux

Biscuit in Kapseln (Ø 6,5 cm, 2,8 cm hoch) legen.
Ananasstückchen daraufgeben und die Creme eindressieren.
Separat gebackener Pâte-à-choux-Ring auflegen.
Dekor: Ananas-Stückchen.

Florentiner-Schnitten

Mürbteigboden, 24 × 44 cm gross, 3 mm dick
Aprikosenmarmelade
Florentinerbiscuit (Seite 69)
Quarkcreme (Seite 40, für 1 Rahmen)

Mürbteigboden mit Aprikosenmarmelade bestreichen und die unbestreute Hälfte des Biscuits auflegen.
Mit einem Rahmen umstellen, die Creme einfüllen und mit der bestreuten Biscuithälfte abdecken.
Anziehen lassen, Rahmen entfernen und in Stücke schneiden.

Rosetten

Mohrenkopfschalen
Schokoladeschaumcreme
(Seite 39, für ca. 50 Stück)
Kompottfrüchte

Die Mohrenkopfschalen in Couverture tunken und in Papierkapseln absetzen.
In die Vertiefung Kompottfrüchte geben und aus Schokoladeschaumcreme eine Rosette aufdressieren.
Dekor: Nach dem Anziehen mit Schokoladepulver stauben und eine rote, confierte Kirsche auflegen.

Apfelcreme-Schnitten

Rouladenbiscuit
Apfelcreme

3 Känelformen, 60 cm lang, mit dem Biscuit auslegen und zur Hälfte mit Creme füllen.
Einen Biscuitstreifen auflegen, mit Creme auffüllen und mit einem weiteren Biscuitstreifen abdecken.
Anziehen lassen, aprikotieren und in Stücke von 3 cm Breite schneiden.
Dekor: Seiten mit gehobelten, gerösteten Mandeln einstreuen.

Apfelcreme

 600 g Apfelmus
 200 g Zucker
 100 g Eiweiss
  15 g Gelatine, einweichen
1000 g Rahm, geschlagen
       evtl. etwas Zitronenraps

Apfelmus, Zucker und Eiweiss leicht erwärmen und schaumig rühren.
Die aufgelöste Gelatine beigeben und weiterrühren.
Sobald der Schaum standfest ist, den geschlagenen Rahm darunterziehen.

Diplomat

Diplomatcreme
Biscuitstückchen
Cakesfrüchte

Wenig rumparfümierte Creme in die Kapseln dressieren.
Biscuit und in Rum eingelegte Früchte daraufgeben.
Creme darüber dressieren.
Dekor: Rahmrosette, conf. Kirsche.

Mousse

Mousse au chocolat

1000 g Couverture, dunkel, aufgelöst
 200 g Rahm, flüssig
 300 g Eigelb

Zusammen glatt rühren.

 300 g Eiweiss
 150 g Zucker

Zu Schnee schlagen und einmelieren.

1000 g Rahm, geschlagen

Darunterziehen.

Sofort in Kapseln, Schüsseln oder Becher abfüllen und kühl stellen. Mit schwach geschlagenem Rahm servieren.

Mousse mit Früchten oder Beeren

 300 g Zucker
 300 g Eiweiss
  24 g Gelatine, einweichen

Erwärmen und schaumig rühren.

 300 g Couverture, weiss, aufgelöst

Daruntermischen.

1000 g Fruchtmark passiert
 100 g Zitronensaft

Beigeben.

1000 g Rahm, geschlagen

Darunterziehen.

Sofort in Schüsseln, Gläser oder Kapseln abfüllen und kühl stellen. Mit frischen Früchten servieren.

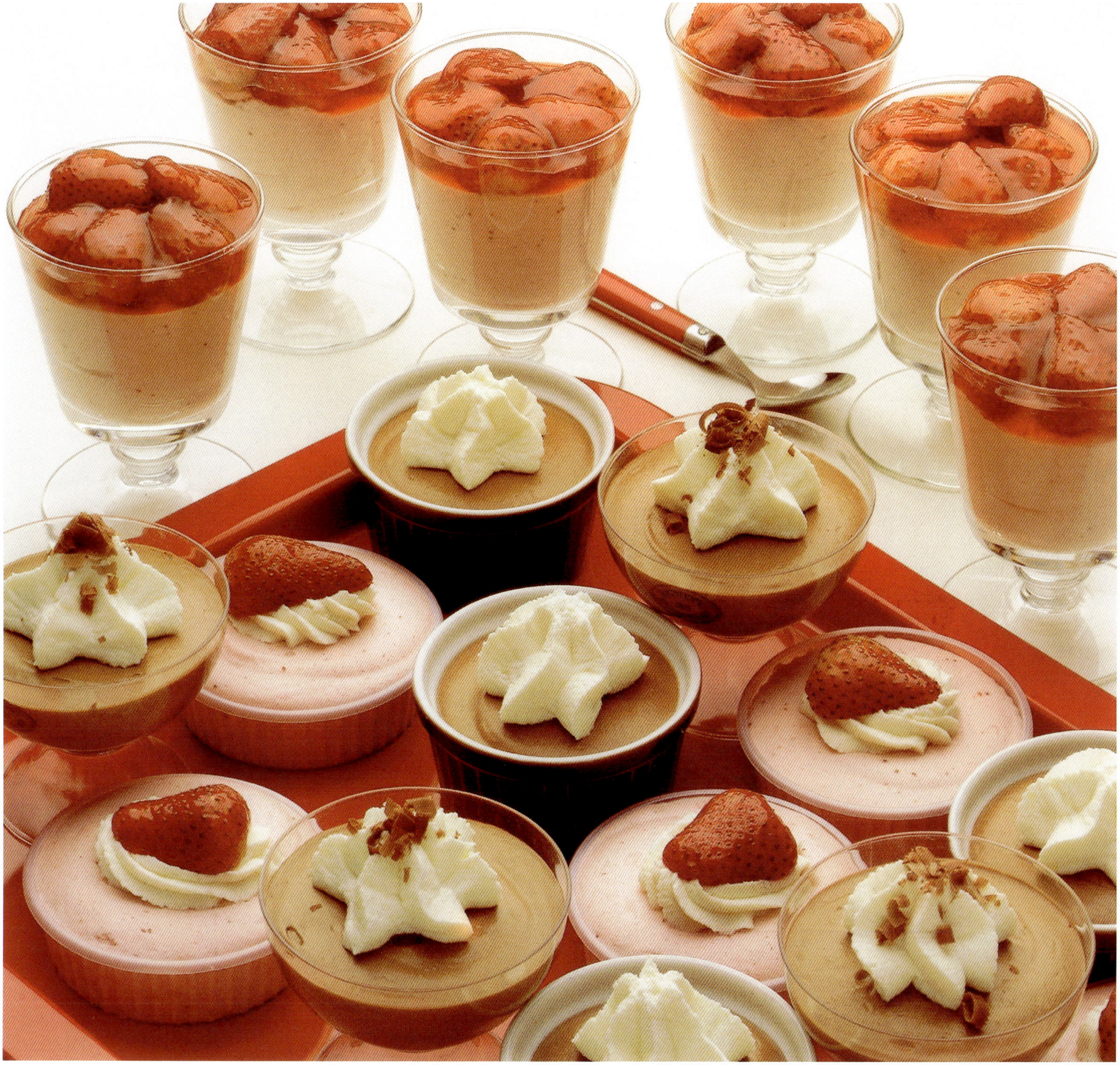

Gebackene Früchteschnitten

Zwetschgen-schnitten

Rahmen 30 × 30 cm ergibt 30 Stück à 5 × 6 cm

Masse

150 g Weggli
200 g Milch, ca.

Einweichen.

80 g Zucker
120 g Haselnüsse, gemahlen
40 g Butter, aufgelöst
80 g Eigelb

Beigeben und verrühren.

120 g Eiweiss
40 g Zucker

Zu Schnee schlagen und einmelieren.

900 g Zwetschgen

Auflegen.

Herstellung

Zuckerteig 3,5 mm dick ausrollen, auf Blech abschieben und stupfen.
Mit 150 g Zwetschgen-Marmelade bestreichen.
Mit Rahmen umstellen, Masse einfüllen, mit den Zwetschgen belegen und backen (200° bis 210° C).
Anschliessend gelieren und in Stücke schneiden.

Kirschen-Schnitten

Die Masse anstelle der Zwetschgen mit 800 g entsteinten Kirschen vermischen.

Aprikosen-Quark-Schnitten

Rahmen 30 × 30 cm ergibt 30 Stück à 5 × 6 cm

Masse

400 g Milch
50 g Butter
75 g Zucker

Aufkochen.

60 g Cremepulver
100 g Eigelb
100 g Milch

Beigeben und nochmals bis vors Kochen erhitzen.

250 g Magerquark

Beigeben.

150 g Eiweiss
75 g Zucker

Zu Schnee schlagen und auf dem Feuer darunterziehen.

700 g Aprikosen

Grob gestückelt darüberstreuen.

Herstellung

Zuckerteig 3,5 mm dick ausrollen, auf Blech abschieben, stupfen und schwach vorbacken.
Mit Rahmen umstellen und die Quark-Masse einfüllen.
Die grob gestückelten Aprikosen darüberstreuen und backen (ca. 220° C).
Anschliessend gut auskühlen lassen, den Rahmen entfernen, gelieren und in Stücke schneiden.

Apfel-Schnitten

Rahmen 30 × 30 cm ergibt 30 Stück à 5 × 6 cm

Masse

70 g Butter
100 g Zucker
60 g Mandelmasse
    Zitronenraps
    Zimt

Schaumig rühren.

50 g Ei

Beigeben.

200 g Mehl
7 g Backpulver
150 g Milch

Daruntermischen.

100 g Sultaninen

Beigeben.

800 g Äpfel, geschnitten

Auflegen.

Herstellung

Zuckerteig 3,5 mm ausrollen, auf Blech abschieben und stupfen. Mit 150 g Apfel- oder Aprikosenmarmelade bestreichen. Mit Rahmen umstellen, die Masse einfüllen und glattstreichen. Mit Äpfeln belegen und backen (ca. 200° C).
Anschliessend aprikotieren, gelieren und in Stücke schneiden.

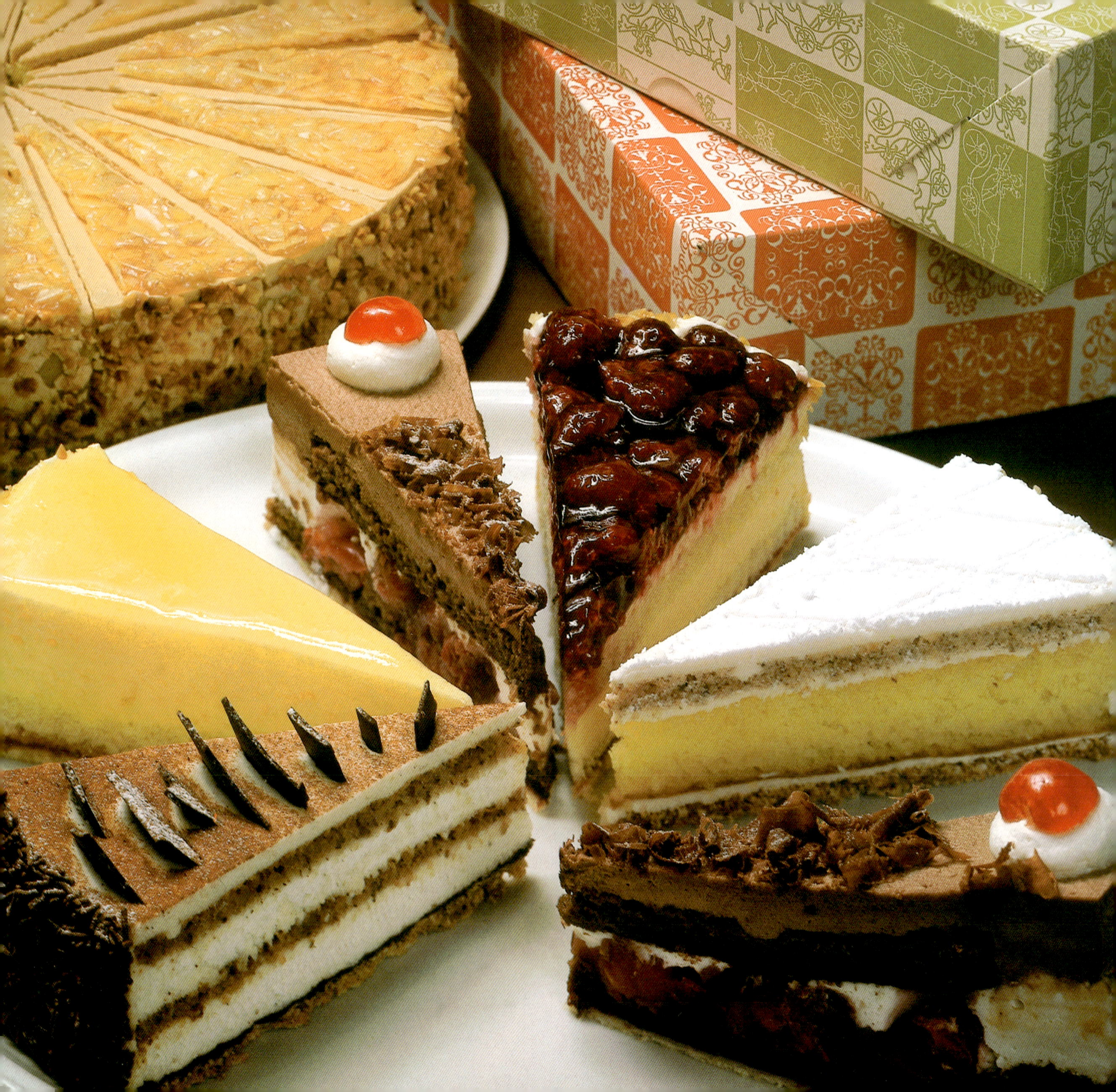

Schnitt-Torten und Torten

Rüebli-Torte

4 Torten à 26 cm ⌀

Buttermasse

  600 g Butter
  400 g Zucker

Schaumig rühren

  400 g Eigelb
  200 g Milch
  700 g Mehl
   60 g Backpulver

Nach und nach abwechslungsweise beigeben.

  400 g Haselnüsse, gemahlen
1 000 g Rüebli (Karotten), geraspelt
        Zitronenraps, Zimt

Einmelieren

  400 g Eiweiss
  200 g Zucker

Zu Schnee schlagen und darunterziehen.

Backtemperatur ca. 200° C.

Herstellung

Linzerteig 2 mm dick ausrollen, auf Blech legen und stupfen.
Mit Tortenring umstellen, die Masse einfüllen und backen.
Wenn erkaltet, mit Kirsch oder Zitrone parfümiertem Fondant glasieren oder mit Puderzucker stauben.
Dekor: Marzipan-Rüebli.

Haselnuss-Torte

4 Torten à 26 cm ⌀, konische Form

Biscuit

600 g Eigelb
400 g Zucker
Schaumig rühren.

750 g Haselnüsse, roh, gemahlen
750 g Haselnüsse, geröstet, gemahlen

300 g Glukose
600 g Wasser
Leicht aufwärmen, mit den Haselnüssen vermischen und zum Eigelb geben.

600 g Eiweiss
400 g Zucker
Zu Schnee schlagen.

400 g Mehl
Einmelieren.

Herstellung

Formen schmieren und mit Mehl ausstreuen.
Die Masse einfüllen und backen (ca. 200° C).
Nach dem Backen, solange noch warm, dünn mit Couverture einstreichen.
Wenn erkaltet, mit Couverture überziehen.
Dekor: Schokoladespritzglasur, halbe geröstete Haselnüsse.

Zuger-Kirschtorte

4 Torten à 26 cm ⌀

Japonaisböden

400 g Eiweiss
150 g Zucker
Zu Schnee schlagen.

400 g Mandeln, roh, gemahlen
400 g Zucker
Einmelieren.

Mit Schablone auf geschmiertes Blech oder Silikonpapier 8 Böden, 5 mm dick, aufstreichen und backen (180° C).

Biscuit
(4 Böden à 26 cm ⌀)

500 g Eier
300 g Zucker
Aufwärmen und schaumig rühren.

260 g Mehl
100 g Mandeln, weiss, gemahlen
100 g Butter, aufgelöst
Einmelieren.
Backtemperatur 200° C.

Kirschsirup

600 g Sirup, 28° Bé
400 g Kirsch

Herstellung

4 Japonaisböden mit Kirschbuttercreme bestreichen.
Biscuitböden auflegen und gut tränken.
Mit Kirschbuttercreme bestreichen und mit Japonaisböden abdecken.

Anziehen lassen, dann Oberflächen und Seiten einstreichen.
Nach dem Anziehen mit Zucker überstreuen und mit Puderzucker stauben.
Mit Messer Linien (Rauten) einkerben und mit gehobelten, gerösteten Mandeln einstreuen.

Engadiner-Torte

4 Torten à 26 cm ⌀

Teig

1 200 g Mehl
  700 g Butter
  600 g Zucker
  400 g Mandeln, weiss, gemahlen
  200 g Eier
    50 g Eigelb
        Zitronenraps

Butter, Zucker und Mandeln durcharbeiten.
Die Eier und zuletzt das Mehl beigeben und zu einem Teig kneten.
Abstehen lassen, 3 mm dick ausrollen, ausstechen und backen (200 bis 210° C).

Mandelmasse

1 Teil weisse Mandeln
1 Teil Zucker
      Zitrone
Mit Wasser feinreiben.

Herstellung

Für eine Torte 2 Mürbteigböden 2 mm dick mit Mandelmasse, dann 3 mm dick mit Kirschbuttercreme bestreichen. Zusammensetzen und einen dritten Boden darauflegen.
Mit Creme einstreichen und mit gemahlenen, gerösteten, weissen Mandeln einstreuen.
Dekor: Leicht stauben und mit dem Messer Linien einkerben.

Schwarzwälder-Torte

4 Torten à 26 cm ⌀

Biscuit
(2 Böden à 26 cm ⌀ und 2 Böden à 22 cm ⌀)

  600 g Eier
  400 g Zucker

Aufwärmen und schaumig rühren.

  360 g Mehl
    40 g Kakaopulver

Einmelieren.
Backtemperatur 200° C.

Füllung 1

1 000 g Rahm, geschlagen
    50 g Zucker
    50 g Kirsch
    10 g Gelatine, einweichen

Füllung 2

1 000 g Rahm, geschlagen
  400 g Couverture
  100 g Wasser

Couverture mit Wasser vermischen und unter den Rahm ziehen.

1 000 g Weichselkirschen (Kompott), entsteint
  600 g Saft (aus der Dose)
    60 g Weizenstärkemehl

Aufkochen, dann erkalten lassen.

  800 g Kirschsirup
      (2 Teile Sirup, 1 Teil Kirsch)

Herstellung

Biscuitböden einmal durchschneiden. Gebackene Schokolademürbteigböden (26 cm ⌀, 3 mm dick) mit Himbeermarmelade bestreichen und mit ca. 5 cm hohen Tortenringen umstellen.
Biscuitböden (26 cm ⌀, ca. 1,5 cm dick) auflegen und mit Kirschsirup tränken. Weichselkirschen mit gebundenem Saft daraufgeben.

Den Kirsch parfümierten Rahm darüber geben und glattstreichen.
Biscuitböden (22 cm ⌀, ca. 1,5 cm dick) darauflegen und mit Kirschsirup tränken. Den Schokoladerahm einfüllen und glattstreichen.
Anziehen lassen und die Ringe entfernen.
Dekor: Kartonring auflegen, die Mitte mit Schokoladespänen bestreuen. Rahmtupfen, rote, confierte Kirschen.

Japonais-Rahmtorte

4 Torten à 26 cm ⌀

Böden

500 g Eiweiss
200 g Zucker
Zu Schnee schlagen.

500 g Mandeln, roh, gemahlen
500 g Zucker
Einmelieren.

100 g Butter, aufgelöst
Beigeben.

Mit der Schablone 12 Böden, 5 mm dick, auf geschmiertes Blech oder Silikonpapier aufstreichen und backen (180° C).

Füllung

2400 g Rahm geschlagen
   20 g Gelatine, einweichen und auflösen

Herstellung

Je 3 Böden mit 600 g geschlagenem Rahm zusammensetzen.
Die untersten Böden dünn mit Couverture bestreichen, um das Durchweichen zu verhindern.
Anziehen lassen, dann mit Rahm einstreichen und den Rand mit Schokoladestreusel einstreuen.

Dekor: Kleine, dünne Schokoladeplätzchen einstecken, dann zuerst mit Schokoladepulver und nachher leicht mit Puderzucker stauben.

Schokoladeplätzchen

Temperierte Couverture möglichst dünn auf Papier aufstreichen. Im Kühlschrank erstarren lassen, dann in kleine Plättchen brechen.

Pflümli-Torte

4 Torten à 26 cm ⌀

Meringues-Masse
(8 Böden à 26 cm ⌀)

500 g Eiweiss
300 g Zucker
Aufschlagen

400 g Zucker
Während des Schlagens einstreuen.

300 g Zucker
Einmelieren.

Spiralförmig mit 10-mm-Tülle auf Papier dressieren und in dampffreiem Ofen bakken (ca. 160° C).

Schokolade-Butterbiscuit
(2 Böden à 26 cm ⌀, 5 cm hoch)

500 g Eier
350 g Zucker
Erwärmen und schaumig rühren.

320 g Mehl
 30 g Kakaopulver
Absieben und einmelieren.

100 g Butter, aufgelöst
Beigeben.

Backtemperatur ca. 200° C.

Füllung

2 000 g Rahm geschlagen, ungesüsst
  16 g Gelatine, einweichen und
     auflösen.

Pflümlisirup

400 g Sirup 28° Bé
400 g Pflümli-Branntwein

Herstellung

4 Meringuesböden dünn mit Couverture bepinseln und je 250 g ungesüssten Rahm darauf verstreichen.
Die halbierten Biscuitböden auflegen und mit dem Sirup tränken.
Je 250 g ungesüssten Rahm aufstreichen und je ein Meringues-Boden auflegen.
Mit Rahm einstreichen und mit Schokoladestreusel einstreuen.
Leicht mit Schokoladepulver stauben.

Schokolade-Birnentorte

4 Torten à 26 cm ⌀

Schokoladebiscuit
(2 Böden à 26 cm ⌀)

  500 g Eier
  350 g Zucker

Aufwärmen und schaumig rühren.

  320 g Mehl
    30 g Kakaopulver

Absieben und einmelieren.

Backtemperatur ca. 200° C.

Schokoladeschaumcreme

  400 g Eiweiss
  400 g Zucker
    20 g Gelatine, einweichen

Aufwärmen und schaumig rühren.

  400 g Couverture, aufgelöst
  100 g Wasser

Anrühren und beigeben.

1000 g Rahm, geschlagen

Darunterziehen.

Herstellung

Biscuit in vier Scheiben schneiden. Gebackene Schokolademürbteigböden (3 mm dick) mit Himbeermarmelade bestreichen und ein Biscuit auflegen. Kompott-Birnenschnitze darauf verteilen und mit 5 cm hohen Tortenringen umstellen.

$^2/_3$ der Creme einfüllen und mit einer zweiten Biscuitlage abdecken.
Rest der Creme einfüllen und glattstreichen.
Im Kühlschrank anziehen lassen, Ringe entfernen und Rand mit Schokoladestreusel einstreuen.
Dekor: Schlagrahm und leicht gelierte Birnenschnitze.

Florentiner-Torte

4 Torten à 26 cm ⌀

Schokoladebiscuit

  700 g Eier
  500 g Zucker

Aufwärmen und schaumig rühren.

  450 g Mehl
    50 g Kakaopulver

Absieben und einmelieren.

  150 g Butter, aufgelöst

Darunterziehen.

Backtemperatur ca. 200° C.

Creme

1000 g Rahm, geschlagen
1000 g Couverture, aufgelöst

Miteinander vermischen.

Florentinermasse

  200 g Zucker
   80 g Honig
  140 g Rahm
   80 g Butter

Aufkochen.

  200 g Mandeln, gehobelt

Beigeben.

Auf Silikonpapier in 4 Ringe à 22 cm ⌀ aufstreichen und backen (ca. 190° C). Solange noch warm, die Ringe entfernen und schneiden.

Herstellung

Die Biscuits einmal durchschneiden und 4 davon mit Tortenringen umstellen. ¾ der Creme daraufgeben und je ein Biscuitboden auflegen.

Rest der Creme einfüllen und glattstreichen.
Nach dem Anziehen die Ringe entfernen und die Florentinerdeckel auflegen. Einstreichen und mit Schokoladestreusel einstreuen.

Frucht-Torte

4 Torten à 26 cm ⌀

Biscuit
(2 Böden à 26 cm ⌀)

500 g Eier
350 g Zucker
        Zitronenraps

Aufwärmen und schaumig rühren.

350 g Mehl
Einmelieren.

Backtemperatur 200° C.

Diplomat-Creme

  12 g Gelatine
Einweichen und auflösen.

600 g Vanillecreme
Beigeben.

600 g Rahm, geschlagen
Darunterziehen.

Herstellung

Gebackene Mürbteigböden (3 mm dick) mit Himbeermarmelade bestreichen.
Biscuit in 4 Scheiben schneiden. Einen Boden auflegen.
Diplomat-Creme darauf verstreichen und mit einer weiteren Biscuitscheibe abdecken.
Anziehen lassen.

Mit Buttercreme ganz einstreichen und den Rand mit gehobelten, gerösteten Mandeln einstreuen.
Dekor: Mit frischen Früchten oder Kompottfrüchten belegen und gelieren.

Rahmquark-Torte

4 Torten à 26 cm ⌀

Biscuit
(2 Böden à 26 cm ⌀)

  500 g Eier
  350 g Zucker
         Zitronenraps

Aufwärmen und schaumig rühren.

  350 g Mehl

Einmelieren.
Backtemperatur 200° C.

Creme

  200 g Eigelb
  200 g Zucker

Gut durchrühren.

1 000 g Magerquark
         Zitronenraps

Beigeben.

Diese Mischung darf nicht zu kalt sein. Wenn nötig ist sie auf Zimmertemperatur zu erwärmen.

   25 g Gelatine

Einweichen, auflösen und beigeben.

1 400 g Rahm, geschlagen

Darunterziehen.

Herstellung

Die Biscuits einmal durchschneiden.
Gebackene Mürbteigböden (ca. 3 mm dick) mit Aprikosenmarmelade bestreichen.
Mit 5 cm hohen Tortenringen umstellen.
Die Biscuitböden einlegen und mit Kompott-Pfirsichschnitzen belegen.
Die Creme einfüllen und glattstreichen.

Im Kühlschrank anziehen lassen.
Ringe entfernen und Rand mit gehobelten, gerösteten Mandeln einstreuen.
Dekor: Pfirsichschnitze, gelieren.
Anstelle der Pfirsiche können andere Kompott- oder frische Früchte verwendet werden.

Erdbeer-Torte mit Joghurt

4 Torten à 26 cm ⌀

Biscuit
(2 Böden à 26 cm ⌀)

  400 g Eier
  280 g Zucker
         Zitronenraps
Aufwärmen und schaumig rühren.

  280 g Weissmehl
Einmelieren.
Backtemperatur 200° C.

Erdbeer-Creme mit Joghurt

  200 g Eigelb
  200 g Zucker
Gut durchrühren.

1000 g Joghurt
1000 g Erdbeermark
Beigeben.

Die Mischung darf nicht zu kalt sein. Wenn nötig ist sie auf Zimmertemperatur zu erwärmen.

   40 g Gelatine, einweichen und
        auflösen
1400 g Rahm, geschlagen
Darunterziehen.

Halbconfierte Ananas

  300 g Zucker
  200 g Ananassaft
Aufkochen.

   10   Ananasscheiben
Beigeben und nochmals aufkochen.

Herstellung

Biscuit in vier Scheiben schneiden.
Gebackene Mürbteigböden, 3 mm dick, oder caramelierte Blätterteigböden mit Aprikosenmarmelade bestreichen.
Darauf je eine Biscuitscheibe legen und mit 5 cm hohen Tortenringen umstellen.

Halbconfierte, gestückelte Ananas auflegen, ¾ der Creme einfüllen, eine zweite Biscuitscheibe darauflegen, die restliche Creme einfüllen und glattstreichen.
Im Kühlschrank anziehen lassen.
Die Ringe entfernen und den Rand mit gehobelten, gerösteten Mandeln einstreuen.
Caramelierte, geschnittene Blätterteigböden auflegen.

Quarktorte abgeflämmt

4 Torten à 26 cm ⌀

Creme

2000 g Milch
 400 g Zucker
 500 g Cremepulver

Zu einer festen Creme kochen.

 100 g Gelatine, einweichen
 300 g Butter

Darin auflösen.

3000 g Magerquark

Beigeben und nochmals aufkochen.

 600 g Eiweiss
 300 g Zucker

Zu Schnee schlagen und unter die heisse Creme ziehen.

Herstellung

Gebackene Mürbteigböden (ca. 3 mm dick) mit 5 cm hohen Tortenringen umstellen.
Mit Sultaninen bestreuen, die Creme einfüllen und erkalten lassen.
Die Oberflächen mit Ei bestreichen und in heissem Ofen abflämmen. (Ein zweites Blech unterschieben.)
Gut auskühlen lassen, dann die Ringe entfernen.

Zitronen-Torte

4 Torten à 26 cm ⌀

Biscuit
(2 Böden à 26 cm ⌀)

500 g Eier
350 g Zucker
　　　Zitronenraps

Erwärmen und schaumig rühren.

350 g Mehl

Einmelieren.

Backtemperatur 200° C.

Creme

800 g Milch
400 g Zucker
　80 g Cremepulver

Aufkochen

400 g Eigelb
200 g Zitronensaft
　30 g Gelatine, einweichen

Beigeben und nochmals bis vors Kochen erhitzen.

400 g Eiweiss
400 g Zucker

Zu einem festen Schnee schlagen.

Den Eiweiss-Schnee sofort unter die heisse Creme ziehen.

Herstellung

Gebackene Mürbteigböden, 3 mm dick, mit Aprikosenmarmelade bestreichen.
Ca. 2 cm dicke Biscuitböden darauflegen und mit Zitrone parfümiertem Sirup tränken.
Mit ca. 5 cm hohen Tortenringen umstellen.

Die heisse Creme leicht bombiert einfüllen.
Im Kühlschrank anziehen lassen.
Ringe entfernen, Oberflächen und Rand mit Aprikosengelee bestreichen.
Mit gehobelten, gerösteten Mandeln einstreuen.
Dekor: Marzipan-Zitronen.

Engadiner Nusstorte

Teig 4 Stück ⌀ 20 cm

750 g Mehl
300 g Butter
300 g Zucker
150 g Eier
 25 g Eigelb
    Zitronenraps

Butter und Zucker durcharbeiten, Eier beigeben und gut vermischen, Mehl beigeben und zu einem Teig kneten.

Füllung

500 g Zucker
500 g Rahm
 50 g Honig
500 g Baumnusskerne

Zucker auf dem Feuer hellbraun schmelzen.
Rahm erhitzen und beigeben.
Honig beigeben und zum schwachen Ballen kochen (92° R/115° C), Rand herunterwaschen.
Nüsse beigeben und etwas erkalten lassen.

Herstellung der Torte

Kuchenformen mit dem Teig 4 mm dick auslegen.
Die Füllung hineingeben.
Den Rand mit Ei bestreichen.
Mit Teig abdecken, stupfen und backen (ca. 220° C), evtl. leicht mit Puderzucker stauben.

Solothurnertorte

6 Stück, ⌀ 18 cm

Japonaisböden

300 g Eiweiss
150 g Zucker
Zu Schnee schlagen.

350 g Zucker
250 g Mandeln, roh, gemahlen
Einmelieren.

12 Böden mit glatter Tülle 9 mm ⌀ auf Silikonpapier dressieren und backen (180° C).

Mandelbiscuit

400 g Mandelmasse
200 g Eigelb
150 g Zucker
Schaumig rühren.

200 g Eiweiss
150 g Zucker
Zu Schnee schlagen.

300 g Mehl
     Zitronenraps
Mit dem Schnee einmelieren.
Backtemperatur 200° C.

Herstellung

Japonaisboden mit Pralinebuttercreme bestreichen.
Biscuitboden auflegen und mit Creme bestreichen.
Mit einem zweiten Japonaisboden abdecken.
Anziehen lassen, Rand einstreichen und mit gehobelten, gerösteten Mandeln einstreuen.

Sachertorte

12 Stück, ⌀ 18 cm

600 g Butter
300 g Zucker
Schaumig rühren.

600 g Eigelb
Nach und nach beigeben.

525 g dunkle Couverture
 75 g Kakaoblock
Auflösen, mischen und beigeben.

600 g Eiweiss
300 g Zucker
Zu Schnee schlagen und unter die schaumig gerührte Masse ziehen.

600 g Mehl
Einmelieren.

Herstellung

Masse in geschmierten, konischen Formen (nicht gestaubt) backen (190 bis 200° C).
Anschliessend mit heisser Aprikosenmarmelade einstreichen, etwas antrocknen lassen und mit Schokoladefondant, dem zusätzlich noch ca. 5% Kakaoblock beigefügt wurde, glasieren.

Variante mit Ganache-Füllung

Die gebackene Sachertorten nach dem Auskühlen mit Ganache (Seite 40) füllen. Die Oberfläche mit heisser Aprikosenmarmelade bestreichen und nach dem Antrocknen mit dunkler Couverture überziehen.
Dekor: «Sacher» aufspritzen.

Trüffes-Torte

8 Törtli, 18 cm ⌀

Japonais-Böden

400 g Eiweiss
200 g Zucker
Zu Schnee schlagen.

400 g Zucker
300 g Mandeln, roh, gemahlen
Einmelieren.

Daraus 16 Böden mit glatter Tülle, 9 mm ⌀, auf Silikonpapier dressieren und backen (180° C).

Trüffes-Füllung

150 g Milch
150 g Rahm
Zusammen aufkochen.

500 g Couverture, dunkel, gehackt
Beigeben und anziehen lassen.

Nach dem Erstarren mit
250 g Pflanzenfett
Schaumig rühren.

300 g Eiweiss
100 g Zucker
Zu Schnee schlagen.

500 g Zucker
200 g Wasser
Zusammen auf 96° R (120° C) kochen und dem Schnee beigeben.
Nach dem Erkalten unter die schaumige Ganache melieren.

Herstellung

¾ der Creme auf 8 Japonais-Böden verteilen und glattstreichen. Je einen zweiten Boden, mit glatter Seite nach oben, auflegen und anschliessend die Torten ganz einstreichen. Mit derselben Masse den Schriftzug «Trüffes» aufdressieren. Creme etwas anziehen lassen und mit Kakaopulver stauben. Den Rand mit Schokoladestreusel einstreuen.

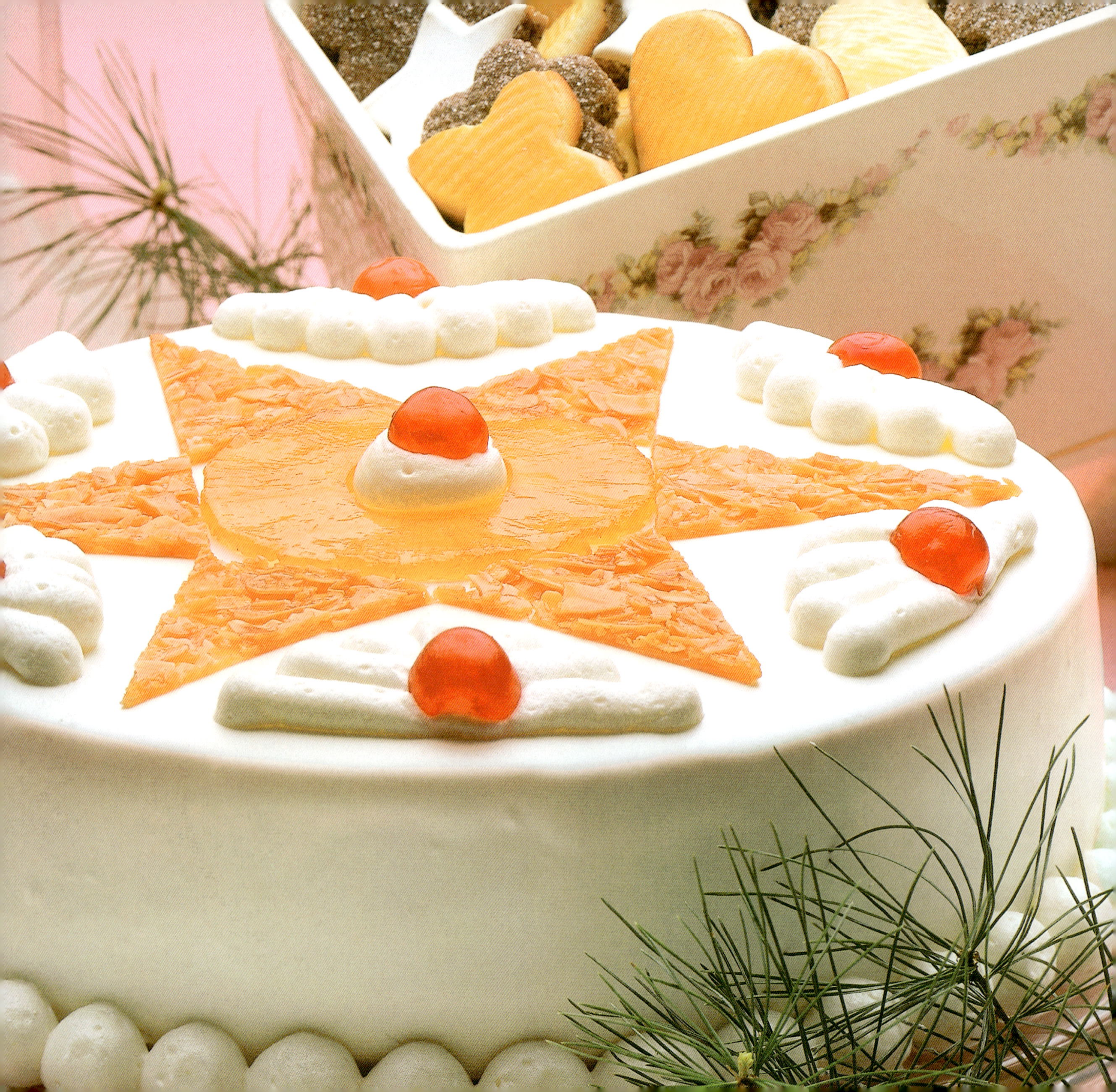

Rahm- und Cremedesserts

Vacherin

Böden

Mit glatter Tülle (∅ 12 mm) aus Meringage einen Ring auf Papier flach dressieren.
In der Mitte ein Gitter dressieren und den Rand nochmals überspritzen. In dampffreiem Ofen backen (ca. 160° C).

Herstellung

Auf eine Tortenplatte etwas Rahm geben und einen Boden darauflegen. Darauf wieder Rahm geben und mit einem zweiten Boden, die glatte untere Fläche nach oben, abdecken.
Oberfläche und Rand einstreichen.
Dekor: Rahm, confierte Früchte, beliebiges Dekormaterial aus Couverture, Hüppenmassen, Makronenmasse usw.

Vacherin-Panaché

Wie gewöhnlicher Vacherin mit verschieden parfümiertem Rahm füllen, einstreichen und ausgarnieren.
Es können 2 bis 3 Aromen verwendet werden.

Vacherin-Vermicelles

Auf einen gewöhnlichen Vacherin einen Kranz aus Marron-Püree dressieren und mit Rahm ausgarnieren.

Vacherin-Marquise

4 Desserts à 24 cm ⌀

Praline-Rahm zum Füllen

  150 g Pralinemasse
  300 g Rahm, geschlagen
Verrühren.

1 700 g Rahm, geschlagen
Darunterziehen.

Herstellung

Aus Schokolade-S-Masse (Seite 69), mit glatter Tülle (8 mm ⌀) 4 Deckel mit Gitter dressieren.
Mit dem Rest 4 Böden spiralförmig dressieren und backen (ca. 160° C).
Nach dem Auskühlen mit Praline-Rahm füllen.
Als Dekor in die Zwischenräume Rahmrosetten dressieren und mit Rahm (glatte Tülle) den Rand verzieren.

Charlotte Russe

Creme Bavaroise (Seite 36)
Löffelbiscuits (Seite 145)
Rahm, geschlagen

Den Boden einer Timbalform mit Papier belegen, die Creme einfüllen und ein Rouladenbiscuit auflegen.
Im Kühlschrank anziehen lassen.
Auf eine Platte stürzen und ringsherum verschieden farbig glasierte Löffelbiscuits stellen.
Die Creme kann verschiedenartig parfümiert und mit confierten, gehackten Früchten vermischt werden.
Dekor: Rahm, confierte Früchte.

Ananas-Royal

Creme Bavaroise (Seite 36)
Kleine Rouladen mit Himbeermarmelade ohne Kerne, gefüllt
Halbconfierte Ananas (Seite 70)

Ein Tortenring auf mit Papier belegtes Blech absetzen.
Den Boden und den Rand mit den dünn geschnittenen Rouladen belegen.
Die Creme mit in Kirsch marinierten Ananaswürfeln vermischt einfüllen.
Ein Rouladenbiscuit auflegen und im Kühlschrank anziehen lassen.
Auf eine Platte stürzen und gelieren.
Dekor: Rahm, halbconfierte Ananas.

Charlotte Royal

Creme Bavaroise (Seite 36)
Kleine Rouladen mit Himbeermarmelade ohne Kerne, gefüllt.

Eine Bombenform (Halbkugel) mit Papierstreifen auskleiden und mit den dünn geschnittenen Rouladen belegen.
Die Creme, mit einem Likör aromatisiert, einfüllen.
Ein Rouladenbiscuit auflegen und im Kühlschrank anziehen lassen.
Nach dem Stürzen mit Sauce Melba nappieren oder mit Gelee überstreichen.
Dekor: Rahmrosetten.

St. Honoré

Blätterteigboden
Kleine Choux, carameliert
Creme Bavaroise (Seite 36)

Abfallblätterteig rund ausrollen.
Auf Blech absetzen, stupfen und mit
etwas Zucker überstreuen.
Einen Pâte-à-choux-Rand darauf dressieren und backen.
Kleine Choux separat backen und mit
Vanillecreme füllen.
In geschmolzenem Zucker tunken, auf
den Pâte-à-choux-Rand aufsetzen und
gehackte Pistazien aufstreuen.
Die Creme mit Maraschino oder einem
andern Likör abschmecken und eindressieren.
Dekor: Rahmrosetten, confierte Kirschen.

Gâteau Eugénie mit Erdbeeren

Tortenbiscuit
Creme Bavaroise (Seite 36) mit Erdbeermark

Das Biscuit dreimal durchschneiden und reichlich füllen.
Auf eine Platte absetzen und mit Creme einstreichen.
Creme mit Milch oder flüssigem Rahm verdünnen und die Torte übergiessen.
Nach Belieben mit Rahmrosetten und Erdbeeren ausgarnieren.

Der «Gâteau Eugénie» kann mit jedem beliebigen anderen Aroma hergestellt werden.

Pariserring

Biscuit

250 g Eigelb
100 g Zucker

Schaumig rühren.

250 g Eiweiss
100 g Zucker

Zu Schnee schlagen und mit

100 g Mehl
100 g Stärkemehl
½ Zitronenraps

Einmelieren.

Ringformen schmieren und mit Mehl stauben.
Die Masse einfüllen und bei mittlerer Hitze backen (ca. 200° C.).
Dreimal durchschneiden, mit Creme Bavaroise (1 Teil Creme : 1 Teil Rahm) füllen und anziehen lassen.
Ganz mit Creme einstreichen und mit gestossenem Nougat einstreuen.

Savarin

Hebel (Gärzeit 2 Stunden)

150 g Milch
 30 g Hefe
200 g Mehl

Teig

 50 g Milch
 30 g Hefe
 40 g Zucker
350 g Mehl
180 g Butter
 10 g Salz
400 g Eier

Hefe und Zucker in der Milch auflösen und mit dem reifen Hebel sowie dem Weissmehl vorkneten.
Nachher die flüssige, aber nicht warme Butter beifügen.
30 Minuten später das mit den Eiern verrührte Salz sukzessive beigeben.
Zu einem plastischen Teig kneten.
Mit glatter Tülle in gut geschmierte Formen dressieren und auf Gare stellen.
In vorgedämpftem Ofen backen (210 bis 220° C).

Savarin-Sirup

3000 g Wasser
2000 g Zucker
   2   Zitronen
   2   Orangen
       In Scheiben schneiden.
       Zimtstengel

Aufkochen und auf 18° Bé einstellen.

Tränken der kleinen Savarins

Mit Boden nach oben in den heissen Sirup legen.
Wenn sie genügend Flüssigkeit aufgenommen haben kehren und, sobald der Boden auch getränkt ist, mit der Schaumkelle herausnehmen und zum Abtropfen auf ein Gitter legen.
Mit Rum überträufeln und aprikotieren.
Dekor: Rahmrosette.

Tränken der grossen Savarins

Kochenden Sirup in die Backform giessen und den Savarin mit Boden nach oben einlegen.
Sobald der Sirup aufgesogen ist, auf eine Platte stürzen.
Mit Rum, Kirsch oder Cognac überträufeln, aprikotieren, und mit beliebigen frischen Früchten, Beeren oder Kompottfrüchten füllen.
Mit Rahm ausgarnieren.

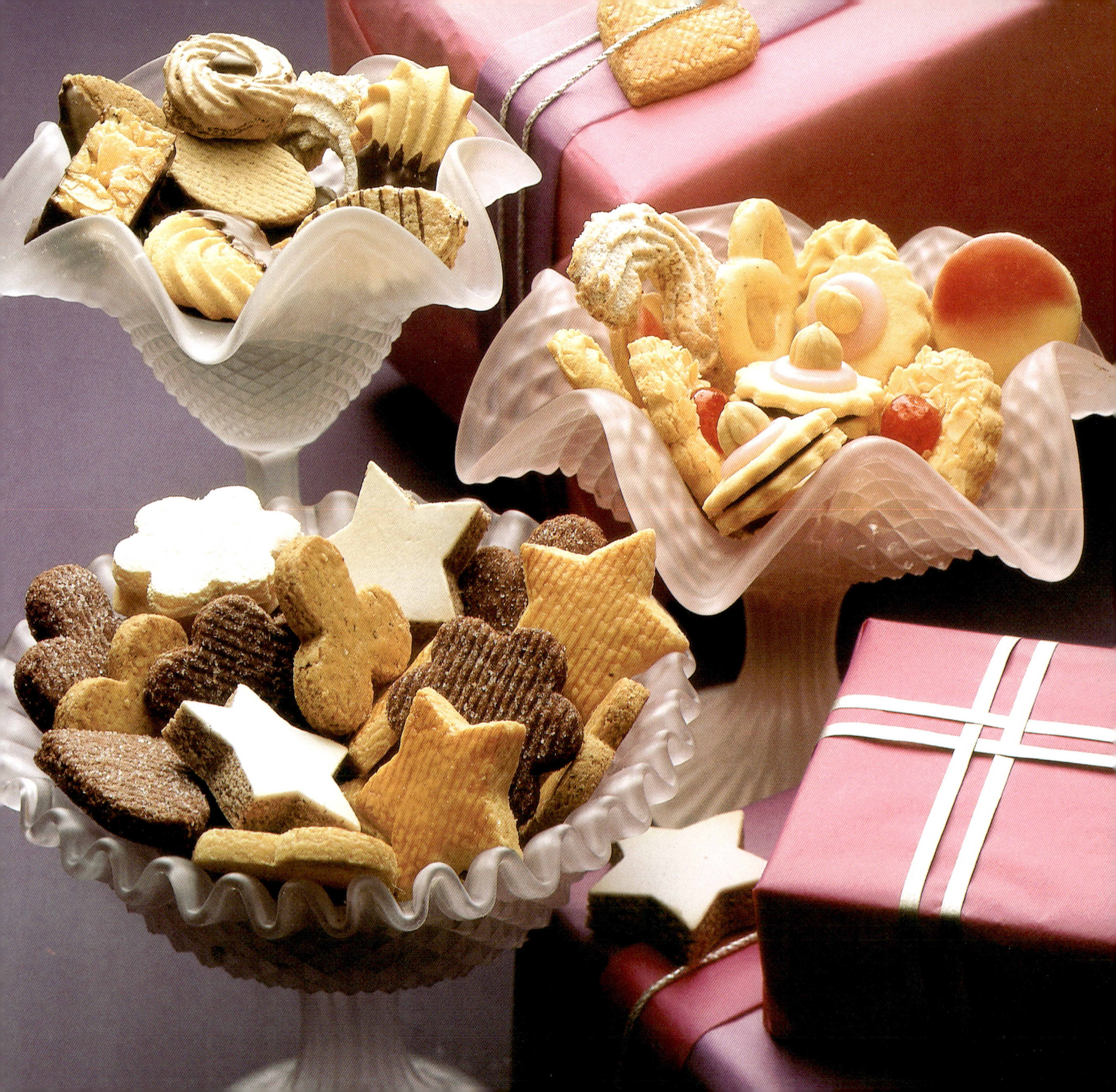

Konfekt ungefüllt und gefüllt

Mailänderli

1000 g Weissmehl (Typ 400)
 500 g Butter
 500 g Zucker
 200 g Eier
   Vanille, Zitronenraps

Butter und Zucker durcharbeiten, Eier beigeben und gut vermischen.
Mehl beigeben und zu einem Teig kneten.
Abstehen lassen, 6 bis 8 mm dick ausrollen, die Oberfläche eventuell rillen und ausstechen (Herz, Kreuz, Stern usw.).
Mit Ei bestreichen, antrocknen lassen und backen (180 bis 200° C).

Schwaben-Brötli

1000 g Weissmehl (Typ 400)
 500 g Butter
1000 g braune
   Mandelmasse
 150 g Eigelb
   Zimt, Zitronenraps

Butter und Mandelmasse durcharbeiten, Eigelb beigeben und gut vermischen.
Mehl beigeben und zu einem Teig kneten.
Abstehen lassen, 6 bis 8 mm dick ausrollen und ausstechen (Herz, Kreuz, Stern usw.).
Mit Ei bestreichen, antrocknen lassen und backen (180 bis 200° C).

Triestini

1000 g Weissmehl (Typ 400)
 600 g Butter
 400 g Puderzucker
 400 g Mandeln, weiss, gemahlen
 200 g Eigelb
   Zitronenraps, Vanille

Butter, Puderzucker und Mandeln durcharbeiten, Eigelb beigeben und gut vermischen.
Mehl beigeben und zu einem Teig kneten.
Abstehen lassen, 5 mm dick ausrollen und ausstechen.
Mit Ei bestreichen und in ausgesiebten, gehobelten, mittelfeinen Mandeln kehren.
Je eine halbe rote, confierte Kirsche auflegen und backen (180 bis 200° C).

Gewürz-Konfekt

750 g Weissmehl (Typ 400)
500 g Butter
500 g Zucker
500 g Mandeln, weiss, gemahlen
250 g Biscuitbrösel
    mit Milch anfeuchten
250 g Orangeat gehackt
200 g Eier
    Zitronenraps, Zimt, Nelken, Kardamomen

Butter und Zucker durcharbeiten und mit den übrigen Zutaten zu einem Teig vermischen.
Abstehen lassen, 5 mm dick ausrollen und blattförmig ausstechen.
Mit Ei bestreichen, je eine halbe weisse Mandel auflegen und backen (180 bis 200° C).
Die Böden mit heisser, aufgekochter Aprikosenmarmelade bestreichen und wenn erkaltet, mit Couverture überziehen.

Vanille-Brezel
(dressiert)

250 g Butter
120 g Puderzucker
100 g Eier
 50 g Milch
 10 g Vanillezucker
400 bis 450 g Weissmehl (Typ 400)

Butter und Puderzucker schaumig rühren und die Eier beigeben.
Milch, Vanillezucker und Mehl einmelieren.
Mit glatter Tülle brezelförmig auf Bleche dressieren und backen.
(180 bis 200° C).
Solange noch heiss, in Wasserglasur tunken und auf Gitter absetzen.

Für **Schokoladebrezel** 8 bis 10% vom Mehl durch Kakaopulver ersetzen und mit Couverture überziehen.

Vanille-Hörnli

1 000 g Weissmehl (Typ 400)
  650 g Butter
  300 g Puderzucker
  100 g Cremepulver
  150 g Eigelb
    Vanille

Butter und Puderzucker durcharbeiten, Eigelb beigeben und gut vermischen.
Mehl und Cremepulver beigeben und zu einem Teig kneten.
Abstehen lassen. In gleich grosse Stücke einteilen und diese in Zucker länglich rollen.
Zu Hörnchen formen und backen (180 bis 200° C).
Wenn erkaltet, die Spitzen in Couverture tunken.

Zimtblätter

1000 g Weissmehl (Typ 400)
 600 g Butter
 600 g Puderzucker
 600 g Haselnüsse, geröstet, gemahlen
 250 g Eier
     Zimt, Zitronenraps

Butter, Puderzucker und Haselnüsse durcharbeiten, Eier beigeben und gut vermischen.
Mehl beigeben und zu einem Teig kneten.
Abstehen lassen, 4 mm dick ausrollen, blattförmig ausstechen, einkerben und backen (180 bis 200° C).
Wenn erkaltet, in Couverture tunken.

Venezianer

1000 g Weissmehl (Typ 400)
 600 g Butter
 600 g Puderzucker
 600 g Mandeln, weiss, gemahlen
 400 g Orangeat, gehackt
 250 g Eier
     Nelken, Zitronenraps

Butter, Puderzucker und Mandeln durcharbeiten, Orangeat und Eier beigeben und gut vermischen.
Mehl beigeben und zu einem Teig kneten.
Abstehen lassen, 5 bis 6 mm dick ausrollen und mit Ei bestreichen.
Antrocknen lassen, in Quadrate schneiden, auf Bleche absetzen und backen (180 bis 200°).
Wenn erkaltet, in Couverture tunken.

Sablés

1000 g Weissmehl (Typ 400)
 750 g Butter
 250 g Puderzucker
 100 g Eiweiss
     Vanille

Butter und Puderzucker durcharbeiten, Eiweiss beigeben und gut vermischen.
Mehl beigeben und sorgfältig zu einem Teig kneten.
Zu Stangen rollen, diese in Zucker rollen, anziehen lassen und in Scheiben schneiden.
Auf Bleche absetzen und backen (180 bis 200° C).

Croquettes Suisse

900 g Weissmehl (Typ 400)
600 g Butter
450 g Puderzucker
150 g Eier
      Zitronenraps
300 g Mandeln, weiss, ganz
      (in Wasser einweichen)
300 g confierte Kirschen, rot

Butter und Puderzucker durcharbeiten, Eier beigeben und gut vermischen.
Mehl beigeben und zu einem Teig kneten.
Mandeln und Kirschen beigeben und durchhacken.
Mittels Stäben zu viereckigen Stangen (3×3 cm) drücken.
Anziehen lassen, in 5 bis 6 mm dicke Scheiben schneiden, auf Bleche absetzen und backen (180 bis 200° C).

Mandelbrot

1 000 g Weissmehl (Typ 400)
  600 g Butter
  800 g Rohzucker
  400 g Mandeln, weiss, gehobelt
  200 g Eier
   20 g Zimt

Butter und Rohzucker durcharbeiten, Eigelb beigeben und gut vermischen.
Mandeln, dann das Mehl beigeben und zu einem Teig kneten.
Zwischen Stäben 3,5 cm dick ausrollen und anziehen lassen.
In 3,5 cm breite Streifen schneiden.
Diese in 2 bis 3 mm dicke Scheiben schneiden, auf Bleche absetzen und rösch ausbacken (180 bis 200° C).

Totenbeinli

1 000 g Weissmehl (Typ 400)
  400 g Butter
  700 g Zucker
  400 g Mandeln, roh, ganz
  400 g Haselnüsse, geröstet, ganz
  250 g Eier
        Vanille, Zimt, Zitronenraps

Butter und Zucker durcharbeiten, Eier beigeben und vermischen.
Mehl beigeben und zu einem Teig kneten.
Mandeln und Haselnüsse beigeben und durchhacken.
Zu runden Stangen formen, etwas flachdrücken und anziehen lassen.
In Scheiben schneiden und rösch ausbacken (180 bis 200° C).

Ochsenäugli

1000 g Weissmehl (Typ 400)
 800 g Butter
 400 g Puderzucker
 100 g Eigelb
   Zitronenraps

Zu einem Mürbteig verarbeiten und anziehen lassen.
3 mm dick ausrollen, die eine Hälfte zu Bödeli, die andere zu Ringli ausstechen und backen (180 bis 200° C).
Je eines davon aufeinanderlegen, heisse Aprikosenmarmelade eindressieren und mit Puderzucker stauben.

Harlequin

1000 g Weissmehl (Typ 400)
 700 g Butter
 400 g Puderzucker
 100 g Eier
  25 g Eigelb
   Zitronenraps

Zu einem Mürbteig verarbeiten und anziehen lassen.
Runde Bödeli (3 mm dick) ausstechen und backen (180 bis 200° C).
Mit Aprikosenmarmelade zusammensetzen.
Die Oberfläche zur Hälfte mit gewöhnlicher und rot gefärbter, aufgekochter Aprikosenmarmelade überziehen.
In verdünntem, weissem Fondant tunken und kurz im Ofen antrocknen lassen.

Nusskonfekt

1000 g Weissmehl (Typ 400)
 700 g Butter
 300 g Mandelmasse
 200 g Zucker
 100 g Eiweiss
   Vanille, Zitronenraps

Zu einem Mandelmürbteig verarbeiten und anziehen lassen.
Runde, 3 mm dicke, gezackte Bödeli ausstechen und backen (180 bis 200° C).
Mit Couverture zusammensetzen.
Dekor: Rosa-Fondanttupfen und geröstete Haselnuss.

Wienerwaffeln

1000 g Weissmehl (Typ 400)
 500 g Butter
 500 g Zucker
 500 g Mandeln, roh, gemahlen
 250 g Eier
     Zimt, Zitronenraps

Zu einem Teig verarbeiten und anziehen lassen.
Zwei gleich grosse Rechtecke, 3 mm dick, ausrollen.
Auf Bleche absetzen.
Einen der Böden in Quadrate einteilen und mit Spritzglasur gitterartig garnieren.
Backen und solange noch heiss, mit Aprikosenmarmelade zusammensetzen.
Durchschneiden und mit Puderzucker stauben.

Prinzesse

400 g Butter
400 g Mandelmasse
150 g Puderzucker
300 g Eier
900 g Weissmehl (Typ 400)
    Zimt, Vanille, Zitronenraps

Butter, Mandelmasse und Puderzucker schaumig rühren.
Eier beigeben und Mehl einmelieren.
Mit der Teigspritze Streifen auf Blech dressieren und backen (180 bis 200° C).
Solange noch heiss, aprikotieren, mit Fondant oder Wasserglasur glasieren und in Streifen schneiden.

Studentenküsse

500 g Butter
400 g Puderzucker
300 g Eier
150 g Eigelb
700 g Weissmehl (Typ 400)
    Vanille

Butter und Puderzucker schaumig rühren.
Eier beigeben und Mehl einmelieren.
Runde Tupfen auf Bleche dressieren.
Mit weissen, mittelfeinen, gehobelten Mandeln überstreuen und backen (180 bis 200° C).
Solange noch heiss, mit Puderzucker stauben.
Mit Himbeermarmelade füllen.

Pertikus

600 g Butter
450 g Zucker
450 g Haselnüsse, roh, gemahlen
 75 g Eiweiss
600 g Weissmehl (Typ 400)
     Vanille, Zimt, Muskat

Butter, Zucker und Haselnüsse schaumig rühren.
Eiweiss beigeben und Mehl einmelieren.
Mit Sterntülle Gipfeli auf Blech dressieren.
Backen (180 bis 200° C) und solange noch heiss, mit Puderzucker stauben.
Eventuell mit Himbeermarmelade füllen.

Tarragoner

450 g Butter
750 g Mandelmasse
600 g Eigelb
750 g Weissmehl (Typ 400)
     Vanille, Zitronenraps

Butter und Mandelmasse schaumig rühren.
Eigelb beigeben und Mehl einmelieren.
Mit Sterntülle tropfenförmig auf Blech dressieren und backen (180 bis 200° C).
Mit Aprikosenmarmelade zusammensetzen und die Spitzen in Couverture tunken.

Nero

750 g Butter
450 g Puderzucker
300 g Eier
900 g Weissmehl (Typ 400)
150 g Blockkakao, aufgelöst

Butter und Puderzucker schaumig rühren.
Eier beigeben, Kakao und Mehl einmelieren.
Mit Sterntülle Rosetten auf Blech dressieren und backen (180 bis 200° C).
Wenn erkaltet, die Böden mit aufgekochter, heisser Aprikosenmarmelade bestreichen.
Antrocknen lassen, mit Couverture überstreichen und kämmen.

Pariserstengel

700 g Butter
400 g Puderzucker
200 g Eier
1 000 g Weissmehl (Typ 400)
Vanille

Butter und Puderzucker schaumig rühren.
Eier beigeben und Mehl einmelieren.
Mit Sterntülle Stengeli auf Blech dressieren und backen (180 bis 200° C).
Wenn erkaltet, in Couverture tunken.

Pralineringli

600 g Butter
450 g Puderzucker
150 g Pralinemasse
350 g Eier
1 000 g Weissmehl (Typ 400)

Butter, Puderzucker und Pralinemasse schaumig rühren.
Eier beigeben und Mehl einmelieren.
Mit Sterntülle Ringli auf Blech dressieren und backen (180 bis 200° C).
Wenn erkaltet, in Couverture tunken.

Löffelbiscuit

450 g Eigelb
300 g Eiweiss
300 g Zucker
250 g Weissmehl (Typ 400)
150 g Stärkemehl
Zitronenraps

Eigelb mit der Hälfte des Zuckers schaumig rühren.
Eiweiss mit dem Rest des Zuckers zu Schnee schlagen.
Mehl und Stärkemehl durchsieben und einmelieren.
Stengeli auf Papier dressieren.
Zucker darüberstreuen und ca. 5 Minuten stehen lassen.
Mit Puderzucker stauben und backen (210 bis 220° C).

Cigarettes parisiennes

350 g Eiweiss
400 g Puderzucker
200 g Mehl
200 g Butter, aufgelöst

Eiweiss und Zucker leicht aufschlagen.
Mehl einmelieren, Butter daruntermischen (bei starkem Mehl wenig Milch
beigeben).
Mit glatter Tülle Tupfen auf mit Butter
bestrichenes Blech dressieren.
Etwas breit klopfen und backen (200 bis
210° C).
Sofort mit Holzstäbchen aufrollen.

Palets de dames

300 g Puderzucker
400 g Mehl
100 g Stärkemehl
400 g Rahm
200 g Milch
300 g Eiweiss
100 g Zucker
      Vanille

Puderzucker, Mehl, Stärkemehl mischen.
Mit Rahm und Milch anrühren.
Eiweiss und Zucker zu Schnee schlagen
und in die angerührte Masse geben.
Mit glatter Tülle Tupfen auf geschmiertes, leicht gestaubtes Blech dressieren
und backen (200 bis 210° C).

Für **Katzenzüngli** Stengeli dressieren,
mit Gianduja zusammensetzen und die
Enden in Couverture tunken.

Mandel-Tuiles

450 g Eiweiss
200 g Zucker

Schwach aufschlagen.

1 000 g Mandeln, weiss, gehobelt
  500 g Zucker
    4 Zitronenraps
  250 g Mehl

Mandeln, Zucker, Mehl, Zitronenraps
mischen.
Den Schnee darunterziehen und kleine
Häufchen auf geschmiertes oder
gewachstes Blech dressieren. Mit der
Gabel flachdrücken.
Backen (200° C) und solange noch heiss,
in Känelform absetzen.

Schokolade-Schäumchen
(mit Mandeln)

250 g Eiweiss
150 g Zucker

Zu Schnee schlagen.

600 g Zucker
200 g Wasser

Auf 98° R (123° C) kochen.

125 g Mandeln, roh, gemahlen
125 g Stärkemehl
125 g Butter, aufgelöst
250 g Couverture, aufgelöst

Den gekochten Zucker langsam in den steifen Schnee einmelieren. Die übrigen Zutaten einmelieren.
Mit Sterntülle Ringe auf Silikonpapier dressieren und backen (180° C).
Wenn erkaltet, die Mitte mit Couverture auffüllen.

Mandelstengeli

250 g Eiweiss
100 g Zucker

Zu Schnee schlagen.

100 g Zucker beigeben

250 g Mandeln, weiss, gemahlen
250 g Zucker

Zucker und Mandeln mischen. In den Schnee einmelieren.
Mit glatter Tülle Stengeli auf Silikonpapier oder geschmiertes Blech dressieren.
Gehobelte, weisse Mandeln darüberstreuen und backen (180° C).
Mit Gianduja, gebundener Pralinemasse oder Marzipan füllen.

Gianduja-Züngli

250 g Eiweiss
100 g Zucker

Zu Schnee schlagen.

300 g Mandeln, roh, gemahlen

200 g Zucker
 50 g Butter aufgelöst

Mandeln, Zucker mischen und in den Schnee einmelieren.
Butter beigeben. Mittels Schablone auf Silikonpapier aufstreichen und backen (170 bis 180° C).
Mit Gianduja füllen und mit Couverture filieren.

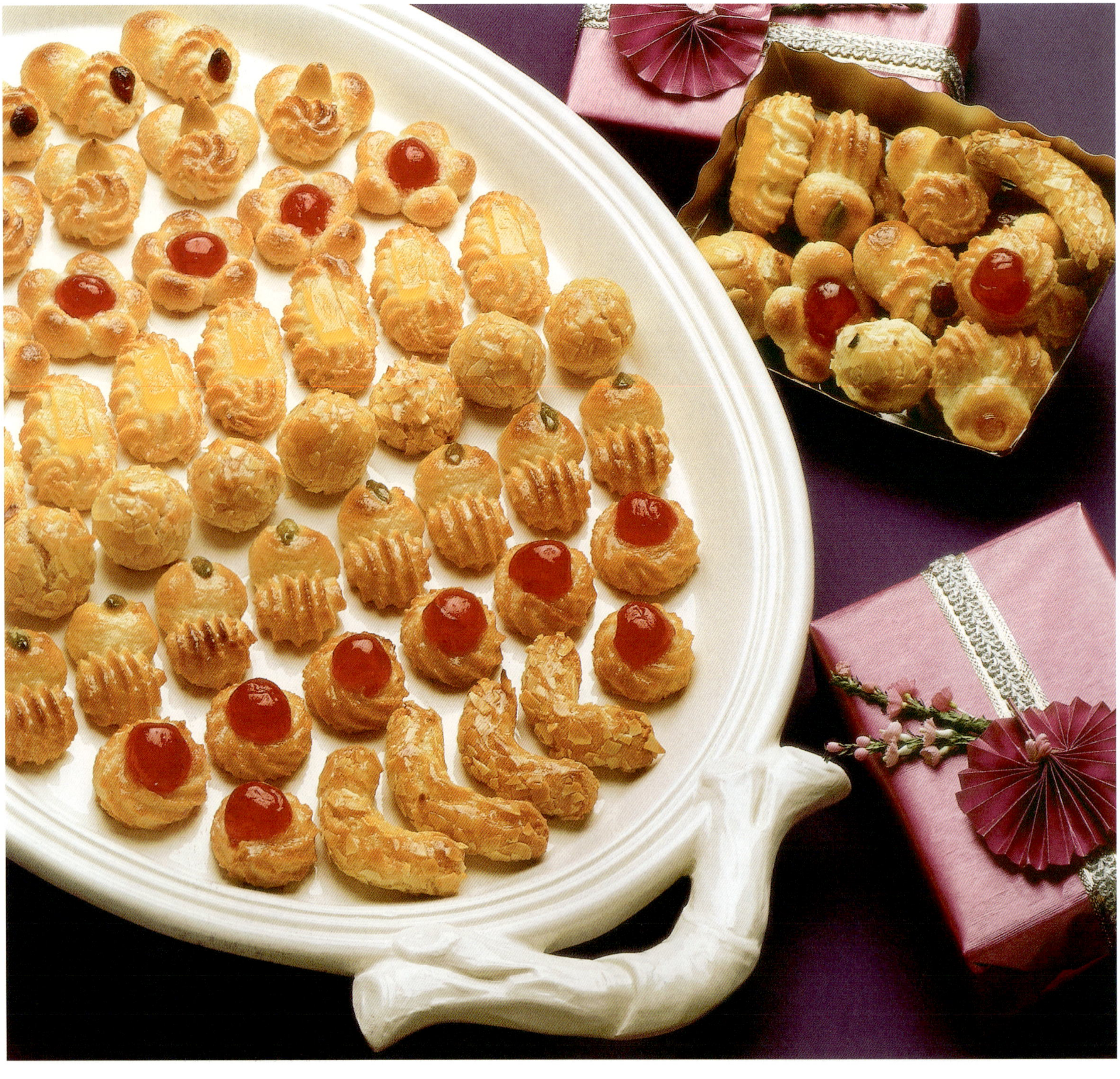

Dressiertes Mandelkonfekt

1000 g Mandeln, weiss, gemahlen
 950 g Zucker
  50 g Invertzucker
     Zitronenraps
 350 g Eiweiss, ca.

Die Zutaten mit einem Teil des Eiweisses vermischen und fein reiben.
Mit dem restlichen Eiweiss dressierfähig verdünnen.
Mit glatter oder Sterntülle in beliebiger Form auf Silikonpapier dressieren und mit confierten Früchten oder verschiedenen Kernen belegen.
Antrocknen lassen, dann im Ofen (ca. 230 bis 240° C) abflämmen.
Solange noch heiss, gummieren.

Mandelgipfeli

1000 g Mandeln, weiss
1000 g Zucker
 250 g Eiweiss, ca.
     Zitronenraps

Vermischen und zu einer festen Makronenmasse reiben.
Kleine Stücke in gehobelten, weissen Mandeln rollen und in Gipfelform auf Silikonpapier absetzen.
Antrocknen lassen, im Ofen abflämmen (230 bis 250°C).
Solange noch heiss, gummieren.

Parisermakronen

1000 g Mandeln, weiss
1000 g Zucker
 250 g Eiweiss, ca.
     Zitronenraps

Vermischen und zu einer festen Makronenmasse reiben.
Von Hand Kugeln formen, auf Silikonpapier absetzen und je drei halbe, weisse Mandeln ansetzen.
Antrocknen lassen und im Ofen abflämmen (230 bis 250° C).
Solange noch heiss, gummieren.

Nord-Süd

500 g Mandeln, weiss
500 g Zucker
100 g Eiweiss, ca.
      Vanille

Vermischen und zu einer festen Makronenmasse reiben.
4 mm dick rechteckig ausrollen und mit Sirup bestreichen.
Giandujamasse (2 Teile Mandeln, 2 Teile Puderzucker, 1 Teil Couverture) zu Stangen rollen, auflegen und einrollen.
Mit Eiweiss bestreichen und in gehobelten Mandeln rollen.
Antrocknen lassen, im Ofen abflämmen (230 bis 250° C) und solange noch heiss, gummieren.
Wenn erkaltet, in Stücke schneiden.

Zimtsterne

1000 g Mandeln, roh
 800 g Zucker
 200 g Eiweiss, ca.
 200 g Puderzucker
  20 g Zimt

Mandeln, Zucker, Eiweiss vermischen und fein reiben.
Puderzucker und Zimt daruntermischen.
8 mm dick ausrollen.
Eiweissglasur mit wenig Zimt abgeschmeckt darüberstreichen.
Im Tiefkühler fest werden lassen, dann ausstechen.
Auf Silikonpapier absetzen, antrocknen lassen und im Ofen kurz backen (220 bis 230° C).

Brunsli

1000 g Mandeln, roh
 800 g Zucker
 200 g Blockkakao, aufgelöst
 200 g Eiweiss, ca.
 200 g Puderzucker
      Zimt

Mandeln, Zucker, Eiweiss vermischen und fein reiben.
Kakao, Puderzucker beigeben, eventuell noch etwas Eiweiss.
8 bis 10 mm dick in Zucker ausrollen, eventuell rillen und ausstechen (Herz, Kreuz, Stern usw.).
Auf Silikonpapier absetzen, antrocknen lassen, und im Ofen abflämmen (230 bis 250° C).

Makrönli

750 g Mandeln, weiss
1 200 g Zucker
500 g Eiweiss, ca.
Zitronenraps

Mandeln, Hälfte des Zuckers mit Eiweiss fein reiben.
Restliches Eiweiss und Zucker nach und nach beigeben und gut rühren.
Tupfen auf Silikonpapier dressieren, mit Zucker leicht überstreuen und backen (180 bis 200° C).

Schokolade-Makronen

500 g Mandeln, roh
300 g Puderzucker
200 g Eiweiss

Mit einem Teil des Eiweisses fein reiben, das restliche darunterrühren.

200 g Eiweiss
100 g Zucker

Zu Schnee schlagen.

600 g Zucker
200 g Wasser

Auf 97° R (122° C) kochen und dem Schnee beigeben.

160 g Blockkakao, aufgelöst

Die Makronenmasse unter die Schneemasse melieren, dann den Kakao daruntermischen.
Runde Tupfen auf Papier dressieren.
Kurz antrocknen lassen und backen (200° C).
Sofort abnetzen und je zwei zusammensetzen.

Holländer-Makronen

500 g Mandeln, weiss
200 g Zucker
400 g Eiweiss
800 g Zucker
300 g Wasser

Auf 100° R (125° C) kochen

50 g Blockkakao aufgelöst

Mandeln und Zucker mit dem nötigen Eiweiss fein reiben.
Das übrige Eiweiss beigeben und schaumig rühren.
Den Zucker langsam dazugiessen und kalt rühren.
Von einem Drittel der Masse kleine Tupfen auf Silikonpapier dressieren.
Die restliche Masse mit dem Kakao vermischen und über die helle Masse spritzen.
Antrocknen lassen, übers Kreuz mit Rasierklinge einschneiden und backen (200° C).

Chemin de fer

Mandelschnittli

Cornets, Rölleli

Ausgerollten Zuckerteig 3 mm dick in 3 bis 4 cm breite Streifen schneiden und vorbacken.
Der Länge nach mit glatter Tülle Makronenmase 1:1 aufdressieren.
Antrocknen lassen, Himbeermarmelade eindressieren und abflämmen (220 bis 230° C).
Mit Wasserglasur überstreichen und in Stücke schneiden.

Ausgerollten Mürbteig 3 mm dick in 3 bis 4 cm breite Streifen schneiden und bakken.
Je zwei mit streichfähiger, kirschparfümierter Mandelmasse zusammensetzen und einstreichen.
Mit weissen, gehobelten Mandeln einstreuen. Die Mandeln gut andrücken.
Antrocknen lassen und abflämmen (230 bis 240° C).
Leicht gummieren und in Stücke schneiden.

Hüppenmasse

600 g Zucker
400 g Mandeln, weiss
200 g Eiweiss
120 g Mehl
100 bis 150 g Milch

Zucker, Mandeln und Eiweiss feinreiben. Mit etwas Milch verdünnen, Mehl beigeben und weiter verdünnen bis die Masse streichfähig ist. Kurz abstehen lassen und eventuell nochmals verdünnen.
Mit runder Schablone (die Rölleli mit quadratischer) auf gewachstes oder geschmiertes Blech aufstreichen.
Vorbacken bis die Masse Farbe annimmt, dann aus dem Ofen nehmen. Kurze Zeit stehen lassen, nachher fertig backen (200 bis 210° C).
Auf Hölzchen aufrollen. Wenn erkaltet, füllen mit Gianduja oder Pralinemasse.

Florentiner

600 g Zucker
200 g Honig
250 g Rahm
300 g Butter

Auf 91° R (114° C) kochen.

400 g Orangeat gehackt
600 g Mandeln, weiss, gehobelt

Daruntermischen.

Kleine Häufchen auf Silikonpapier dressieren.
Etwas breitdrücken und backen (200° C).
Bevor fertig gebacken, mit einem geölten Ausstecher gleichmässig formen.
Wenn erkaltet, vom Papier lösen, den Boden mit Couverture überziehen und kämmen.

Toscaner

150 g Butter
600 g Mandelmasse, streichfähig
375 g Eier
 75 g Mehl

Butter und Mandelmasse schaumig rühren, Eier beigeben. Mehl einmelieren.
In eine mit Silikonpapier ausgelegte Kapsel (30×40 cm) abfüllen und backen (200 bis 210° C).
Nach ¾ Backzeit auf Papier kehren und folgende Masse aufstreichen:

150 g Butter
150 g Zucker
150 g Glukose
150 g Mandeln, weiss, gehobelt
 50 g Wasser

Zusammen abrösten.

Fertig backen, in Rechtecke schneiden und in Couverture tunken.

Florentinerringli

300 g Butter
400 g Puderzucker
200 g Eiweiss
450 g Mehl
150 g Stärkemehl

Butter und Puderzucker schaumig rühren.
Eiweiss beigeben.
Mehl und Stärkemehl einmelieren.

200 g Butter
250 g Rohzucker
250 g Glukose
250 g Mandeln, weiss, gehobelt,
    mittelfein, abgesiebt

Butter, Rohzucker, Glukose aufkochen.
Mandeln beigeben.

Mit glatter Tülle (7 mm) aus der Buttermasse Ringe auf geschmiertes Blech dressieren. In die Mitte Füllmasse spritzen und backen (200° C).

Baumnuss-Makronen

400 g Baumnüsse, gemahlen
300 g Mandeln, roh, gemahlen
1000 g Zucker
300 g Eiweiss ca.
Vanille
Rum

Vermischen, 3 bis 4 Stunden stehen lassen und fein reiben.
Leicht aufwärmen und schaumig rühren.
Tupfen, leicht oval, auf Silikonpapier dressieren, je eine halbe Baumnuss auflegen und backen (200 bis 210° C).
Wenn erkaltet, in Couverture tunken.

Sebastopol

400 g Mandeln, gehackt
600 g Zucker
300 g Eiweiss, ca.
Zitronenraps
Zusammen auf dem Feuer abrösten.

Ausgerollten Zuckerteig in 3 bis 4 cm breite Streifen schneiden.
Beidseitig mit dünner Teigrolle belegen und kneifen.
Vorbacken, etwas Himbeermarmelade aufstreichen, die Masse einfüllen und glattstreichen.
Backen (200 bis 210° C) und solange noch heiss, schneiden.

Honigspitzen

600 g Honig
300 g Roggenmehl
400 g Weissmehl
250 g Korinthen
150 g Orangeat gehackt
15 g Lebkuchengewürz
10 g Natron
5 g Triebsalz
150 g Milch

Honig auflösen und erkalten lassen.
Natron und Triebsalz in der Milch auflösen.
Mit den übrigen Zutaten zu einem Teig kneten.
1 cm dick rechteckig ausrollen, auf Silikonpapier absetzen und backen (220° C).
Wenn erkaltet, beidseitig mit Couverture überstreichen und in Stücke schneiden.

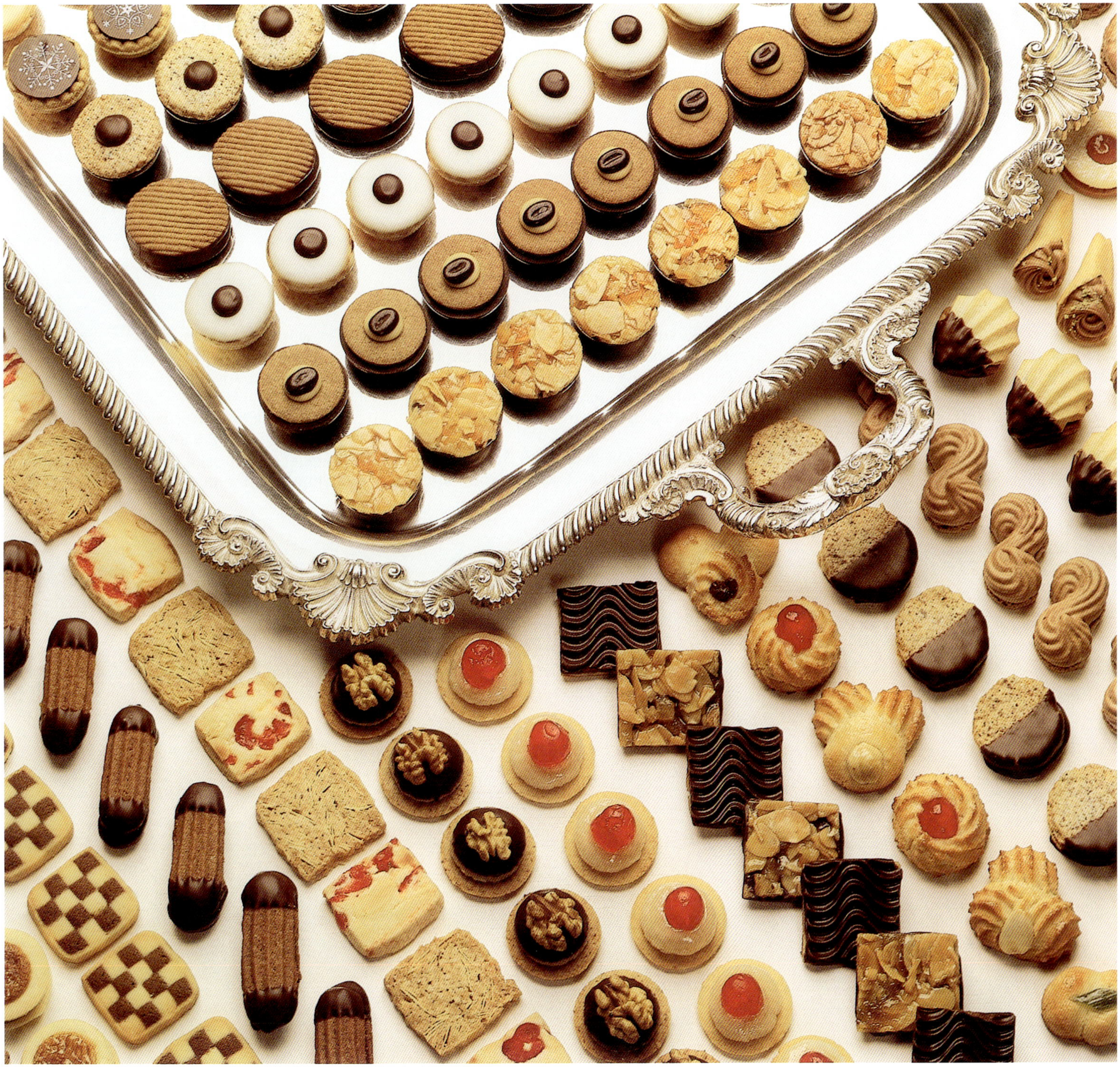

Gefüllte Toscaner

Gebackene Toskanerkapseln (Seite 153) aufschneiden und mit der Cognac-Ganache füllen.
Nach dem Erstarren in Quadrate von 3 × 3 cm schneiden und in Couverture tunken, so dass die Oberfläche frei bleibt.

Cognac-Ganache für 1 Kapsel

150 g Rahm
400 g dunkle Couverture
 75 g Cognac

Choco-Plätzchen

Pertikusmasse (Seite 144) mit Schablone, 3 mm dick, 3,5 cm ⌀, auf Blech aufstreichen und backen.
Wenn erkaltet, Schokoladecreme aufdressieren und je ein Couvertureplättli auflegen.
(Couverture mit derselben Schablone auf Papier aufstreichen und mit Non-Pareilles überstreuen.)

Schokoladecreme

300 g Pflanzenfett
300 g Fondant
Schaumig rühren.

300 g dunkle Couverture (ca. 30° C)
Beigeben.

Schokoladeschnittchen

Schweres Schokoladebiscuit (Seite 50) von 250 g Eiern in Kapsel, 30 × 40 cm, backen und anschliessend mit 400 g Himbeermarmelade ohne Kern und 600 g dunkler Ganache (Seite 40) füllen.
In Streifen von 3,5 cm schneiden, mit dunkler Couverture übergiessen und in Schnittli schneiden.

Kirsch

Mandelmürbteig (Seite 47) 4 mm dick ausrollen, Bödeli von 3,5 cm ⌀ ausstechen und backen.
Kirschmarzipan mit glatter Tülle aufdressieren, in klarem Gelee tunken und mit halben roten, confierten Kirschen ausgarnieren.

Kirschmarzipan
(für ca. 60 Stück)

250 g Marzipan
 25 g Kirsch

Baumnuss

Wienerwaffelteig (Seite 47) 4 mm dick ausrollen, Bödeli von 3,5 cm ⌀ ausstechen und backen.
Baumnussmarzipan mit glatter Tülle aufdressieren, in dunkler Couverture tunken und halbe Baumnüsse auflegen.

Baumnussmarzipan
(für ca. 60 Stück)

250 g Marzipan
 50 g Baumnüsse, gemahlen
 25 g Rum

Maraschino

Mürbteig (Seite 47) 4 mm dick ausrollen, Bödeli von 3,5 cm ⌀ ausstechen und backen.
Maraschinomarzipan mit glatter Tülle aufdressieren, in Milchcouverture tunken und halbe Pistazien auflegen.

Maraschinomarzipan
(für ca. 60 Stück)

250 g Marzipan
 25 g Maraschino

Orange

In leer gebackene Mürbteigtartelettes den Marzipan eindressieren. Rosetten aus ca. 700 g Milchganache (Seite 40) aufdressieren und confierte Orangenstückli auflegen.

Orangenmarzipan
(für ca. 100 Stück)

300 g Marzipan
 50 g Orangeat, feingerieben
 50 g Grand Marnier

Zitronen-Makrönli

Zitronencreme (Seite 40) in dunkle Couverture-Konfektschalen leicht bombiert einfüllen und kleine Makrönli (Seite 151) auflegen.

700 g Zitronencreme und
350 g Makrönlimasse
          (für ca. 70 Stück)

Siegel

Leer gebackene Mürbteigtartelettes mit Cointreau-Ganache leicht bombiert füllen und mit Milchcouverture-Siegel abdecken.

Cointreau-Ganache
(für ca. 100 Stück)

200 g Rahm
500 g Milchcouverture
 50 g Cointreau

Caramel

Die Creme in Milchcouverture-Schalen bombiert eindressieren.
Mit gebackenen Mürbteigringli abdecken.

Caramelschokoladecreme
(für ca. 100 Stück)

250 g Caramel (Seite 33)
Leicht erwärmen.

250 g Rahm, geschlagen
Beigeben.

500 g Milchcouverture, aufgelöst
Darunterrühren.

Pistache

Leer gebackene Mandelmürbteigtartelettes halb mit Pistachemarzipan füllen.
Mit ca. 700 g dunkler Ganache Rosetten aufdressieren und mit halben Pistazien ausgarnieren.

Pistachemarzipan
(für ca. 100 Stück)

300 g Marzipan
 50 g Pistazien, feingerieben
 50 g Kirsch, ca.

Mocca

Dunkle Couvertureschalen mit Mocca-Ganache füllen und gebackene Moccamürbteigbödeli (Seite 70) auflegen.
Gelbe Fondanttupfen aufdressieren und mit Moccabohnen ausgarnieren.

Mocca-Ganache
(für ca. 80 Stück)

300 g Rahm
  5 g Instantcafé
Aufkochen.

500 g dunkle Couverture
Gehackt beigeben.

Blätterteigkonfekt, süss

Den Teig 1,5 bis 2 mm dick ausrollen.

Kräpfli

Auf runde Plätzchen (⌀ 6 cm) Himbeermarmelade dressieren.
Die eine Seite über die Füllung legen und gut andrücken.
Mit Ei bestreichen und im Zucker kehren.

Haselnuss-Dreiecke

5 cm breite Bänder mit Spritzglasur bestreichen, dann mit gehobelten Haselnüssen überstreuen.
In Dreiecke schneiden.

Mandelbrezel

20 cm breite Streifen mit Ei bestreichen, dann mittelfeine gehobelte Mandeln und Zucker aufstreuen.
1 cm breite Streifen schneiden, diese schraubenförmig rollen und zu Brezel flechten.

Rauten

Den Teig mit Zucker ausrollen (pro 1000 g Teig 250 g Zucker).
Aus 5 cm breiten Streifen Rauten schneiden, der Länge nach einschneiden und auf Silikonpapier absetzen.

Mandelgipfeli

Wie Schinkengipfeli.
Mit Mandelmasse füllen und gerade absetzen.

Haselnussweggen

Auf 5 cm breite Bänder Haselnussmasse 1:1 dressieren.
Die eine Seite mit Ei bestreichen und die andere über die Füllung legen.
Gut andrücken, dann in 5 cm lange Stücke schneiden.

Halbmond

Halbmonde ausstechen (⌀ 6,5 cm).
Mit Ei bestreichen und Hagelzucker aufstreuen.

Glace-Stengel

6 cm breite Bänder schneiden.
Mit Spritzglasur überstreichen und in 3 cm breite Stücke schneiden.
Antrocknen lassen und bei mässiger Hitze ohne Dampf backen.

Prussiens

300 g nicht zu stark treibenden Blätterteig in 100 g Zucker zu einem Rechteck von 36 × 24 cm ausrollen.
Auf gewohnte Weise zusammenlegen, kühl stellen, dann schneiden.

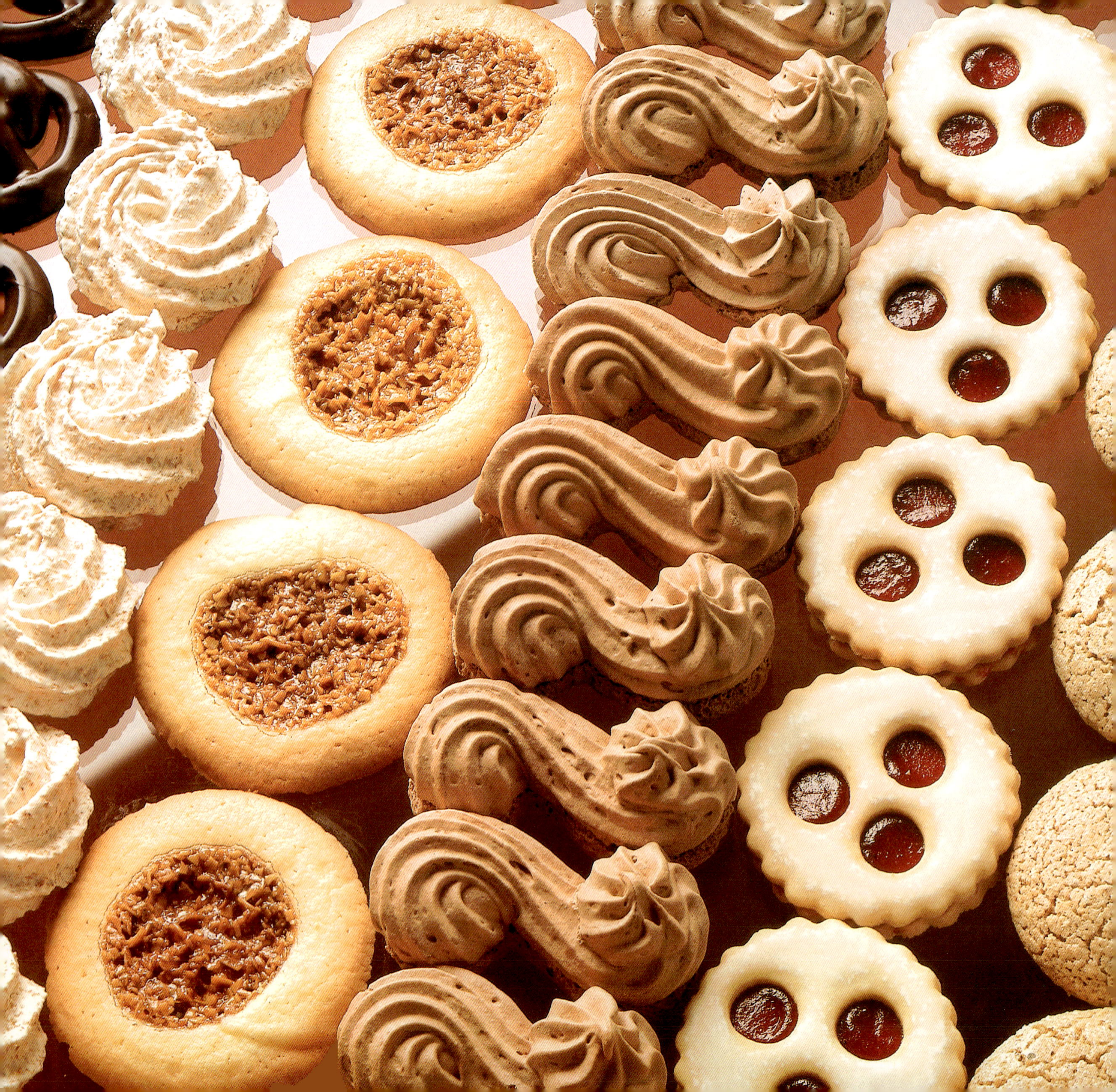

Stückli

Sablés

1200 g Weissmehl (Typ 400)
 800 g Butter
 400 g Puderzucker
 150 g Eiweiss
   Vanille

Butter und Puderzucker durcharbeiten.
Eiweiss beigeben und gut vermischen.
Mehl beigeben und sorgfältig zu einem
Teig kneten.
Zu Stangen rollen, diese in Zucker rollen,
anziehen lassen und in Scheiben schneiden (6 bis 7 mm dick).
Auf Bleche absetzen und backen (180 bis 200° C).

Sultaninen-Plätzli

1000 g Weissmehl (Typ 400)
 600 g Butter
 400 g Zucker
 250 g Sultaninen
 150 g Eier
  25 g Eigelb

Butter und Zucker durcharbeiten.
Eier beigeben und gut vermischen.
Mehl beigeben und zu einem Teig
kneten.
Sultaninen daruntermischen.
Abstehen lassen, 5 bis 6 mm dick ausrollen, mit gezacktem Ausstecher ausstechen und backen (180 bis 200° C).
Solange noch heiss, aprikotieren und glasieren.

Zimtblätter

1000 g Weissmehl (Typ 400)
 500 g Butter
 500 g Zucker
 500 g Haselnüsse, gemahlen
 250 g Eier
   Zimt, Zitrone

Butter, Zucker und Haselnüsse durcharbeiten.
Eier beigeben und gut vermischen.
Mehl beigeben und zu einem Teig kneten.
Abstehen lassen, 4 bis 5 mm dick ausrollen, blattförmig ausstechen, einkerben und backen (180 bis 200° C).
Wenn erkaltet in Couverture tunken.

Vanille-Brezel

1000 g Weissmehl (Typ 400)
 500 g Butter
 400 g Zucker
 200 g Eier
  20 g Vanillezucker

Butter und Zucker durcharbeiten.
Eier beigeben und gut vermischen.
Mehl beigeben und zu einem Teig kneten.
Abstehen lassen, in gleich grosse Stücke einteilen und diese zu Stangen rollen.
Zu Brezel aufarbeiten und backen (180 bis 200°C).
Solange noch heiss in Vanille parfümierter Wasserglasur tunken und auf Gitter absetzen.

Butter-S

 500 g Butter
 500 g Zucker
 500 g Eier
1000 g Weissmehl (Typ 400)
     Vanille

Butter und Zucker schaumig rühren.
Eier nach und nach beigeben und Mehl einmelieren.
Mit Sterntülle auf Blech dressieren und backen (180 bis 200° C).
Nach dem Backen sofort lösen.

Schmelzbrötli

 500 g Zucker
 375 g Eier
 500 g Milch
1000 g Weissmehl (Typ 400)
 5–7 g Triebsalz oder
   10–15 g Backpulver
 250 g Butter, aufgelöst

Milch und Triebsalz ganz leicht wärmen.
Zucker und Eier durchrühren und beigeben.
Mehl und zuletzt die Butter darunterrühren.
In geschmierte, gezackte Förmchen abfüllen und backen (210 bis 220° C).

Zuckerbrötli

1000 g Zucker
600 g Eier
150 g Eigelb
1000 g Weissmehl (Typ 400)
2–3 g Triebsalz
Zitronenraps

Eier und Zucker leicht aufwärmen und schaumig rühren.
Mehl und Triebsalz absieben und sorgfältig einmelieren.
Mit glatter Tülle Tupfen auf geschmiertes Blech dressieren und mit Zucker überstreuen.
Etwas antrocknen lassen, dann backen (190 bis 200° C).

Kokos-Makronen

1000 g Zucker
500 g Kokosnüsse, geraspelt
400 g Eiweiss, ca.
100 g Weissmehl (Typ 400)

Zucker, Kokosnüsse und Eiweiss am besten im Kupferkessel bis vors Kochen abrösten.
Mehl beigeben, etwas erkalten lassen, mit Sterntülle auf Silikonpapier dressieren und backen (200 bis 210° C).

Sebastopol

300 g Zucker
200 g Mandeln, roh, gehobelt
150 g Eiweiss
Zitronenraps

Zusammen bis vors Kochen abrösten.

Für 3 Streifen 55 × 7 cm.

Zuckerteig 3 mm dick ausrollen und in Streifen schneiden.
Beidseitig der Länge nach je eine Teigrolle auflegen, kneifen und mit Ei bestreichen.
Vorbacken, mit Himbeermarmelade bestreichen, die Masse einfüllen, und backen (200 bis 210° C).
Etwas erkalten lassen und schneiden.

Haselnuss-Makrönli

500 g Haselnüsse, gemahlen
500 g Zucker
350 g Eiweiss, ca.
500 g Zucker

Haselnüsse, die Hälfte des Zuckers mit etwas Eiweiss vermischen und nicht zu fein reiben.
Nach und nach das restliche Eiweiss und zuletzt Zucker beigeben.
Leicht schaumig rühren.
Tupfen auf Silikonpapier dressieren, mit wenig Zucker überstreuen und backen (180 bis 200° C).

Vogelnestli

Zuckertig 2 bis 3 mm dick ausrollen und mit gezacktem Ausstecher ausstechen.
Auf Blech absetzen und Makrönlimasse (etwas fester als für Makrönli) mit Sterntülle regelmässig aufspritzen.
In die Mitte Himbeermarmelade dressieren, dann backen (200 bis 210° C), eventuell Blech unterschieben.

Makronen-Halbmond

Zuckerteig 2 bis 3 mm dick ausrollen und mit gezacktem Ausstecher ausstechen.
Auf Blech absetzen und Mandelmakrönlimasse (etwas fester als für Makrönli) mit Sterntülle aufdressieren, dann backen (200 bis 210° C).

Mandel-Hörnli

500 g Mandeln roh, gemahlen
1000 g Zucker
300 g Eiweiss, ca.

Zusammen vermischen und nicht zu fein reiben.
Stangen rollen, diese mit Eiweiss etwas anfeuchten, dann in rohen, gehobelten Haselnüssen rollen.
In Stücke schneiden und gipfelförmig auf Silikonpapier absetzen.
Backen (210 bis 220° C) und, wenn erkaltet, in Couverture tunken.

Amaretti

400 g Mandeln, weiss, gemahlen
100 g Bittermandeln

500 g Zucker
250 g Eiweiss, ca.

Vermischen und fein reiben.

1000 g Puderzucker
200 g Eiweiss, ca.

Der geriebenen Masse nach und nach das restliche Eiweiss und den Puderzucker beigeben.
Leicht schaumig rühren.
Runde Tupfen auf geschmiertes, gemehltes Blech dressieren.
10 bis 12 Stunden antrocknen lassen, dann mit Puderzucker übersieben.
Die Ränder gegen die Mitte mit den Fingern eindrücken, dann backen
(ca. 220° C).

Schokolade-S

300 g Eiweiss
100 g Zucker

Zu Schnee schlagen.

700 g Zucker
250 g Wasser

Auf 96° R (120° C) kochen und einrühren.

400 g Couverture, aufgelöst
Einmelieren.

Mit Sterntülle auf Silikonpapier oder geschmiertes Blech dressieren.
Backen (170 bis 180° C) in dampffreiem Ofen mit leicht geöffneter Tür.

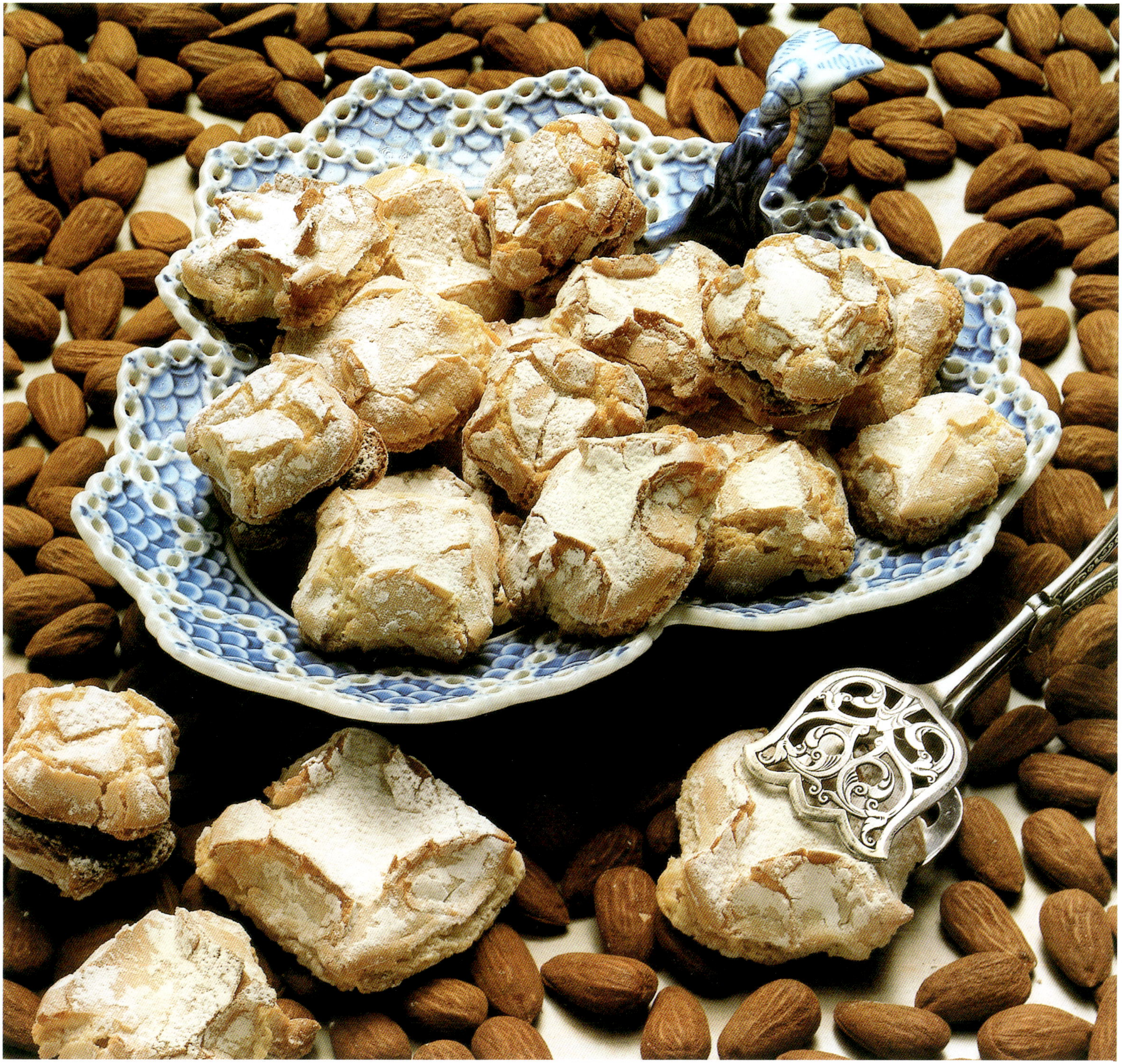

Prussiens

Abfallblätterteig in Zucker (pro 1000 g Teig ca. 300 g Zucker) ausrollen und eine einfache Tour geben.
In Zucker rechteckig, ca. 60 cm lang, ausrollen, gegen die Mitte zusammenlegen und gut andrücken.
In 1 cm dicke Stücke schneiden, auf geschmiertes Blech absetzen und backen (210 bis 220° C).
Sobald sie am Boden genügend Farbe angenommen haben, kehren und rösch ausbacken.

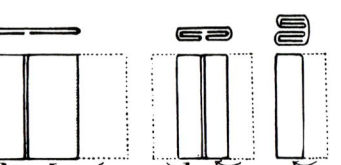

Glacestengeli

Blätterteigstreifen rechteckig 5 mm dick und 10 cm breit ausrollen.
Oberfläche mit Spritzglasur bestreichen, in ca. 3 cm breite Stücke schneiden und auf Blech absetzen.
Wenn die Glasur angetrocknet ist, in dampffreiem Ofen backen (200 bis 210° C).

Hufeisen

Blätterteig 1,5 bis 2 mm dick ausrollen und 18 cm breite Streifen schneiden.
Davon 6 cm breite Stücke schneiden.
In die Mitte Mandelmasse 1:1 oder Marmelade dressieren.
Den einen Längsrand mit Ei bestreichen, den Teig überlegen, gut andrücken und einkerben.
Mit Ei bestreichen, in Zucker kehren, die eine Seite einschneiden und auf Blech hufeisenförmig absetzen.
Nach kurzer Abstehzeit backen (210 bis 220° C).
Vor dem Fertigbacken in heissem Ofen caramelieren.

Windrädli

Blätterteig 1,5 bis 2 mm dick ausrollen und in Quadrate von 9 × 9 cm schneiden.
Von den Ecken diagonal gegen die Mitte einschneiden.
In die Mitte Aprikosenmarmelade oder Mandelmasse 1:1 aufdressieren.
Die Ecken so gegen die Mitte legen, dass ein Windrädchen entsteht.
Mit Ei bestreichen und ein rundes Teigplätzchen auflegen.
Nach einer kurzen Abstehzeit backen (210 bis 220° C).
Vor dem Fertigbacken in heissem Ofen caramellieren.

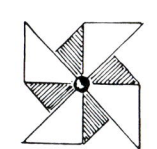

Mandelgipfel

Blätterteig 1,5 bis 2 mm dick ausrollen und in Dreiecke schneiden.
Mandelmasse 1:1 aufdressieren oder aufstreichen.
Locker aufrollen und zu Gipfel auf Blech absetzen.
Mit Ei bestreichen, kurz abstehen lassen und backen (210 bis 220° C).
Solange noch warm, aprikotieren und mit Wasserglasur glasieren.
Gehobelte, geröstete Mandeln aufstreuen.

Birnenweggen

Abfallblätterteig 2,5 bis 3 mm dick ausrollen und in Rechtecke von 8 × 12 cm schneiden.
Der Breite nach in die Mitte Birnenweggenfüllung (Seite 32) aufdressieren und den Teig von beiden Seiten leicht überlegen.
Mit Schluss nach unten auf Blech absetzen, mit Ei bestreichen und mit der Gabel zeichnen.
Kurz abstehen lassen, dann backen (200 bis 210° C).

Stückli, rationell hergestellt

Mandeltörtli [1]

30 Stück, ⌀ 6 cm

400 g Mandelmasse
250 g Eier
100 g Milch
Zusammen leicht schaumig rühren.

 50 g Mehl
100 g Butter, aufgelöst
Einmelieren.

Mit dem Dressiersack in Pergaminkapseln oder geschmierte Förmchen abfüllen und je eine Mandel in die Mitte legen.
Backen (200 bis 210° C) und solange noch heiss, aprikotieren und glasieren.

Zitronentörtli [2]

30 Stück, ⌀ 6 cm

350 g Milch
250 g Zucker
100 g Butter, aufgelöst
        Zitronenraps
Verrühren.

250 g Mehl
100 g Stärkemehl
 10 g Backpulver
Einmelieren.

In Pergaminkapseln oder geschmierte Förmchen abfüllen (Giesstrichter) und backen (200 bis 210° C).
Nach dem Erkalten aprikotieren und mit Zitronenfondant glasieren.
Dekor: halbe, rote Kirsche.

Sultaninentörtli [3]

30 Stück, ⌀ 6 cm.

350 g Mandelmasse
100 g Zucker
150 g Butter
Schaumig rühren.

200 g Eier
Beigeben.

150 g Mehl
100 g Sultaninen
Einmelieren.

In Pergaminkapseln oder geschmierte Förmchen abfüllen und backen (200 bis 210° C).
Nach dem Erkalten mit Puderzucker leicht stauben.
Dekor: grüne Mandeln.

Zitronenplätzli [4]

66 Plätzli, ⌀ 6 cm, 5 mm dick, oder
40 Plätzli, ⌀ 7 cm, 5 mm dick

Buttermasse zum Aufstreichen

300 g Butter
200 g Sirup 28° Bé
Schaumig rühren.

350 g Mehl
100 g Stärkemehl
     Zitronenraps
Einmelieren.

Die Masse mit einer Gummischablone (⌀ 6 cm) aufstreichen, die Hälfte davon mit gehobelten Mandeln bestreuen und backen (200 bis 210° C).
Nach dem Erkalten mit Zitronencreme zusammensetzen.

Zitronencreme
(für ca. 60 Stück)

300 g Zucker
200 g Pflanzenfett
200 g Eier
 90 g Zitronensaft
  3   Zitronenraps

Aufkochen, passieren und erkalten lassen.

Schokoladeplätzli [5]

66 Plätzli, ⌀ 6 cm, 5 mm dick, oder
40 Plätzli, ⌀ 7 cm, 5 mm dick

Schokolade-Buttermasse zum Aufstreichen

300 g Butter
200 g Sirup 28° Bé
Schaumig rühren.

350 g Mehl
 70 g Stärkemehl
 30 g Kakaopulver
Einmelieren.

Die Masse mit einer Gummischablone (⌀ 6 cm) aufstreichen, die Hälfte davon mit Hagelzucker bestreuen und backen (200 bis 210° C).
Nach dem Erkalten mit Schokoladecreme füllen.

Schokoladecreme
(für ca. 50 Stück)

100 g Wasser, heiss
 20 g Orangenpaste
400 g Couverture, dunkel, aufgelöst
Mischen.

Spiegeli [6]

Buttermasse (siehe Zitronenplätzli) mit einer Gummischablone (⌀ 7 cm) aufstreichen, aus Spiegelimasse mit dem Dressiersack (Tülle 8 mm ⌀) Ringe aufspritzen und backen (200 bis 210° C). Nach dem Erkalten die Mitte mit gebundener Pralinemasse auffüllen.

Spiegelimasse
(für ca. 40 Stück)

150 g Mandeln, weiss
200 g Zucker
100 g Eiweiss
Fein reiben.

100 g Biscuitbrösel
     Orangenraps oder -paste
Beigeben und eventuell mit Eiweiss verdünnen, bis die Masse dressierfähig ist.

Pralinemasse
(für ca. 40 Stück)

100 g Pralinemasse
200 g Couverture, dunkel, aufgelöst
Mischen.

Kokosplätzli [7]

Buttermasse (siehe Zitronenplätzli) mit einer Gummischablone (Ø 7 cm) aufstreichen, mit dem Dressiersack (Tülle 8 mm Ø) Ringe aus der gleichen Masse aufspritzen, die Mitte mit Kokosmasse auffüllen und backen (200 bis 210° C).

Kokosmasse (für ca. 40 Stück)

200 g Zucker
125 g Kokosraps
100 g Eiweiss
 20 g Mehl
Mischen.

Pertikusplätzli [8]

Buttermasse (siehe Zitronenplätzli) mit einer Gummischablone (Ø 7 cm) aufstreichen, aus Pertikusmasse von 200 g Butter (Seite 144) mit einer Sterntülle (Ø 8 mm) Ringe aufdressieren und backen (200 bis 210° C). Noch heiss mit Puderzucker leicht stauben und in die Mitte heisse Himbeermarmelade (Giesstrichter) einfüllen.

Schokolade-kokosstengel [9]

Mürbteig (Seite 47) in einen Rahmen (36 × 10 cm, 3 cm hoch) pressen, im Kühlschrank anziehen lassen, dann mit dem Schneideapparat in 7 mm dicke Tranchen schneiden. Diese auf Blech absetzen, mit dem Dressiersack (Tülle 10 mm Ø) Schokoladekokosmasse aufdressieren und backen (200 bis 210° C). Nach dem Erkalten mit Couverture filieren.

Schokoladekokosmasse
(für ca. 48 Stück)

500 g Zucker
100 g Honig
175 g Eiweiss

Auf ca. 65° C erwärmen.

300 g Kokosraps
 20 g Kakaopulver
  5 g Zimt
 20 g Zitronensaft

Beigeben und abrösten.

Makronen-stengel [10]

Schokolademürbteig (Seite 47) in einen Rahmen (36 × 10 cm, 3 cm hoch) pressen, im Kühlschrank anziehen lassen, dann mit dem Schneideapparat 7 mm dicke Tranchen schneiden. Auf Blech absetzen, je einen ca. 5 mm breit geschnittenen Orangeat-Streifen auflegen, mit dem Dressiersack (Tülle 8 mm ⌀) Makronenmasse darüberdressieren und backen (200 bis 210° C).

Makronenmasse
(für ca. 48 Stück)

300 g Mandeln, weiss
300 g Zucker
100 g Eiweiss, ca.

Zusammen fein reiben und verdünnen bis die Masse dressierfähig ist.

Makrönli-stengel [11]

Linzerteig (Seite 47) in einen Rahmen (36 × 10 cm, 3 cm hoch) pressen, im Kühlschrank anziehen lassen, dann mit dem Schneideapparat 7 mm dicke Tranchen schneiden.
Auf Blech absetzen, in die Mitte einen Streifen Himbeermarmelade und daneben je einen Streifen Makrönlimasse aufdressieren (Tülle 8 mm ⌀) und backen (200 bis 210° C).

Makrönlimasse
(für ca. 48 Stück)

200 g Haselnüsse, gemahlen
200 g Zucker
100 g Eiweiss, ca.

Zusammen leicht schaumig rühren.

200 g Zucker
Beigeben.

Florentinercarré [12]

Mürbteig (Seite 47) in einen Rahmen (36 × 6 cm, 6 cm hoch) pressen, im Kühlschrank anziehen lassen und mit dem Schneideapparat 7 mm dicke Tranchen schneiden.
Auf Blech absetzen und backen (200 bis 210° C).
Florentinermasse auf Silikonpapier aufstreichen, backen und noch warm 4 × 4 cm gross schneiden.
Auf jede fast fertig gebackene Teigtranche ein Florentinerplätzchen auflegen und nochmals kurz in den Ofen geben.

Florentinermasse
(für ca. 48 Stück)

150 g Zucker
 50 g Honig
100 g Rahm
 50 g Butter

Auf 92° R (115° C) kochen.

150 g Mandeln, gehobelt
100 g Orangeat, fein
Beigeben.

Linzertörtli [13]

Linzerteig (Seite 47) 4,5 mm dick ausrollen und in zwei gleich grosse Rechtecke schneiden.
Das eine davon mit Wasser überspritzen oder bestreichen und das andere darauflegen.
Mit dem Pastetli-Ausstecher (Ø 8 cm) ausstechen und auf Blech absetzen.
Die Mittelstücke herausnehmen, die Ränder einkerben und mit Ei bestreichen.
In die Mitte Himbeermarmelade dressieren und backen (200 bis 210° C).

Rotary-Schnitten [14]

1 Kapsel 30 × 50 cm.

300 g Butter
250 g Zucker

Schaumig rühren.

125 g Eier
300 g Apfelmus

Nach und nach beigeben.

350 g Mehl
 20 g Backpulver
      Zitronenraps

Einmelieren.

Die Kapsel mit Zuckerteig (Seite 47) auslegen, den Boden mit Aprikosenmarmelade bestreichen und die Masse einfüllen.
Zum Aufstreuen Zuckerteig wie für Streusel durch ein grobes Sieb drücken und kalt stellen.
Nach dem Backen (200 bis 210° C) stauben und in Stücke schneiden.

Nusscarré [15]

1 Kapsel 30 × 50 cm

450 g Haselnüsse, gemahlen
450 g Zucker
200 g Milch, ca.

Anrühren.

250 g Orangeat
200 g Sultaninen
200 g Butter, aufgelöst

Beigeben.

Die Kapsel mit Linzerteig (Seite 47) auslegen und den Boden mit Himbeermarmelade bestreichen.
Die Masse einfüllen und backen (200 bis 210° C).
Nach dem Erkalten die Oberfläche mit Couverture überstreichen, grüne Mandeln aufstreuen und in Stücke schneiden.

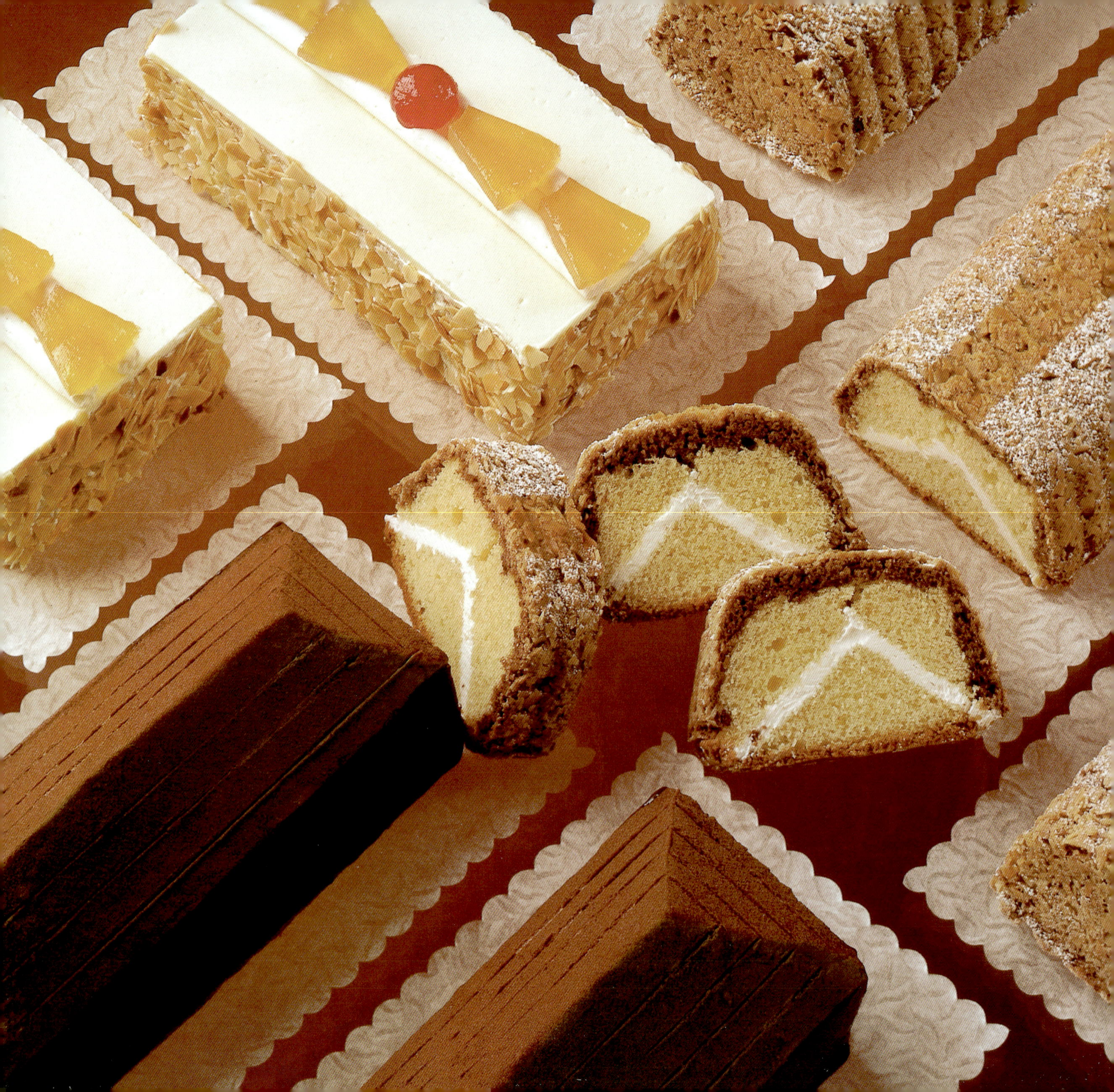

Stücksachen

Schokolade-holländer

Kuchen und Törtchen

8 Törtchen, ⌀ 18 cm

Schokolade-Masse

700 g Mandelmasse
300 g Butter
100 g Zucker

Schaumig rühren.

300 g Eier
100 g Milch

Nach und nach beigeben.

260 g Mehl
 40 g Kakaopulver
 10 g Backpulver

Einmelieren.

Herstellung

Kuchenformen mit Zuckerteig 3 mm dick auslegen.
Aprikosenmarmelade auf die Böden streichen und die Schokolade-Masse einfüllen.
Backen (200 °C) und anschliessend mit heisser Aprikosenmarmelade bestreichen.
Nach dem Erkalten mit einem Gemisch von Pralinemasse und Couverture (1:1) glasieren und mit dunkler Couverture marmorieren.

Holländer

Kuchenformen mit Abfallblätterteig oder Zuckerteig auslegen.
Stupfen und mit Aprikosenmarmelade bestreichen.
Holländermasse (Seite 70) einfüllen und glattstreichen.
Teigbänder darüberlegen und mit Ei bestreichen.
Abstehen lassen, backen (200 bis 210° C) und solange noch heiss aprikotieren und glasieren.
Gehobelte, geröstete Mandeln aufstreuen.

Ananasholländer

Wie «Holländer».
Auf den Boden gehackte Ananas streuen und mit Ananasscheibe und confierter Kirsche belegen.

Apfelholländer

Wie «Holländer».
Auf den Boden gehackte Äpfel mit Sultaninen und Zimtzucker vermischt streuen.
Mit drei Apfelscheiben und confierten Kirschen belegen.

Nussholländer

Wie «Holländer».
Den Boden mit Himbeermarmelade bestreichen und gehackte Baumnüsse auf den Boden und die Oberfläche streuen.

Linzertorte

Linzertorte mit Mandelfüllung

Runde Scheibe aus Linzerteig (Seite 47) 4 mm dick auf Blech absetzen und stupfen.
Den Rand mit Ei bepinseln und in die Mitte Himbeermarmelade streichen.
Ein Teiggitter darüberlegen.
Den Rand mit einer Teigrolle belegen, mit einem Tortenring umstellen und kneifen.
Mit Ei bestreichen und backen (210 bis 220° C).

Runde Scheibe aus Linzerteig (Seite 47) 4 bis 5 mm dick auf Blech absetzen.
Den Rand mit Ei bestreichen, mit einer Teigrolle belegen und mit einem Tortenring umstellen.
Mandelmasse 1:1 mit Zitronenraps parfümiert eindressieren.

Mit Linzerteig abdecken und den Rand kneifen.
Mit Ei bestreichen, mit der Gabel zeichnen und stupfen.
Backen (210 bis 220° C).

Dressierte Linzertorte

12 Stück, ⌀ 18 cm

Runde Scheibe aus Linzerteig (Seite 47) 4 mm dick auf Blech absetzen.
In die Mitte Himbeermarmelade dressieren und mit Tortenring umstellen.
Aus Pertikusmasse (Seite 144) mit der Sterntülle Gitter und Rand aufdressieren.
Backen (200 bis 210° C) und solange noch heiss mit Puderzucker stauben.

Napolitain

Napolitainteig (Seite 47) 3 mm dick ausrollen, Ringe ausstechen und backen (180 bis 190° C).
Je drei Böden mit Aprikosen- oder einer anderen beliebigen Marmelade zusammensetzen.
Die Oberfläche aprikotieren, mit Fondant glasieren und sofort mit Aprikosenmarmelade marmorieren.

Osterfladen mit Griess

6 Stück, ⌀ 18 cm

2000 g Milch
200 g Griess
5 g Salz
　　　Zitronenschale

Weichkochen.
Sollte die Masse leichter sein als 1900 g, so muss noch Milch beigegeben werden.

200 g Eier
250 g Zucker
120 g Mandeln, weiss, gemahlen

Schaumig rühren.

100 g Butter, aufgelöst

Die Griessmasse erkalten lassen, die schaumig gerührten Eier daruntermischen und die Butter beigeben.

Herstellung

Kuchenformen mit geriebenem Teig oder Abfallblätterteig 2 mm dick auslegen, stupfen, Sultaninen einstreuen, die Masse einfüllen und backen (190° C). Mit Puderzucker stauben.

Osterfladen mit Reis

8 Stück, ⌀ 18 cm

2000 g Milch
250 g Reis
50 g Butter
5 g Salz

Weichkochen und wenn erkaltet in der Reibmaschine fein reiben.
Sollte die Masse leichter sein als 1950 g, so muss noch Milch beigegeben werden.

200 g Eigelb
500 g Mandelmasse
　　　Zitronenraps

Schaumig rühren und der Reismasse beigeben.

200 g Eiweiss
125 g Zucker

Zu Schnee schlagen.

50 g Mehl

Einmelieren.

Herstellung

Wie Osterfladen mit Griess.

Apfeltorte mit Butterstreusel

8 Törtchen, 18 cm ⌀

Füllung

2000 g Äpfel, gehackt
  300 g Sultaninen
  150 g Rum
  400 g Butter, aufgelöst
  800 g Biscuitbrösel
  400 g Milch
        Zitrone
        Zimt

Zusammen vermischen.

Streusel

120 g Puderzucker
120 g Mandelmasse
240 g Butter
320 g Mehl
    5 g Backpulver
       Salz
       Zitrone

Zusammen mischen, kühlstellen und anschliessend durch ein grobes Sieb drücken.

Herstellung

Torten-Ringe (3 cm hoch) mit Zuckerteig ca. 3 mm dick auslegen.
Böden mit Aprikosenmarmelade bestreichen und die Füllung in die Ringe verteilen. Streusel aufstreuen, backen (200° C) und anschliessend mit Puderzucker stauben.

Williamstörtli

8 Stück, ⌀ 18 cm

Williams-Creme

750 g Birnensaft (aus der Dose)
300 g Eigelb
150 g Zucker

Zur Rose abziehen und kühlen.

20 g Gelatine, einweichen

Auflösen und beigeben.

75 g Williamsbranntwein
450 g Rahm geschlagen

Einmelieren.

Caramelierte Mandeln

150 g gehobelte Mandeln

mit Wasser anfeuchten, mit ca.

75 g Puderzucker

überstauben, durchmischen und im Ofen caramelieren.

Herstellung

Kuchenformen mit Blätterteig ca. 2 mm dick auslegen, stupfen, abstehen lassen und backen (210° C).
Bevor ganz gebacken, leicht mit Puderzucker überstauben und im Ofen abflämmen (240 bis 250° C), so dass der Rand carameliert.

Nach dem Erkalten dünn mit weisser Couverture auspinseln und die Hälfte der Creme einfüllen. Pro Törtchen ca. 140 g Kompott-Birnenschnitze auflegen.
Mit dem Rest der Creme abdecken.
Nach dem Erstarren mit den caramelierten Mandeln überstreuen.
Leicht mit Puderzucker stauben.

Früchtecakes

Cakes ungefüllt und gefüllt

6 Stück, 17 × 9 cm

Masse

350 g Butter
500 g Zucker

400 g Eier
200 g Milch
600 g Mehl

100 g Mehl
 25 g Backpulver

Zusammen absieben.

250 g Cakesfrüchte
 50 g Rum

Mischen.

Herstellung

Butter und Zucker schaumig rühren.
Eier, Milch und Mehl abwechslungsweise nach und nach beigeben.
Die Masse in der Maschine rühren bis sie leicht «schmierig» wird.
Mehl, Backpulver und Früchte einmelieren.
In geschmierte, gemehlte oder mit Papier ausgelegte Formen abfüllen.
Ein Horn in Öl tauchen und in die Mitte der Oberfläche ca. 1 cm tief eindrücken.
Backtemperatur 210 bis 220° C.
Eventuell aprikotieren und glasieren.

Ananascakes

8 Stück, 17 × 9 cm

500 g Butter
500 g Zucker
Schaumig rühren.

600 g Eier
Nach und nach beigeben.

200 g Milch
700 g Mehl
 20 g Backpulver
Einmelieren.

700 g Ananas, halbconfiert (Seite 70),
       gehackt
Beigeben.

In geschmierte, gestaubte Formen abfüllen und backen (190 bis 200° C).
Stürzen und wenn erkaltet mit confierten Ananas und roten Kirschen belegen.
Aprikotieren, glasieren und mit gerösteten Mandeln den Rand einstreuen.

Schokolade-Kokos-Cakes

12 Stück, 17 × 9 cm

Buttermasse

600 g Butter
750 g Zucker
300 g Vanillecreme

Schaumig rühren.

600 g Eier

Nach und nach beigeben.

900 g Kokosraps
300 g Milch

In der Maschine einrühren.

675 g Mehl
 75 g Kakaopulver
 45 g Backpulver

Einmelieren.

Kokos-Streusel

150 g Zucker
150 g Butter
225 g Kokosraps

Zu einem Teig vermischen, durch ein grobes Sieb drücken und kühl stellen.

Herstellung

Masse in gefettete und gestaubte Cakesformen einfüllen, mit Kokosstreusel überstreuen und backen (190 bis 200° C). Leicht mit Puderzucker stauben.

Reformcakes

12 Stück, 17 × 9 cm

Buttermasse

650 g Butter
700 g Rohzucker
Schaumig rühren.

650 g Eier
Nach und nach beigeben.

400 g Vollkornmehl
400 g Weissmehl
 25 g Backpulver
Einmelieren.

500 g Aprikosen, gedörrt, klein gestückelt
300 g Pflaumen, gedörrt, klein gestückelt
300 g Sultaninen
300 g Mandeln, roh, gehackt
120 g Rum
Mischen und darunterziehen.

Herstellung

Die Masse in geschmierte, mit gehobelten Mandeln ausgestreute Formen abfüllen, glattstreichen und backen (180° C). Nach dem Auskühlen in Folie verpacken.

Kirschencakes

2 Stangen, 32 cm lang, unten 7,5 cm, oben 9,5 cm breit

Buttermasse

400 g Butter
400 g Zucker
 50 g Mandelmasse
Schaumig rühren.

450 g Eier
Nach und nach beigeben.

550 g Mehl
 5 g Backpulver
Durchsieben und einmelieren.

400 g confierte Kirschen
300 g Mandeln, roh, gehackt
300 g Couverture, gehackt
200 g Cakesfrüchte
Einmelieren.

Herstellung

In geschmierte und gestaubte Formen abfüllen und backen (200° C).
Nach dem vollständigen Erkalten die Stangen in Stücke schneiden und in Klarsichtfolien verpacken.

Valenciacakes

12 Stück, 16 cm lang

Buttermasse

  500 g Butter
1 500 g Mandelmasse
Schaumig rühren.

  650 g Eier
Nach und nach beigeben.

  180 g Rum
Beigeben.

  250 g Weizenstärke
  165 g Mehl
   15 g Backpulver
Absieben und einmelieren.

Herstellung

Formen mit gehobelten, ausgesiebten Mandeln ausstreuen, die Masse einfüllen und backen (190° C).
Anschliessend stürzen, Stab auflegen und mit Puderzucker stauben.

Knuspercakes

8 Stück, 20 cm lang

Buttermasse

500 g Butter
600 g Zucker
500 g Eier
300 g Milch
850 g Mehl
 30 g Backpulver
300 g Haselnüsse, gehackt, geröstet
300 g Couverture, gehackt

Herstellung

Butter und Zucker schaumig rühren, die Eier nach und nach beigeben und die übrigen Zutaten einmelieren.
In geschmierte, mit gehobelten Haselnüssen ausgestreute Rehrückenformen einfüllen.
Backen (180° C) und wenn erkaltet, in Couverture tunken.

Financier

9 Stück, 20 cm lang

500 g Eiweiss
300 g Zucker

Zu Schnee schlagen.

600 g Mandeln, weiss, gemahlen
300 g Zucker
250 g Mehl

Einmelieren.

300 g Butter, leicht braun
(Beurre noisette)

Darunterziehen.

In geschmierte, mit gehobelten Mandeln ausgestreute Formen abfüllen und bakken (170 bis 180° C).
Zug und Türe leicht geöffnet.

Farmercakes

12 Stück, 16 cm lang

Schneemasse

700 g Eiweiss
300 g Rohzucker
Zu Schnee schlagen.

300 g Rohzucker
Beigeben.

550 g Haselnüsse, feingemahlen
350 g Rohzucker
250 g Weissmehl
250 g Vollkornmehl
Mischen und einmelieren.

400 g Butter, aufgelöst
Darunterziehen.

Herstellung

Die Masse in geschmierte, ausgestaubte Formen abfüllen, glattstreichen und bakken (180° C).
Anschliessend auf Gitter stürzen und, wenn erkaltet, mit Couverture bepinseln.
Feine weisse Mandeln aufstreuen.

Rehrücken

6 Formen, 20 cm lang oder
2 Formen, 50 cm lang

Schokolade-Japonaismasse

200 g Eiweiss
100 g Zucker

Zu Schnee schlagen.

150 g Zucker
200 g Mandeln, roh, gemahlen
 40 g Schokoladepulver

Einmelieren.

Mandelbuttermasse

500 g Mandelmasse
200 g Butter

Schaumig rühren.

300 g Eier

Nach und nach beigeben.

170 g Mehl
 5 g Backpulver
     Bittermandelessenz, evtl.
     Zitronenraps

Einmelieren.

Geschmierte, mit gehobelten Mandeln ausgestreute Formen mit der Japonaismasse ausstreichen.
Die Buttermasse einfüllen und backen (190 bis 200° C).
Wenn erkaltet, die Füllmasse keilförmig mit spitzem Messer herausschneiden (am besten in der Form).
Mit Kirschbuttercreme füllen und das keilförmig herausgeschnittene Stück wieder einsetzen, anziehen lassen, stürzen, einen Stab auflegen und stauben.

Biscuithasen

Biscuitmasse

500 g Mandelmasse
500 g Eigelb
      Zitronenraps

Schaumig rühren.

250 g Eiweiss
200 g Zucker

Zu Schnee schlagen.

450 g Weissmehl (Typ 400)
150 g Butter, aufgelöst

Mit dem Schnee einmelieren.

Herstellung

Tonformen mit Butter ausstreichen, mit Paniermehl, evtl. mit Sandelholz vermischt ausstreuen.
Die Masse einfüllen und backen (200° C). Solange noch heiss, die Klammern lösen und eine Formenhälfte entfernen, damit der Dampf entweichen kann.
Leicht mit Puderzucker stauben.
In Folien verpackt wird die Haltbarkeit zusätzlich begünstigt.

Gugelhopf nach Grossmutter-Art

12 Formen, ⌀ 16 cm

Buttermasse

800 g Butter
400 g Zucker

Schaumig rühren.

800 g Eigelb

Nach und nach beigeben.

800 g dunkle Couverture

Auflösen und beigeben.

800 g Eiweiss
400 g Zucker

Zu Schnee schlagen und mit der schaumig gerührten Masse gut vermischen.

800 g Haselnüsse, feingemahlen
300 g Weissmehl

Einmelieren.

Masse in geschmierte, mit gemahlenen Haselnüssen ausgestreute Formen abfüllen und backen (190 bis 200° C). Anschliessend leicht mit Puderzucker stauben.
In Folien verpackt wird die sehr gute Haltbarkeit dieses Gugelhopfes zusätzlich begünstigt.

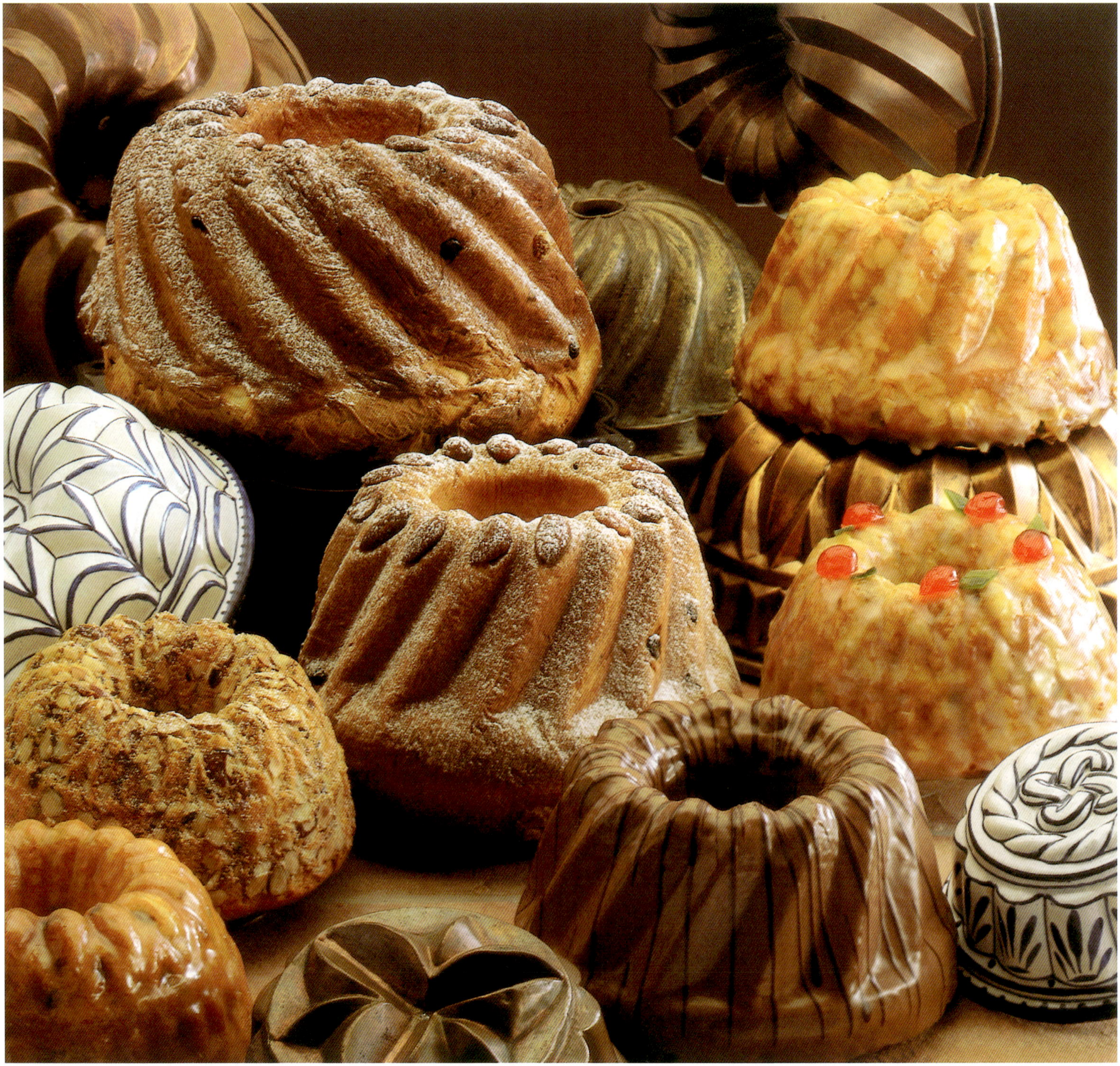

Gerührter Gugelhopf

Grundmasse

500 g Butter
100 g Glukose
500 g Zucker

Schaumig rühren.

500 g Eier

Nach und nach beigeben.

300 g Milch
700 g Mehl
150 g Stärkemehl
 35 g Backpulver
        Zitronenraps

Einmelieren.

In mit Butter ausgestrichene Formen abfüllen und backen (200 bis 210° C).

Mandel-Gugelhopf

Der Gugelhopfmasse
200 g weisse, feine Mandeln
200 g Sultaninen
beigeben.

Die Formen mit gehobelten Mandeln ausstreuen.
Nach dem Erkalten leicht mit Puderzucker stauben.

Schokolade-Gugelhopf

Der Gugelhopfmasse 80 g Blockkakao aufgelöst beigeben.

Nach dem Erkalten leicht mit Schokoladepulver oder Puderzucker stauben.

Früchte-Gugelhopf

Der Gugelhopfmasse
150 g Sultaninen
250 g confierte Früchte
beigeben.

Nach dem Backen aprikotieren, glasieren und den unteren Rand mit Krokant einstreuen.

Orangen-Gugelhopf

Der Gugelhopfmasse
200 g gehacktes Orangeat
200 g gehackte Couverture
        etwas Orangenpaste
beigeben.

Nach dem Backen aprikotieren und dünn mit Orange-Fondant glasieren.
Mit confierten Orangenstückchen ausgarnieren.

Marmor-Gugelhopf

Die Hälfte der Gugelhopfmasse mit Blockkakao aromatisieren und abwechslungsweise mit der hellen Masse in die Formen einfüllen. Nach dem Erkalten mit Couverture überziehen und grüne Mandeln aufstreuen.

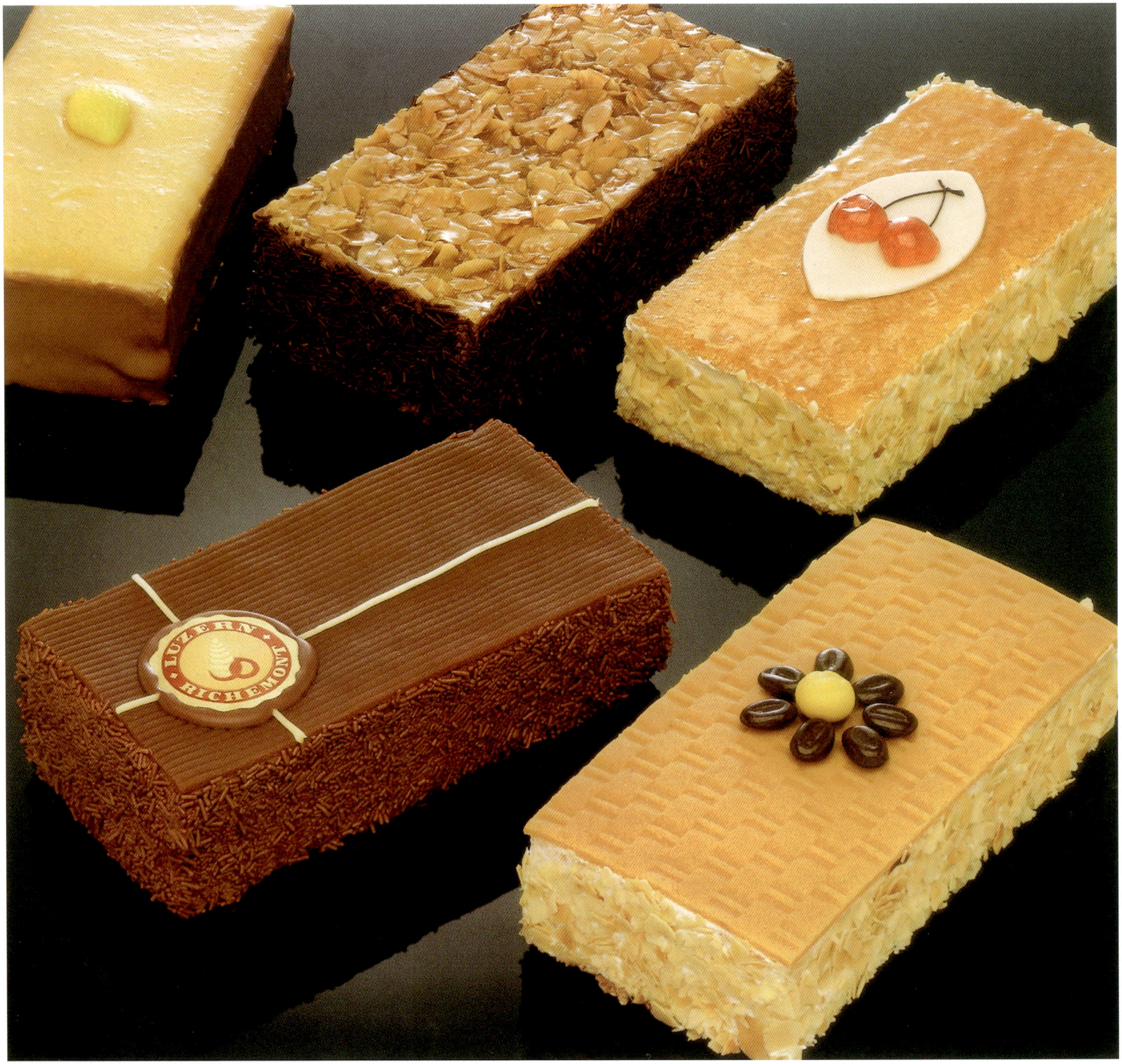
LUZERN
RICHEMONT

Tortencakes und Rouladen

Zitronencakes

10 Stück 15 × 8 cm

Mandelbiscuitkapsel 30 × 40 cm von 500 g Eier (Seite 50) zweimal mit Zitronen-Buttercreme (1 Teil Zitronencreme (Seite 40), 1 Teil Buttercreme) füllen.
Die Oberfläche mit Zitronencreme glattstreichen.
Anziehen lassen, gelieren und schneiden.
Die Seiten mit Milchcouverture einstreichen.
Dekor: Marzipan-Zitrone.

Florentinercakes

10 Stück 15 × 8 cm

Creme
1000 g Rahm, geschlagen
1000 g Couverture, aufgelöst
Miteinander vermischen

Florentinermasse:

200 g Zucker
 70 g Honig
125 g Rahm
 75 g Butter
Aufkochen.

175 g Mandeln, weiss, gehobelt
Beigeben.

Auf Siliconpapier in einem Rahmen oder Kapsel backen.
Solange noch warm, schneiden.

Schokoladebiscuitkapsel 30 × 40 cm von 500 g Eier (Seite 50) halbieren.
Die eine Hälfte in die Kapsel legen und die Creme daraufgeben.
Mit einem Stab glattstreichen, die zweite Biscuithälfte auflegen, diese mit Creme betreichen und den Florentinerboden daraufschieben.
Anziehen lassen, schneiden, die Seiten einstreichen und mit Schokoladestreusel einstreuen.

Kirschcakes

10 Stück 15 × 8 cm

Butterbiscuitkapsel 30 × 40 cm von 500 g Eier (Seite 50) zweimal durchschneiden und mit Kirschbuttercreme füllen, (1 Teil Buttercreme, 1 Teil Vanillecreme). Anziehen lassen und Rechtecke in der gewünschten Grösse schneiden. Die Oberseite mit heisser Aprikotur glasieren.
Die Seiten mit Buttercreme bestreichen und mit gehobelten, gerösteten Mandeln einstreuen.
Dekor: gerillte, weisse Marzipanschildchen mit einem Kirschenzweig aus Couverture gespritzt.

Moccacakes

10 Stück 15 × 8 cm

Biscuitskapsel 30 × 40 cm von 500 g Eier (Seite 50) zweimal durchschneiden und Moccabuttercreme (1 Teil Buttercreme, 1 Teil Vanillecreme) füllen.
Die Oberfläche einstreichen und den mit der Geflechtswalze gezeichneten Mocca-Marzipandeckel auflegen.
Anziehen lassen, schneiden, die Seiten einstreichen und mit gehobelten, gerösteten Mandeln einstreuen.
Dekor: Blume aus Moccabohnen und gelbem Marzipan.

Giandujacakes

10 Stück 15 × 8 cm

Schokoladebiscuitkapsel 30 × 40 cm von 500 g Eier (Seite 50) zweimal durchschneiden, mit Giandujacreme füllen (Schokoladebuttercreme mit Pralinemasse vermischt) und anziehen lassen.
Die Oberfläche einstreichen und ein gerillter Giandujadeckel auflegen.
Schneiden, die Seiten einstreichen und mit Schokoladestreusel einstreuen.
Dekor: Linien aus gelber Spritzglasur, Couverturetupfen und Siegelmarke.

Ananascakes

10 Stück, 15 × 8 cm

Biscuitkapsel mit Butter 30 × 40 cm, von 500 g Eiern (Seite 50) zweimal durchschneiden und mit Kirschbuttercreme mit Ananasstückchen vermischt füllen.
Die Oberfläche glatt streichen.
Anziehen lassen und in Stücke schneiden.
Die Seiten mit Couverture einstreichen.
Mit Ananas belegen und gelieren.

Zitronenroulade

Mandelrouladenbiscuit (Seite 51), 250 g Eier pro Roulade 40 × 60 cm, mit Zitronencreme (1 Teil Buttercreme, 1 Teil Zitronencreme) bestreichen und aufrollen.
Anziehen lassen, in Zucker rollen, in Stücke schneiden, Stab auflegen und stauben.

Windsorroulade

Schokoladerouladen-Biscuit, 250 g Eier pro Roulade, (Seite 51) mit Pistachebuttercreme bestreichen, darauf gehackte, caramelierte Nüsse oder Mandeln streuen.
Zu einer Roulade aufrollen, anziehen lassen und mit Pistachebuttercreme einstreichen.
Mit Couverture filieren und Stücke in der gewünschten Grösse schneiden.
Die Schnittflächen einstreichen und mit gehobelten, gerösteten Mandeln einstreuen.

Caramelroulade

8 Stück, 15 cm lang

Caramelcreme

400 g Caramel (Seite 33)
800 g Buttercreme
Verrühren.

Caramelierte Baumnüsse

  50 g Zucker
  20 g Wasser
Zum Faden kochen.

200 g Baumnüsse
Beigeben und caramelieren.

24 Stück werden zum Dekorieren benötigt, die restlichen grob hacken.

Herstellung

Zwei Rouladenbiscuits, 250 g Eier pro Roulade 60 × 40 cm, (Seite 51) mit der Caramelcreme bestreichen und die gehackten Baumnüsse darüberstreuen, aufrollen und anziehen lassen.
Pro Roulade 4 Stück schneiden.
Dekor: Gerillter Marzipanstreifen und pro Roulade 3 caramelierte Baumnüsse.

Moccablätter

7 Stück, 20 cm lang

250 g Eiweiss
120 g Zucker
Zu Schnee schlagen.

150 g Eigelb
100 g Mandelmasse
Schaumig rühren

70 g Mehl
70 g Stärkemehl
80 g Butter aufgelöst
Einmelieren.

Herstellung

Die Masse in Caracas-Formen (Blattformen) backen (190° C).
Nach dem Erkalten zweimal aufschneiden und mit Moccabuttercreme füllen.
Ganz mit Buttercreme einstreichen und die Oberfläche blattartig, je zur Hälfte mit Mocca- und Schokoladebuttercreme ausgarnieren (runde Tülle mit Flachzange dreieckig geformt).
Den Rand mit gehobelten, gerösteten Mandeln einstreuen.

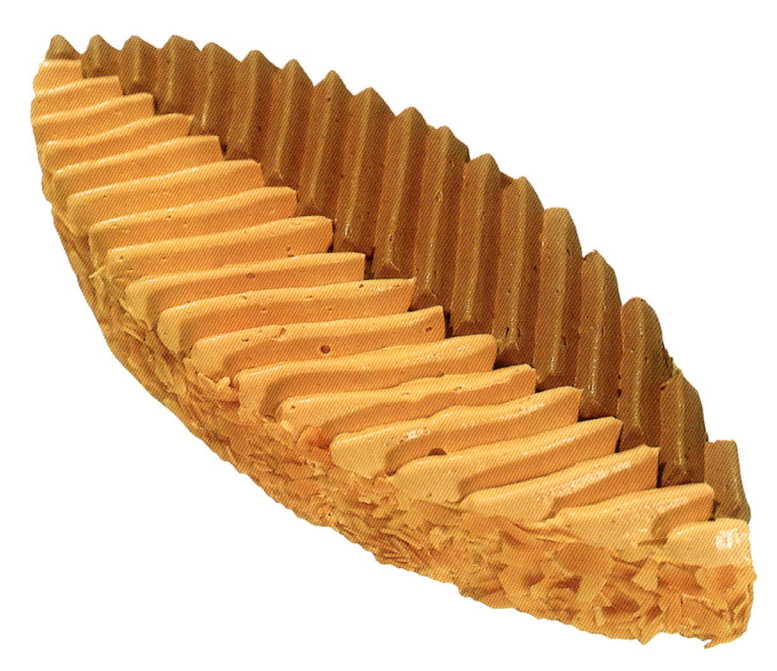

Caracas

6 Stück, 20 cm lang

350 g Eier
 75 g Eigelb
300 g Zucker
Wärmen und schaumig rühren.

200 g Mehl
150 g Mandeln, roh, gemahlen
 80 g Nougatbrösel
100 g Biscuitbrösel
120 g Butter, aufgelöst
Einmelieren.

In geschmierte Formen auf Papierunterlage backen (190 bis 200° C).
Wenn erkaltet, einen Keil herausschneiden.
Die Vertiefung mit schaumig gerührter dunkler Ganache (Seite 40) füllen und glattstreichen.
Den Keil aufsetzen mit Kante nach oben.
Mit Ganache einstreichen und wenn diese angezogen hat mit Couverture glasieren.
Dekor: Drei halbe Pistazien.

Trüffelcakes

6 Stück 17 × 9 cm

400 g Eier
100 g Eigelb
400 g Zucker

Aufwärmen und schaumig rühren.

200 g Mehl
140 g Weizenstärke
 60 g Kakaopulver

Einmelieren.

In geschmierte, gestaubte Cakesformen abfüllen und backen (190° bis 200° C). Wenn erkaltet, einen Keil herausschneiden und mit Ganache (Seite 40) füllen. Den Keil aufsetzen, anziehen lassen, die Breitseiten schräg zuschneiden und die Oberfläche mit Ganache einstreichen. Die Seiten mit Couverture einstreichen. Mit Kakaopulver stauben und einkerben.

Glarner Pastete

Stücksachen aus Blätterteig

Zwetschgen-Füllung

1000 g Zwetschgen, gedörrt, entsteint
       (in Wasser einweichen)
 800 g Zucker
   5 g Zimt
Zusammen fein reiben.

Mandelfüllung

1000 g Mandeln, weiss, gemahlen
1000 g Zucker
 200 g Eier
 150 g Wasser, ca.
Zusammen fein reiben.

Herstellung

Butterblätterteig (Seite 43) 2 bis 3 mm dick ausrollen. Mit Hilfe einer Schablone Scheiben ausstechen.
Den Rand der als Boden dienenden Scheibe mit Ei bestreichen und mit einem dünnen Teigband belegen.
Die eine Hälfte mit Zwetschgenfüllung, die andere mit Mandelfüllung 1 cm dick bestreichen.
Den Deckel mit dem Messer einschneiden, die Mitte rund ausstechen, auflegen und mit Ei bestreichen.
Abstehen lassen und backen (210 bis 220° C).
Mit Puderzucker stauben.

Urner Pastete

Teig

1 000 g Mehl
   10 g Backpulver

Absieben.

  400 g Butter

Miteinander verreiben.

  150 g Eier
  150 g Zucker
    30 g Malz
    15 g Salz
  350 g Wasser

Beigeben und zu einem Teig vermischen.

Füllung

4 Teile Sultaninen
2 Teile Korinthen

In Träsch (Obstbranntwein) einlegen.
Zimtzucker zum Aufstreuen.

Den Teig 3,5 mm dick ausrollen und in Vierecke schneiden.
Den Rand des als Boden dienenden Vierecks mit Ei bestreichen und die Mitte dicht mit Beeren belegen, mit Zimtzucker überstreuen.
Mit einem zweiten Teigstück abdecken und mit der Gabel stupfen.
Den Rand mit einem etwas dünner ausgerollten Teigband belegen.
Mit dem gezackten Rädchen rundherum schneiden und mit einem Messerrücken einkerben.
Mit Ei bestreichen, abstehen lassen, dann backen (220° C).

Polonais

Blätterteig 2 mm dick ausrollen und zwei runde Scheiben ausschneiden.
Auf die eine Scheibe die Füllung aufstreichen, so dass ein schmaler Rand frei bleibt.
Diesen mit Ei bestreichen, die zweite Scheibe auflegen und den Rand einkerben.
Mit Ei bestreichen und mit dem Messerrücken zeichnen.
Abstehen lassen und backen (210 bis 220° C).

Bevor ganz ausgebacken mit Puderzucker stauben und in heissem Ofen (240 bis 250° C) abflämmen, sodass der Zucker carameliert.

Füllung

Mandelmasse.
Zitronenraps, evtl. Zitronat gehackt.
Mit Vanillecreme streichfähig verdünnen.

Fisch

Herstellung wie Polonais.

Mittels einer Schablone ausschneiden. Die Schuppen mit einem Ausstecher, Schwanz und Flosse mit der Gabel einkerben.

Schmetterling

Pithivier

Herstellung wie Polonais.

Mittels einer Schablone ausschneiden.
Mit Ausstecher und Messerrücken die Flügel zeichnen.

Blätterteig 2 mm dick ausrollen und mittels einer Schablone zwei Böden ausschneiden.
Den einen Boden mit Holländermasse (Seite 70) bestreichen, sodass ein Rand frei bleibt. Diesen mit Ei bestreichen.

Aus dem zweiten Boden die Öffnungen ausstechen und auflegen.
Mit Ei bestreichen, abstehen lassen und backen (210 bis 220° C).
Mit Puderzucker stauben und die Öffnungen dünn aprikotieren.

Fruchtkuchen mit Blätterteigrand

Fruchtkuchen mit Meringage

Abfallblätterteig 2 mm dick ausrollen, rund ausschneiden, auf Blech absetzen und gut stupfen.
Den Rand mit Ei bestreichen und einen Blätterteigstreifen (2,5 mm dick und ca. 3 cm breit) auflegen.
Mit einem Messerrücken einkerben und mit Ei bestreichen.
Abstehen lassen und backen (210 bis 220° C). Wenn erkaltet, das Innere dünn gelieren, Diplomatcreme (Seite 37) daraufgeben und verstreichen.
Mit frischen Früchten, Kompottfrüchten oder Beeren belegen und gelieren.
Evtl. mit Rahm ausgarnieren.

5 Stück ⌀ 20 cm

500 g Eiweiss
200 g Zucker
Zu Schnee schlagen.

400 g Zucker
Während des Schlagens nach und nach beigeben.

Herstellung

750 g Beeren (Himbeeren, Erdbeeren, Brombeeren oder Heidelbeeren)

mit

1 000 g Meringage, ca.

vermischen und in leer gebackene Blätterteigböden abfüllen.
Glattstreichen, den Dekor aufspritzen und mit Puderzucker stauben.
Im Ofen (220 bis 230° C) oder mit einem Bunsenbrenner abflämmen.

Apfel-Streusel

9 Stück, 26 × 10 cm

Füllung

2 000 g Äpfel
 250 g Zucker
 200 g Weggli
 100 g Butter
 250 g Sultaninen
 120 g Baumnüsse, gehackt
   5 g Zimt

Die in kleine Würfel geschnittenen Weggli in der Butter goldgelb rösten, dann die in feine Scheiben geschnittenen Äpfel sowie die übrigen Zutaten daruntermischen.

Streusel

200 g Butter
200 g Puderzucker
300 g Mehl

Zusammen mischen, kühlstellen und anschliessend durch ein grobes Sieb drücken.

Herstellung

Schwach treibender Blätterteig ca. 2 mm dick ausrollen und in Rechtecke von 30 × 25 cm schneiden. Die Füllung aufstreichen und rundherum einen genügend breiten Rand frei lassen. Diesen mit Ei bestreichen und über die Füllung legen. Mit Schluss nach unten auf Bleche oder in Aluformen (ca. 26 × 10 cm) absetzen. Die Oberfläche mit Ei bestreichen und Butterstreusel darüberstreuen. Backen bei ca. 200° C und anschliessend mit Puderzucker stauben.

Liebe und Glück weist niemand zurück.

Lebkuchen und Biber

Lebkuchen

1 600 g Honig
1 200 g Zucker
   250 g Wasser

Aufwärmen.

   300 g Eier
   100 g Zucker

Schaumig rühren.

    60 g Triebsalz
   400 g Milch

Auflösen.

    40 g Pottasche
   100 g Wasser

Auflösen.

   100 g Lebkuchengewürz (Seite 70)
    10 g Zimt
4 000 g Weissmehl
Bei starkem Mehl 1/3 bis 1/2 des Quantums durch Roggenmehl (nur für länger gelagerte Teige) oder Korneinschlag ersetzen.

Herstellung

Honig, Zucker und Wasser aufwärmen, bis sich der Zucker vollkommen gelöst hat.
Die Mischung etwas abkühlen lassen, dann mit dem Mehl vermischen.
Eier, Gewürzmischung und die aufgelösten Triebmittel beigeben.
Die Konsistenz soll mittelfest sein (eher weich).
Einen Tag ruhen lassen.

Vor dem Aufarbeiten dreimal durch die Reibmaschine lassen, deren Walzen ca. 1/2 bis 1 cm geöffnet sind.
Den Teig 4 bis 6 mm dick ausrollen, in der gewünschten Form ausstechen oder ausschneiden, auf gestaubte Bleche absetzen (grosse Stücke stupfen), mit Milch bestreichen und backen (190° C).
Solange noch heiss, mit Gummi-arabicum-Lösung oder Féculestreiche bestreichen.
Nach Belieben ausgarnieren.

Lebkuchen gefüllt

(gefüllte Biberfladen)

Lebkuchenteig 3 bis 4 mm dick ausrollen und runde Scheiben ausstechen.
Mandel- oder Haselnussfüllung aufstreichen, so, dass aussenherum ein Rand frei bleibt.
Diesen mit Milch bestreichen und eine zweite Scheibe darüberlegen, gut andrücken, auf gemehltes Blech absetzen und nochmals ausstechen.
Mit Milch bestreichen, mit der Gabel zeichnen und stupfen.
Backen (200° C) und solange noch heiss, mit Féculestreiche bestreichen.
«Fladen» werden auch ungefüllt hergestellt.

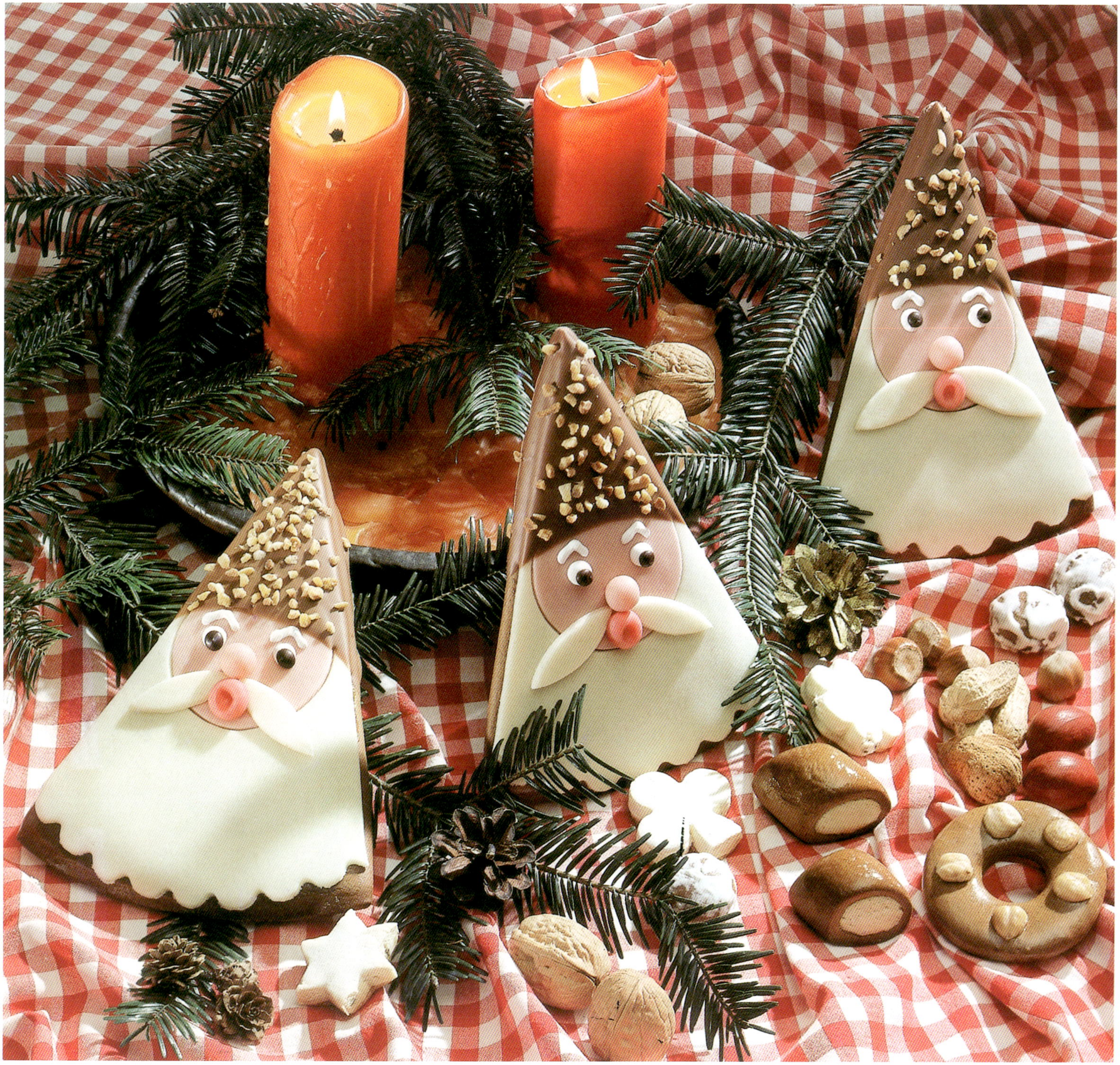

Biber

2 500 g Honig
1 000 g Zucker
  200 g Wasser

Aufwärmen.

  25 g Triebsalz
150 g Wasser

Auflösen.

  40 g Pottasche
  50 g Kirsch

Auflösen.

125 g Bibergewürz (Seite 70)
  2 Zitronenraps
4 000 g Weissmehl
(bei starkem Mehl 1/3 bis 1/2 des Quantums durch Roggenmehl oder Korneinschlag ersetzen)

Herstellung

Honig, Zucker und Wasser aufwärmen, bis sich der Zucker vollkommen aufgelöst hat.
Die Mischung etwas abkühlen lassen, dann mit Mehl vermischen.
Gewürzmischung, Zitronenraps und die aufgelösten Triebmittel beigeben.
Alles zu einem ziemlich festen Teig arbeiten.
6 bis 8 Tage ruhen lassen.

Vor dem Aufarbeiten dreimal durch die Reibmaschine lassen, deren Walzen ca. 1 cm geöffnet sind.
4 mm dick ausrollen, in den Model drücken und die Füllung (im Verhältnis 2 Teile Teig, 1 Teil Füllung) aufstreichen oder ausgerollt darauf legen, so dass aussenherum ein Rand frei bleibt.
Diesen mit Milch bestreichen, einen 4 mm dicken Boden auflegen, andrücken und stupfen.
Auf gestaubtes Blech kehren und den Rand rillen.
Mindestens 1 bis 2 Stunden stehen lassen, seitlich stupfen, dann mit Milch bestreichen und backen (200° C).

Solange noch heiss mit Gummi-arabicum-Lösung oder Féculestreiche bestreichen.

Biberfüllung

1 000 g Mandeln weiss,
in Wasser einweichen
 800 g Zucker
 100 g Kirsch
Zitronenraps
   5 g Milchsäure
(80%ig für Genusszwecke)

Haselnuss-Lebkuchen

300 g Haselnüsse, roh, feingemahlen
300 g Haselnüsse, geröstet, feingemahlen
400 g Mandeln, roh, feingemahlen
700 g Puderzucker
300 g Honig
200 g Eiweiss
 50 g Kirsch
200 g Orangeat, feingerieben
  8 g Zimt
  1   Zitronenraps

Herstellung

Puderzucker, Honig, Eiweiss und Kirsch zusammen leicht erwärmen und mit den übrigen Zutaten vermischen.

Grosse Lebkuchen
(in Model ausgedrückt)

Die Masse ca. 12 mm dick ausrollen, im Model ausdrücken und auf Silikonpapier absetzen.
Leicht antrocknen lassen, dann in heissem Ofen (230° C) nur schwach backen und sofort mit Gummi arabicum bestreichen.

Konfekt

Die Masse 10 mm dick ausrollen, rillen und in rechteckige Stücke schneiden.
Leicht antrocknen lassen.
Backen (230° C) und gummieren.

Basler Leckerli

3500 g Honig
3000 g Zucker

Mischen und auf 90° C erhitzen.

2000 g Mandeln, roh, grob gemahlen
1000 g Orangeat-Zitronat, gehackt
  40 g Zimt
  20 g Muskat
  10 g Nelken
   3   Zitronenraps
   1   Orangenraps
 100 g Zitronensaft
  50 g Orangensaft
 300 g Kirsch
4500 g Mehl

Das heisse Honig-Zuckergemisch mit der Hälfte des Mehles vermischen.
Mandeln, Orangeat und Gewürz, dann das restliche Mehl und den Kirsch beigeben und gut kneten.
Den Teig erkalten lassen, dann rechteckig auf Blechgrösse ausrollen (ca. 6 mm dick).
Auf gut gemehlte Bleche abschieben und backen (210 bis 220°C).
Erkalten lassen und das Mehl gut abbürsten.
Die Leckerli können auch auf Silikonpapier gebacken werden.
Zum Glasieren die Leckerli aufwärmen und die Glasur (Seite 34) mit einer kurzhaarigen Bürste auftragen.
In Stücke von beliebiger Grösse schneiden.

Chräbeli
Anisbrötli

 450 g Eier
  50 g Kirsch
1000 g Puderzucker
1100 g Mehl, ca.
  40 g Anis

Herstellung

Eier, Puderzucker und Kirsch leicht aufwärmen und schaumig rühren.
Diese Masse sorgfältig mit dem Mehl vermischen und ca. 15 Minuten zugedeckt stehen lassen, leicht durcharbeiten (der Teig darf nicht zähe werden) und zu Chräbeli formen oder 6 bis 8 mm dick ausrollen und ausstechen.
Auf geschmiertes Blech absetzen.
Ca. 12 Stunden antrocknen lassen, dann backen (ca. 180° C).

Anisbiber

in Model ausgedrückt

   400 g Eier
   100 g Kirsch
1 000 g Puderzucker
   900 g Mehl
   200 g Stärkemehl
     6 g Triebsalz
    15   Tropfen Anisöl

Herstellung

Eier, Kirsch, Puderzucker leicht aufwärmen und schaumig rühren.
Dieser Masse sorgfältig das Stärkemehl und Anisöl, anschliessend Triebsalz und Mehl beigeben.
Ca. 15 Minuten zugedeckt stehen lassen. Leicht durcharbeiten (der Teig darf nicht zähe werden).
8 bis 10 mm dick ausrollen, in Model ausdrücken und auf geschmiertes Blech absetzen.
Ca. 24 Stunden trocknen lassen, dann backen (170° C).

Luzerner Lebkuchen

1500 g Birnensaft, eingedickt
2000 g Milch
1000 g Rahm
 900 g Öl
 750 g Zucker
4200 g Halbweissmehl
 150 g Natron
  45 g Sternanis
  45 g Zimt

Herstellung

Birnensaft, Milch, Rahm und Öl mit dem Zucker auf 40 bis 50° C erwärmen.
Das Mehl mit dem Natron absieben, die Gewürze beigeben und zu einem eher weichen Teig vermischen.

Aufarbeiten

400-g-Stücke abwägen, diese von Hand mit ausreichend Staubmehl rund aufdrehen und direkt auf leicht gemehlte Bleche absetzen.
In vorgedämpftem Ofen backen (200 bis 210° C).
Die noch heissen Lebkuchen mit erwärmtem Birnensaft glasieren.

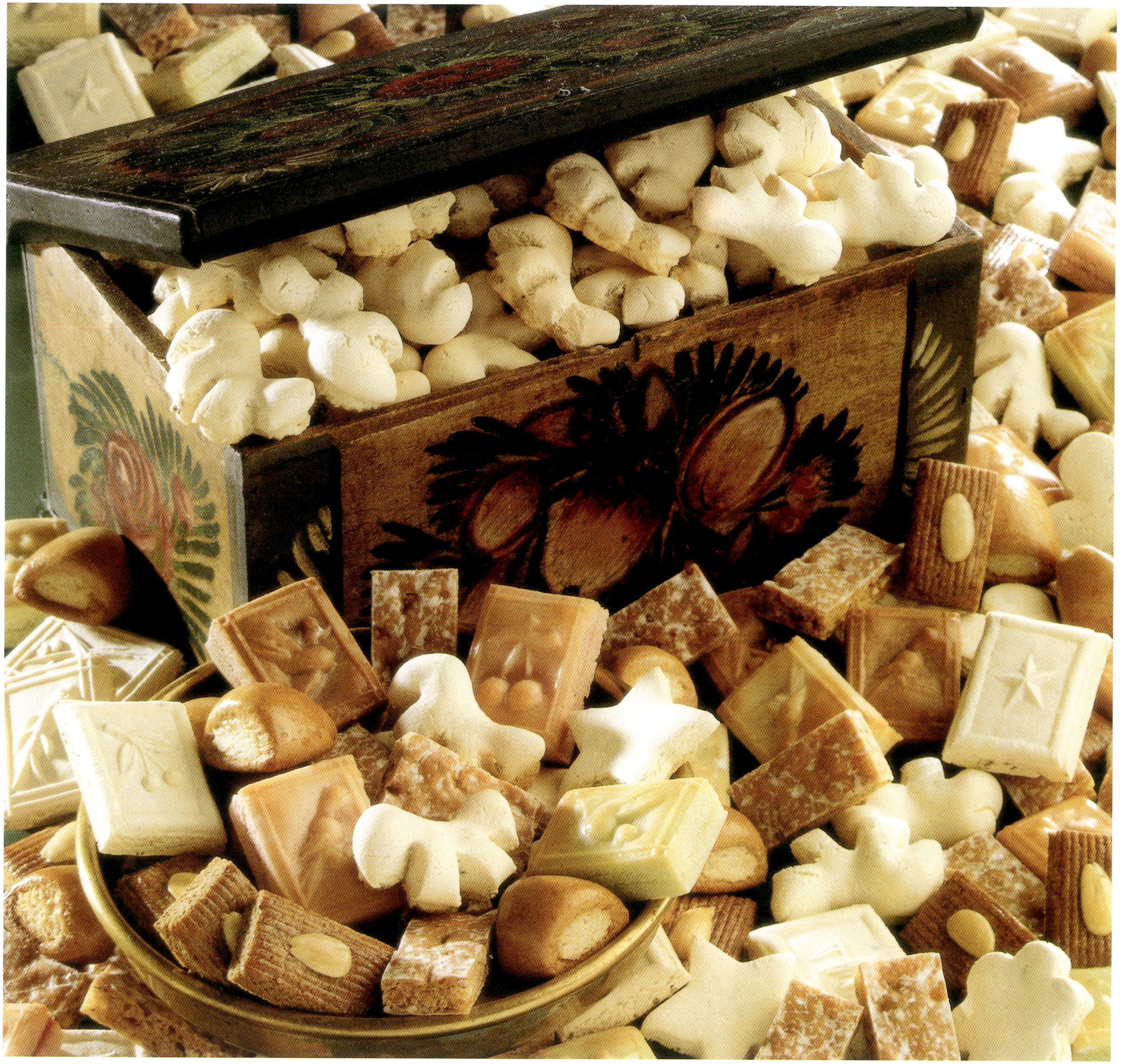

Biberli

Honignüssli

Konfekt aus Lebkuchenteig

Biberteig (Seite 220) rechteckig, 4 mm dick, ausrollen.
Eine Rolle Biberfüllung (Seite 220) auflegen und einrollen.
Mit Schluss nach unten schneiden und auf Silikonpapier absetzen.
Backen (210 bis 220° C) und solange noch heiss gummieren.

1000 g Lebkuchenteig
150 g Zucker
100 g Eier
400 g Mehl
10 g Triebsalz
100 g Wasser

Herstellung

Eier und Zucker leicht aufwärmen und schaumig rühren.
Das Triebsalz im Wasser auflösen. Mit dem Mehl zu einem Teig kneten und diesen mit dem Lebkuchenteig vermischen. Einige Male durch die 1 cm geöffnete Reibmaschine lassen.
Den Teig 15 mm dick ausrollen, rund ausstechen (Ø 2 cm), auf Silikonpapier absetzen und backen (200 bis 210° C). Glasieren.
Etwas Leckerliglasur (Seite 34) in einen Kessel geben, mit dem Spatel am Rand leicht tablieren, dann eine Portion aufgewärmte Honignüssli beigeben, sorgfältig durchmischen und auf Silikonpapier ausschütten.

Magenbrot

500 g Honig
500 g Zucker
200 g Wasser
1600 g Mehl
150 g Eier
250 g Orangeat, gehackt
150 g Biscuitbrösel
15 g Zimt
15 g Anis, gemahlen
5 g Nelken
25 g Triebsalz
300 g Milch

Herstellung

Honig, Zucker und Wasser bis vors Kochen erwärmen.
Das Mehl beigeben, dann die übrigen Zutaten und zuletzt das in der Milch gelöste Triebsalz.
Den Teig zu Stangen rollen (⌀ 1,5 bis 2 cm), auf Silikonpapier absetzen und backen (200 bis 210° C).
Bevor ganz erkaltet in Stücke schneiden.

Glasieren

Eine nicht zu grosse Portion Magenbrot in einem Kessel etwas anwärmen, dann etwas Glasur darüberschütten.
Mit einem Spatel sorgfältig durchrühren.
Auf Silikonpapier ausschütten und kurze Zeit im Ofen antrocknen lassen.

Glasur:

1800 g Zucker
600 g Wasser

Auf 86° R (107° C) kochen.

75 g Kakaopulver
wenig Couleur

Beigeben.

Norwegerkugeln

Lebkuchenteig (Seite 218) 15 mm dick ausrollen und rund ausstechen (⌀ 22 mm).
Auf Silikonpapier absetzen und backen (200 bis 210° C).
Wenn erkaltet aufschneiden und mit aufgekochter, etwas abgekühlter Orangenmarmelade füllen.
Die Kugeln von Hand in dunkler Couverture rollen.

Variante

Die Kugeln mit Himbeermarmelade füllen und mit Milchcouverture überziehen.

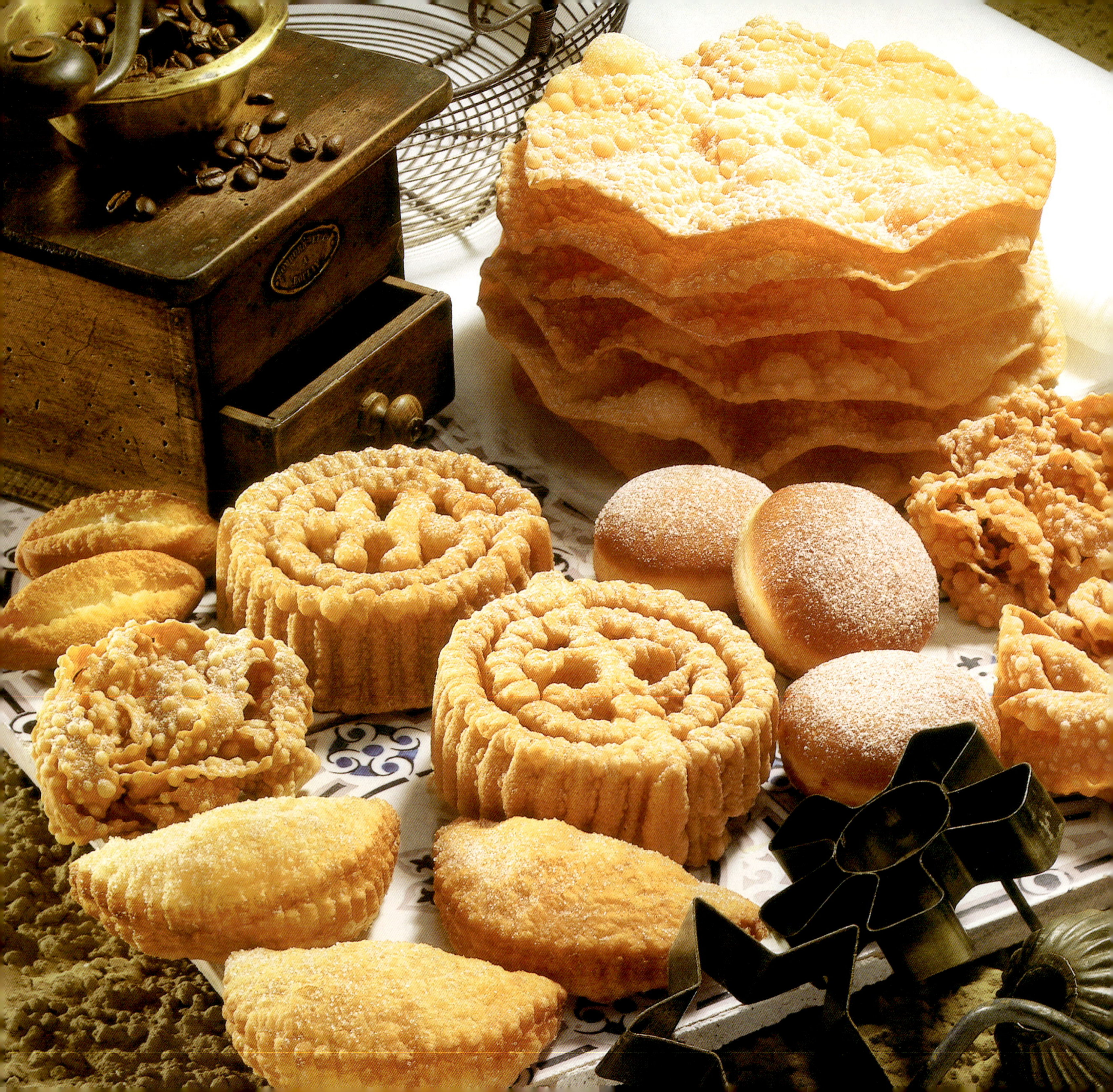

Schwimmend Gebackenes

Schenkeli

Berliner Pfannkuchen

Teig

200 g Eier
280 g Zucker
100 g Milch
100 g Butter, aufgelöst
800 g Mehl
 10 g Backpulver
  5 g Salz
    Zitronenraps

Herstellung

Eier, Zucker und Milch verrühren, die anderen Zutaten beigeben und zu einem Teig vermischen. Dieser darf nicht zu mürb sein, damit die Schenkeli beim Backen nicht zu viel Fett aufnehmen. Den Teig abstehen lassen, in fingerdicke Stangen rollen, diese in 8 bis 10 cm lange Stücke schneiden und backen.
Fett-Temperatur ca. 180° C.

Hebel

350 g Wasser
 10 g Hefe
550 g Mehl

Im Kühlschrank bei 4° C 12 bis 15 Stunden aufbewahren.

Teig

100 g Milch
120 g Hefe
130 g Zucker
200 g Eigelb
 20 g Salz
500 g Mehl
    Zitronenraps
130 g Butter

Herstellung

Hefe und Zucker in der Milch auflösen und mit dem Mehl sowie dem Hebel zu einem Teig kneten.
Das Salz mit dem Eigelb nach und nach beigeben und zuletzt die Butter dazugeben. Sehr gut kneten, bis er fein und trocken ist.
1 Stunde gären lassen. Eher jung aufarbeiten.

Aufarbeiten

Teigstücke von 40 g abwägen und rundwirken.
Auf Tücher absetzen und gären lassen.
Bei mittlerer Gare backen. Während des Backens 2 bis 3 mal wenden.
Noch heiss mit einem Füllapparat Himbeermarmelade einfüllen, im Zucker drehen und mit Puderzucker stauben.
Fett-Temperatur 180 bis 200° C.

Innerschweizer Zigerkrapfen

Teig

- 200 g Eier
- 100 g Zucker
- 150 g Milch
- 200 g Butter
- 20 g Birnenträsch (Branntwein)
- 20 g Salz
-    Zitronenraps
- 1000 g Mehl

Füllung

- 1000 g Ziger
- 800 g Birnenweggenfüllung (Seite 32)
- 200 g Zucker
- 100 g Birnenträsch (Branntwein)
-    Zitronenraps
-    Zimt
-    evtl. etwas Rahm

Zu einer streichfähigen Masse vermischen.

Herstellung

Den Teig einige Stunden abstehen lassen, dann 0,5 bis 1 mm dick ausrollen. Auf eine Teighälfte die Füllung aufstreichen, mit der zweiten Teighälfte abdecken, gut andrücken und mit gezacktem Rädchen schneiden.
Die Krapfen vor dem Backen mit der Gabel stupfen.
Backen und anschliessend im Zimtzucker kehren.
Fett-Temperatur ca. 200° C.

Zürcher Zigerkrapfen

Teig

- 1000 g Weggliteig
- 1000 g Blätterteig

Füllung

- 1000 g Ziger
- 600 g Mandelmasse

Fein reiben.

- 400 g Vanillecreme
- 50 g Eigelb
- 100 g Rahm
- 200 g Sultaninen
-    etwas Kirsch
-    Zitronenraps

Beigeben und vermischen.

Herstellung

Weggli- und Blätterteig aufeinanderlegen, drei einfache Touren geben und etwa eine halbe Stunde kühl stellen. Dann den Teig 1,5 mm dick ausrollen, runde Plätzchen ausstechen (Ø 10 cm) und in die Mitte einen Tupfen Füllung aufdressieren.
Den Rand des Teiges mit Ei bestreichen, zu Krapfen überlegen und mit einem Ausstecherrücken gut andrücken.
Etwas angären lassen, mit der Gabel stupfen, backen und in Zimtzucker kehren.
Fett-Temperatur ca. 200° C.

Fasnachtsküechli
Storchennester

Teig

- 500 g Eier
- 100 g Zucker
- 300 g Milch
- 150 g Butter, aufgelöst
- 1500 g Mehl
- 30 g Salz
- Zitronenraps

Herstellung Fasnachtsküechli

Die Eier mit dem Zucker gut aufrühren, dann die Milch und die warme Butter beigeben.
Zuletzt das Mehl daruntermischen und alles zu einem ziemlich festen Teig verarbeiten.
Zugedeckt eine Stunde ruhen lassen.
Den Teig 1,5 mm dick ausrollen, rund ausstechen (∅ 10 cm) und in vier Durchgängen in der Ausrollmaschine auf 0,5 mm rollen: 1. Durchgang: 1 mm. 2. Durchgang: ¾ mm, dann die Stücke um 90° drehen. 3. und 4. Durchgang: ½ mm.
Backen und anschliessend mit Puderzucker stauben.
Fett-Temperatur ca. 190° C.

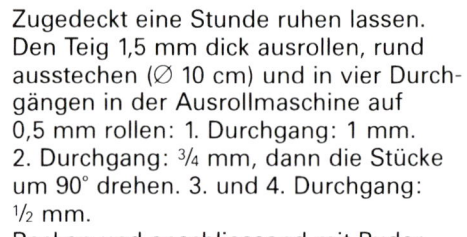

Herstellung Storchennester

Teig mit der Maschine so dünn wie möglich ausrollen und in Quadrate von ca. 20 × 20 cm schneiden.
Mit einem gezackten Rädchen einschneiden, wobei die Schnitte nicht bis an den Rand geführt werden dürfen, damit die Teigstücke nicht auseinanderfallen.
Zum Backen Konservendosen, denen man den Boden und Deckel entfernt hat, ins heisse Fett stellen.
Die geschnittenen Teigstücke zu losen Knäueln formen und in die Dosen geben. Sobald sie ausgebacken sind, die Dosen entfernen, die Gebäcke wenden und gleichmässig ausbacken.
Nach dem Backen mit Puderzucker stauben.
Fett-Temperatur 190 bis 200° C.

Schlüferli

Teig

300 g Milch
60 g Hefe
10 g Malz
10 g Salz
100 g Eier
150 g Mandelmasse
80 g Butter
　　　Zitronenraps
850 g Mehl
150 g Früchte, confiert, feingehackt

1500 g Blätterteig bis zur zweiten Tour vorbereiten.

Herstellung

Hefe und Malz in der Milch auflösen und mit dem Mehl mischen.
Salz und Eier zusammen verrühren und dazugeben.
Die Butter beigeben und zuletzt die Mandelmasse und die Früchte einarbeiten.
30 Minuten gären lassen.
Den Blätterteig rechteckig ausrollen, den Hefeteig darauflegen und in kurzen Abständen drei einfache Touren geben.

Aufarbeiten

1500 g Teig auf 50 × 60 cm ausrollen und in Rechtecke von 5 × 10 cm schneiden.
Jedes Stück in der Mitte ca. 6 cm lang einschneiden.
Ein Ende durch diesen Schlitz ziehen, auf Tücher absetzen und gären lassen.
Backen und anschliessend in Zimtzucker drehen.
Fett-Temperatur 180 bis 190° C.

Rosenküechli

Teig

750 g Eier
150 g Zucker
15 g Salz
600 g Milch
300 g Wasser
900 g Mehl

Herstellung

Eier und Zucker gut durchrühren.
Milch und Wasser auf 50° C erwärmen und beigeben.
Dann das Mehl dazugeben und kräftig verrühren.
Mehrere Stunden abstehen lassen und vor der Verwendung nochmals gut aufrühren.
Die «Rosenküechli-Eisen» im Fett erhitzen, bis zu 4/5 in den Teig eintauchen, sofort ins heisse Fett zurückgeben und backen.
Nach dem Erkalten mit Puderzucker stauben.
Fett-Temperatur ca. 190° C.

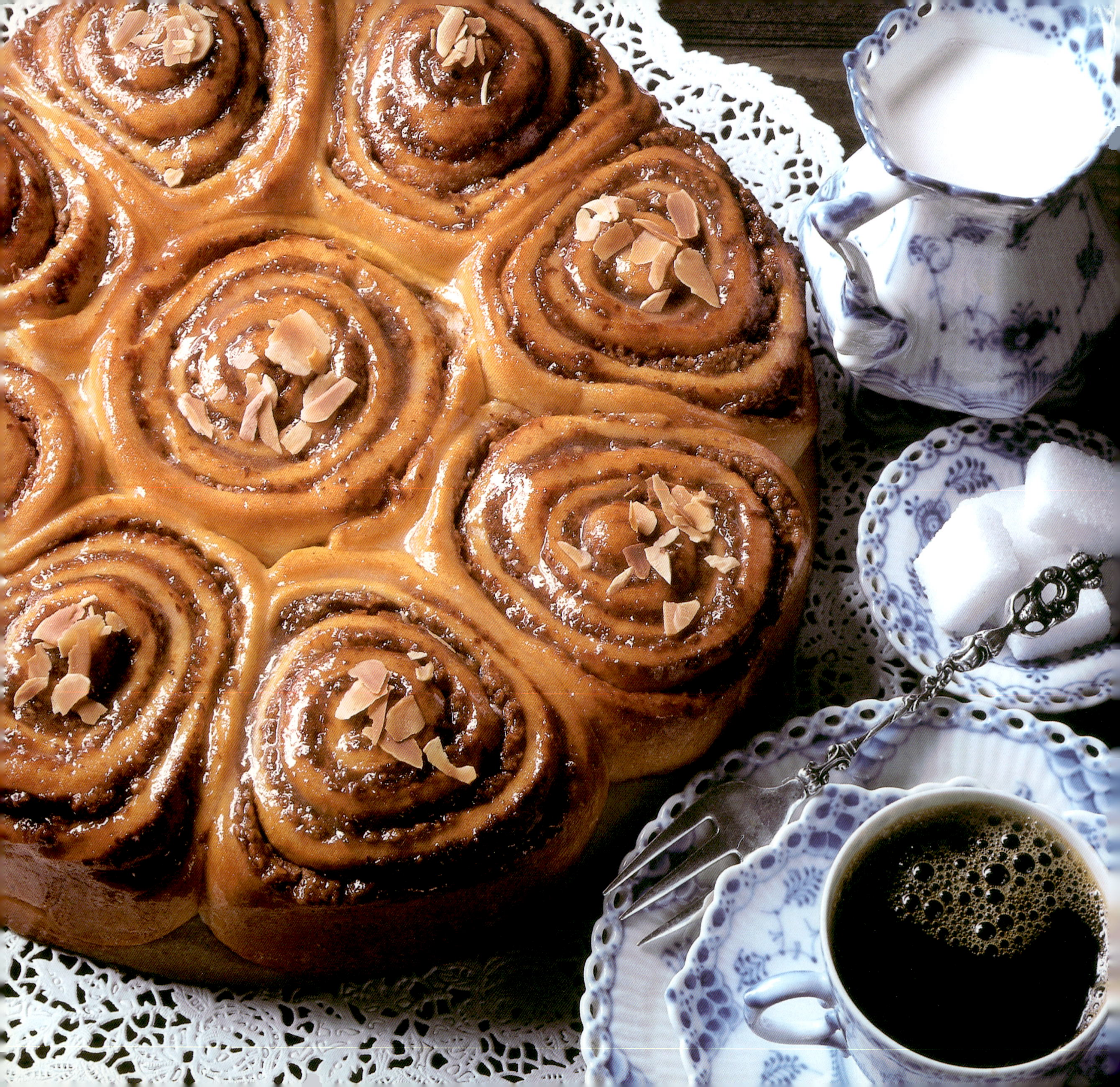

Hefegebäcke

Grosse Hefegebäcke

Tourierter Hefesüssteig

1 000 g Milch
150 g Hefe
20 g Malz
200 g Zucker
40 g Salz
100 g Eier
       Zitronenraps
100 g Butter
2 000 g Mehl

600 g Butter zum Einschlagen

Herstellung

Hefe, Malz und Zucker in der kalten Milch auflösen und mit dem Mehl mischen. Salz, Eier und Zitronenraps verrühren und beigeben.
Anschliessend die Butter hinzufügen und gut kneten.
Den Teig rechteckig ausrollen und die geschmeidig gearbeitete Butter gleichmässig auf ⅔ des Teiges verteilen und einschlagen.
In Abständen von 10 bis 15 Minuten drei einfache Touren geben.
Der Teig kann nach 120 bis 150 Minuten (oder mit Plastik zugedeckt über Nacht im Kühlschrank) aufgearbeitet werden.
Bei der Triebführung über Nacht Hefequantum reduzieren (100 g pro Liter).

Haselnussfüllung

1 000 g Haselnüsse, feingemahlen, leicht geröstet
1 000 g Zucker
10 g Zimt
300 g Wasser

Feinreiben.
Anschliessend auf die gewünschte Festigkeit verdünnen.

Mandelfüllung

1 000 g Mandeln, weiss, gemahlen
1 000 g Zucker
300 g Wasser

Feinreiben.
Mit Eiweiss oder Wasser bis zur gewünschten Festigkeit verdünnen.
Mit Zitronenraps und Kirsch abschmekken.

Gefüllter Hefekranz

Rollkuchen

Aufarbeiten

Tourierten Hefesüssteig rechteckig ausrollen und der Länge nach in 3 gleich breite Streifen schneiden.
Mit glatter Tülle Mandelfüllung aufdressieren.
Diese einrollen und flechten.
Das geflochtene Stück auf Blech legen und zu einem Kranz formen.
In der Mitte und rundherum einen Ring legen, gären lassen, mit Ei bestreichen und backen (200 bis 210° C).
Noch heiss aprikotieren, glasieren und mit gehobelten, leicht gerösteten Mandeln bestreuen.

Aufarbeiten

Tourierten Hefesüssteig rechteckig ausrollen, mit Haselnussfüllung bestreichen und aufrollen.
Daraus ca. 2,5 bis 3 cm breite Stücke schneiden und diese in einer Form oder einem Ring auf Blech absetzen.
Nach dem Gären mit Ei bestreichen und backen (200 bis 210° C).
Noch heiss aprikotieren und glasieren.
Mit gehobelten, weissen Mandeln bestreuen.

Hefering

Aufarbeiten

Tourierten Hefesüssteig rechteckig ausrollen und mit Mandel- oder Haselnussfüllung bestreichen.
Mit Sultaninen bestreuen und aufrollen.
Zu einem Ring formen und diesen mit Schluss nach oben in gefettete Ringformen legen.

Gären lassen und mit Dampf backen (200 bis 210° C).
Stürzen, aprikotieren, glasieren und den Rand mit feinen Haselnüssen einstreuen.

Streuselkuchen

Gefüllte Hefegebäcke

Teig

1000 g Milch
150 g Hefe
20 g Malz
150 g Zucker
40 g Salz
200 g Eier
       Zimt
       Zitronenraps
250 g Butter
2300 g Mehl

Herstellung

Die Zutaten auf übliche Art zu einem gutgearbeiteten Teig kneten und ca. 60 Minuten kühl am Stock gären lassen.

Streusel

1. Butterstreusel:

300 g Mehl
300 g Zucker
250 g Butter

2. Haselnussstreusel:

150 g Mehl
150 g feingemahlene Haselnüsse
300 g Zucker
225 g Butter

Bienenstich

Herstellung der Streusel

Die Butter zuerst etwas geschmeidig arbeiten und nachher mit den übrigen Zutaten vermischen und verreiben, bis die Masse kompakt ist.
Die Masse nicht zu lange bearbeiten, da sie sonst «brandig» wird.
Einige Zeit zum Erstarren in den Kühlschrank stellen und hierauf durch ein grobes Sieb von 5 mm Maschenweite streichen.

Aufarbeiten

Teigstücke rund aufwirken und anschliessend ausrollen.
In entsprechende Ringe abfüllen und gut mit der Gabel stupfen.
Nach mittlerer Gare etwas abstehen lassen, mit Ei bestreichen und mit Streusel überstreuen.
Ohne Dampf backen (200 bis 210° C).
Nach dem Erkalten aufschneiden und mit Diplomatcreme füllen.
Mit Puderzucker stauben.

Teig

Wie Streuselkuchen.

Aufstreichmasse

200 g Butter
150 g Honig
100 g Zucker
 50 g Glukose
      Zitronenraps

Aufkochen.

300 g Mandeln, weiss, gehobelt

Beimischen.

Herstellung

Teigstücke rund aufwirken und anschliessend rund ausrollen.
In entsprechende Ringe abfüllen und gut mit der Gabel stupfen.
Nach mittlerer Gare an der Kühle abstehen lassen.
Die abgekühlte Masse nicht zu dick, aber gleichmässig aufstreichen.
Ohne Dampf backen (200 bis 210° C).
Nach dem Erkalten aufschneiden und mit Diplomatcreme, evtl. mit Kirsch parfümiert, füllen.

Hefe-Gugelhopf

Hebel

　500 g Milch
　　30 g Hefe
　700 g Mehl

Gärdauer 8 Stunden, kalt stellen.

Teig

　　500 g Milch
　　150 g Hefe
　　　30 g Malz
　　400 g Zucker
　　　30 g Salz
　　300 g Eigelb
1 500 g Mehl
　　　　Zitronenraps
　　500 g Butter
　　900 g Sultaninen*
　　100 g Rum

*Zur Geschmacksbildung die Sultaninen am Vorabend in Rum einlegen.

Herstellung

Hefe, Malz und Zucker in der Milch gut auflösen.
Den Hebel mit den übrigen Zutaten, jedoch ohne Eigelb, Salz, Butter und Sultaninen, zu einem Teig kneten.
Das Salz mit dem Eigelb verrühren, sukzessive beigeben.
Dem gut gekneteten Teig die Butter beifügen.

Wenn dieser fein und geschmeidig ist noch die Früchte sorgfältig daruntermischen.
Ca. 90 Minuten gären lassen.

Aufarbeiten

Die abgewogenen Teigstücke rund aufwirken.
Mit einem Rollholz in der Mitte ein Loch ausdrehen und Teigringe mit Schluss nach oben in mit Butter ausgestrichene Formen legen.
Nach guter Gare leicht mit Wasser bestreichen oder besprühen und in mässiger Hitze mit Dampf backen.
Nach dem Backen auf Gitter kehren, erkalten lassen und dann leicht mit Puderzucker stauben.

Nussgipfel

Schnecken

Kleine Hefegebäcke

Tourierten Hefesüssteig 2,5 mm dick ausrollen und in Dreiecke schneiden.
Haselnussfüllung aufstreichen oder eindressieren und die Stücke einrollen.
Leicht gebogen auf Bleche absetzen und nicht zu warm gären lassen.
Bei guter Gare die Nussgipfel mit Ei bestreichen, leicht stupfen und backen (200 bis 210° C).
Anschliessend aprikotieren und glasieren.
Eventuell in der Mitte gehobelte Mandeln aufstreuen.

Tourierten Hefesüssteig 2,5 mm dick rechteckig ausrollen (zirka 45 cm breit) und mit Haselnussfüllung bestreichen.
Einrollen und Stücke der gewünschten Grösse (40 bis 60 g) abschneiden.
Die Schnecken auf gefettete Bleche oder in Aluförmchen von 9 cm Durchmesser legen, leicht breitdrücken und nicht zu warm gären lassen.
Mit Ei bestreichen und backen (200 bis 210° C).
Anschliessend aprikotieren und glasieren.

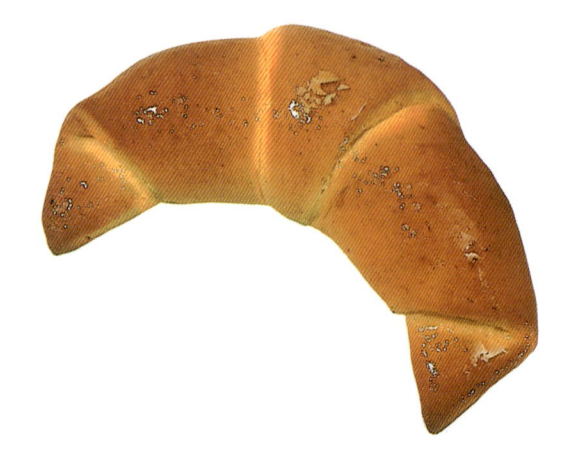

Brioches

Teig

- 100 g Milch
- 100 g Hefe
- 20 g Malz
- 100 g Zucker
- 25 g Salz
- 400 g Eier
- 1 000 g Mehl
- 300 g Butter

Herstellung

Hefe, Malz und Zucker in der Milch auflösen und mit dem Mehl mischen.
Eier und Salz miteinander verrühren und in 2 bis 3 Intervallen beigeben.
Erst wenn sich der Teig gut entwickelt hat, die Butter zufügen.
Den sehr gut gekneteten Teig zirka 6 bis 8 Stunden kühl stellen.

Aufarbeiten

Die abgewogenen Teigstücke (35 bis 40 g) rund aufwirken und etwas ruhen lassen. Der obere Teil, das Köpfchen, soll ¼ bis ⅓ des ganzen Teigstückes ausmachen.
Dieses mit dem Handrücken so weit vom Rumpf trennen, dass nur noch ein dünner Strang die Teile verbindet.
In geschmierte, gerippte Tartelette-Förmchen einfüllen, indem der untere, grössere Teigteil in der Mitte regelmässig tief eingedrückt und das Köpfchen in die Vertiefung gelegt wird.
Die Brioches auf Gare stellen, dann an der Kühle gut abstehen lassen und sorgfältig zweimal mit Ei bestreichen.
Eventuell rundherum mit der Schere dreimal einschneiden.
In gut warmem Ofen bei gezogenem Zug schön hellbraun backen (220° C).
Es ist vorteilhaft, die Brioches zum Bakken auf ein heisses Blech abzusetzen, damit sie schneller aufziehen und schöner reissen.
Da der Teig viel Eier enthält, die Brioches möglichst kurz backen, damit sie nicht zu stark austrocknen.
Der Teig kann auf Vorrat hergestellt und tiefgekühlt werden.

Dänisch-Plunder

Schlüferli

Teig

1000 g Milch
 200 g Hefe
  20 g Malz
 200 g Zucker
  40 g Salz
 250 g Eier
  15 g Kardamomenpulver
       Zitronenraps
 100 g Butter
2200 g Mehl

1200 g Butter oder Blätterteigmargarine
Zum Einschlagen.

Herstellung

Hefe, Malz, Zucker, Gewürz und Zitrone in der kalten Milch verrühren und mit dem Mehl mischen.
Salz mit den Eiern verrühren und beigeben.
Nachher die Butter zufügen und den Teig sehr gut kneten.
Rechteckig ausrollen, die Butter regelmässig auf ⅔ des Teiges verteilen und einschlagen.
In Abständen von 5 bis 10 Minuten 3 einfache Touren geben.
Den Teig möglichst kühl halten.
Vor dem Aufarbeiten mindestens ½ Stunde kühl stellen.
Wenn möglich in einem eher kühlen Raum aufarbeiten.

Aufarbeiten

Alle Plundergebäcke nicht dünner als 3 mm ausrollen.
Die aufgearbeiten Plundergebäcke nicht an einem zu warmen Ort auf Gare stellen, ansonst die Butter ausfliesst.
Um schöne Schichten zu erhalten, die Gebäcke nur langsam bei Backstubentemperatur auf Gare stellen.

Butterfüllung

250 g Butter
250 g Rohzucker

Zusammen schaumig rühren.

Teigstreifen von 20 cm Breite ausrollen.
In der Mitte der Länge nach mit wenig backfester Marmelade und anschliessend mit Butterfüllung überstreichen.
Die beiden Längsseiten gegen die Mitte legen.
Mit Schluss nach oben in 3 bis 4 cm breite Streifen schneiden.
Diese Stücke in der Mitte der Länge nach einschneiden.
Ein Teigende durch den Einschnitt ziehen, auf mit Silikonpapier belegte Bleche absetzen und gären lassen.
Mit Ei bestreichen und in die Vertiefung Vanillecreme dressieren.
Mit Dampf backen (200 bis 210° C).
Noch heiss aprikotieren und glasieren.

Kämme

Teigstreifen von 25 cm Breite ausrollen.
In der Mitte der Länge nach mit Haselnussfüllung (Seite 236) und Butterfüllung überstreichen.
Wie Schlüferli einschlagen, wenden, die Oberfläche mit Ei bestreichen und mit gehobelten Haselnüssen überstreuen.
Davon 3 bis 4 cm breite Streifen schneiden und auf einer Längsseite 5 bis 6 Einschnitte anbringen.
Halbmondförmig auf Bleche absetzen, gären lassen und backen (200 bis 210° C).
Nach dem Backen mit Puderzucker stauben.

Gipfeli

Ein Teigstreifen auf eine Breite von 24 cm ausrollen.
Längliche Dreiecke schneiden, etwas Mandelfüllung (Seite 236) aufdressieren und zu Gipfeli rollen, auf Bleche absetzen und gären lassen. Mit Ei bestreichen und backen (200 bis 210° C).
Noch heiss aprikotieren und glasieren.
Gehobelte Mandeln aufstreuen.

Spandauer mit Aprikosen

Den Teig ausrollen und davon Quadrate von 10 × 10 cm schneiden.
In der Mitte einen Tupfen Mandelfüllung aufdressieren.
Die vier Ecken in die Mitte legen, gut andrücken und die Aprikosen auflegen.
Auf Bleche absetzen und backen (200 bis 210° C).
Noch heiss aprikotieren und glasieren.

Parisergipfel

Croissants feuilletés

(Méthode française)

Teig

1000 g Milch
100 g Hefe
20 g Malz
40 g Zucker
50 g Salz
150 g Eier
2000 g Mehl
100 g Butter

700 g Butter, Gipfelfett oder Blätterteigmargarine zum Einschlagen.

Herstellung

Hefe, Malz und Zucker in der ganz kalten Milch auflösen und mit dem Mehl mischen.
Salz und Eier verrühren und beigeben.
Bei Hälfte der Knetzeit die Butter dazugeben und gut kneten.
Den Teig rechteckig ausrollen, auf Blech legen, mit Plastik zudecken und zirka 60 Minuten in den Tiefkühler legen.
Anschliessend die Butter einschlagen und in kurzen Abständen drei einfache Touren geben. Nicht unter 10 mm tourieren, damit die Butterschichten erhalten bleiben.
Über Nacht im Kühlschrank liegen lassen. Er darf am Morgen nicht zusammengefallen sein.
Dieser Teig eignet sich auch für eine Gärdauer von nur 1 bis 2 Stunden. Dazu wird die Hefebeigabe auf 150 g pro Liter erhöht.

Teig

1000 g Wasser, kalt
50 g Hefe (im Winter 70 g)
40 g Malz
60 g Milchpulver
80 g Zucker
40 g Salz
1800 g Mehl

600 g Butter zum Einschlagen

Herstellung

Alle Zutaten im Wasser auflösen und mit dem Mehl zu einem Teig verarbeiten.
Gut kneten und anschliessend 4 bis 5 Stunden an einem kühlen Ort angären lassen.
Die Butter einschlagen und in kurzen Abständen 3 einfache Touren geben.
Zirka 1 Stunde im Kühlschrank liegen lassen.

Aufarbeiten

Den Teig 2,5 bis 3 mm dick ausrollen und mit der Walze oder einem Messer Dreiecke schneiden.
Diese mit der Maschine oder von Hand sorgfältig und ohne zu forcieren zu Gipfeln rollen und auf Blech absetzen.
In nicht zu warmem Gärschrank (28 bis 30° C) oder zugedeckt bei Backstubentemperatur gären lassen.
Mit Ei bestreichen, kurz antrocknen lassen, dann mit Dampf anbacken (210 bis 220° C) und bei offenem Zug ausbacken.

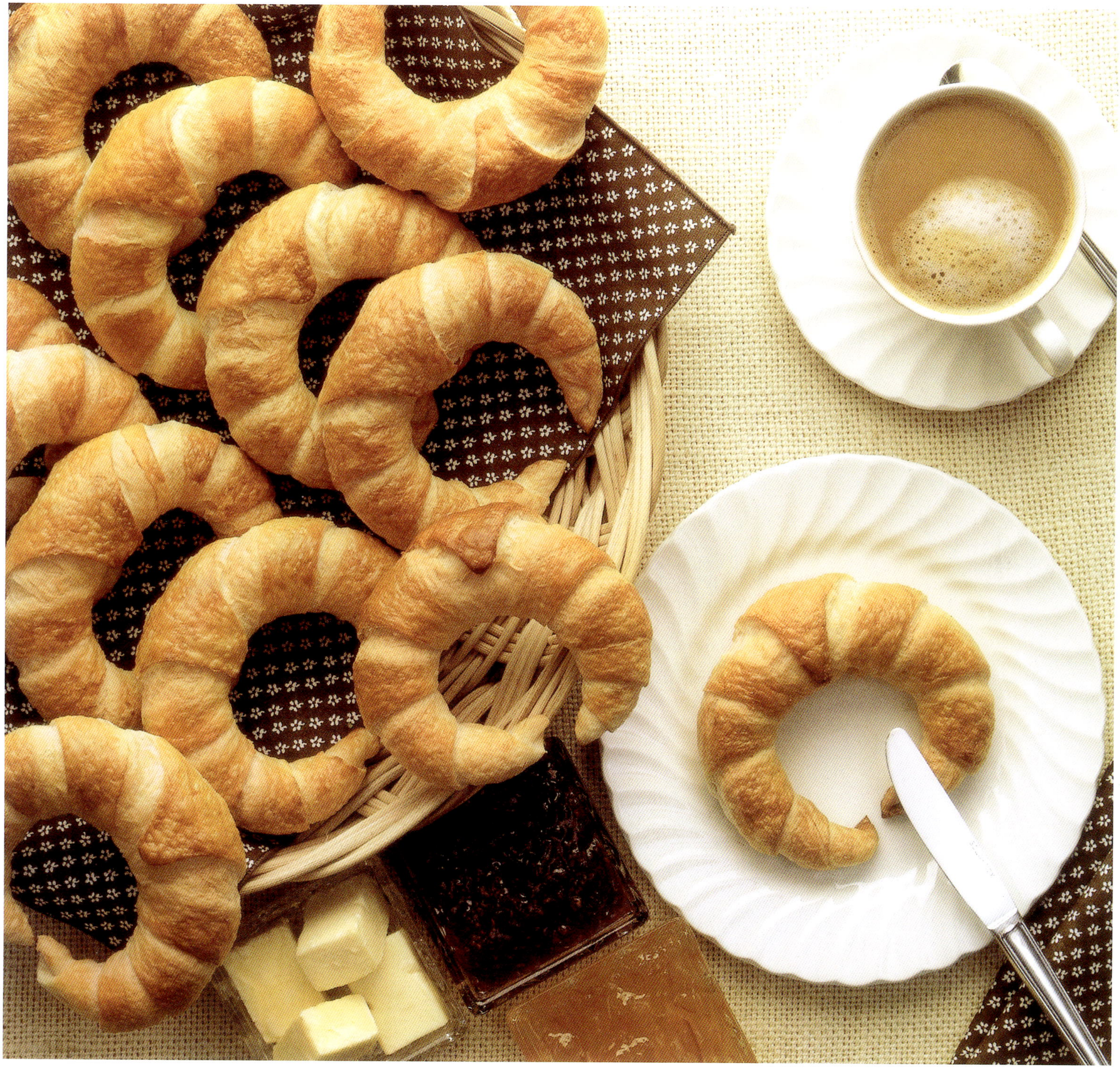

Laugengebäcke

Hebel

500 g Wasser
50 g Hefe
750 g Weissmehl (Typ 400/550)

Den Hebel 60 Minuten gären lassen.

Teig

500 g Wasser
50 g Hefe
20 g Malz
50 g Salz
100 g Öl
1 500 g Weissmehl (Typ 400/550)

Herstellung

Die Teigzutaten mit dem reifen Hebel, ohne Öl und Salz, zu einem Teig kneten. Nach Dreiviertel der Knetzeit das Öl, und am Schluss das Salz beifügen.
Stockgare 15 bis 20 Minuten.

Butterfüllung

200 g Butter
40 g Wasser
5 g Senf
 Salz

Zusammen schaumig rühren.

Silserbrezeli sowie die Delice können mit Coppa, Salami, Schinken oder Käsescheiben gefüllt werden.

Natronlauge

a) im Handel:
Unter 5%ige Natronlauge ist gebrauchsfertig und ohne Giftschein (max. 4,9%ige) erhältlich.

b) eigene Zubereitung der Lauge:
1000 g warmes Wasser
50 g Natriumhydroxyd, rein, in Plätzchen

Die Plätzchen mit dem Wasser aufkochen bis zur vollständigen Lösung.

Verwendungstemperatur ca. 40° C.

Silserbrezel

(gefüllte Brezel)

1500-g-Brüche abpressen (30 Teile) und länglich vorwirken.
Nach kurzer Ruhezeit zu 30 cm langen, gleichmässigen Strängen rollen und zu Brezel formen.
Leicht angären lassen und kühl stellen.
Vor dem Backen in Natronlauge tunken, auf Gitter oder Tefalbleche absetzen und mit grobkörnigem Salz bestreuen.
Bei offenem Zug backen (200 bis 210° C).
Nach dem Erkalten in der Mitte entzweischneiden und mit schaumig gerührter, leicht gesalzener Butter füllen.

Delice

1200-g-Brüche abpressen (30 Teile) und rundwirken.
Sodann etwas länglich stossen oder mit der Maschine zu kurzen Rollen aufarbeiten.
Nach kurzer Gare im Kühlschrank abstehen lassen, in Natronlauge tauchen und auf Gitter oder Tefalbleche mit Schluss nach unten absetzen.
Der Länge nach leicht einschneiden, mit grobem Salz bestreuen und ohne Dampf backen (200 bis 210° C).
Nach dem Abkühlen aufschneiden und mit schaumig gerührter, leicht gesalzener Butter bestreichen.

Bierbrezel

1800-g-Brüche abpressen (30 Teile) und länglich vorwirken.
Nach kurzer Ruhezeit die Stücke zu 45 bis 50 cm langen Strängen rollen und zu Brezeln formen. Die Stränge in der Mitte etwas dicker, dann dünner und gegen die Enden hin wieder etwas dicker wirken.
Die Brezel leicht angären lassen und anschliessend an der Kälte abstehen lassen.
Vor dem Backen in Lauge tunken, mit grobkörnigem Salz bestreuen und auf Gitter oder Tefalblechen in nicht zu warmem Ofen ohne Dampf gut ausbacken.

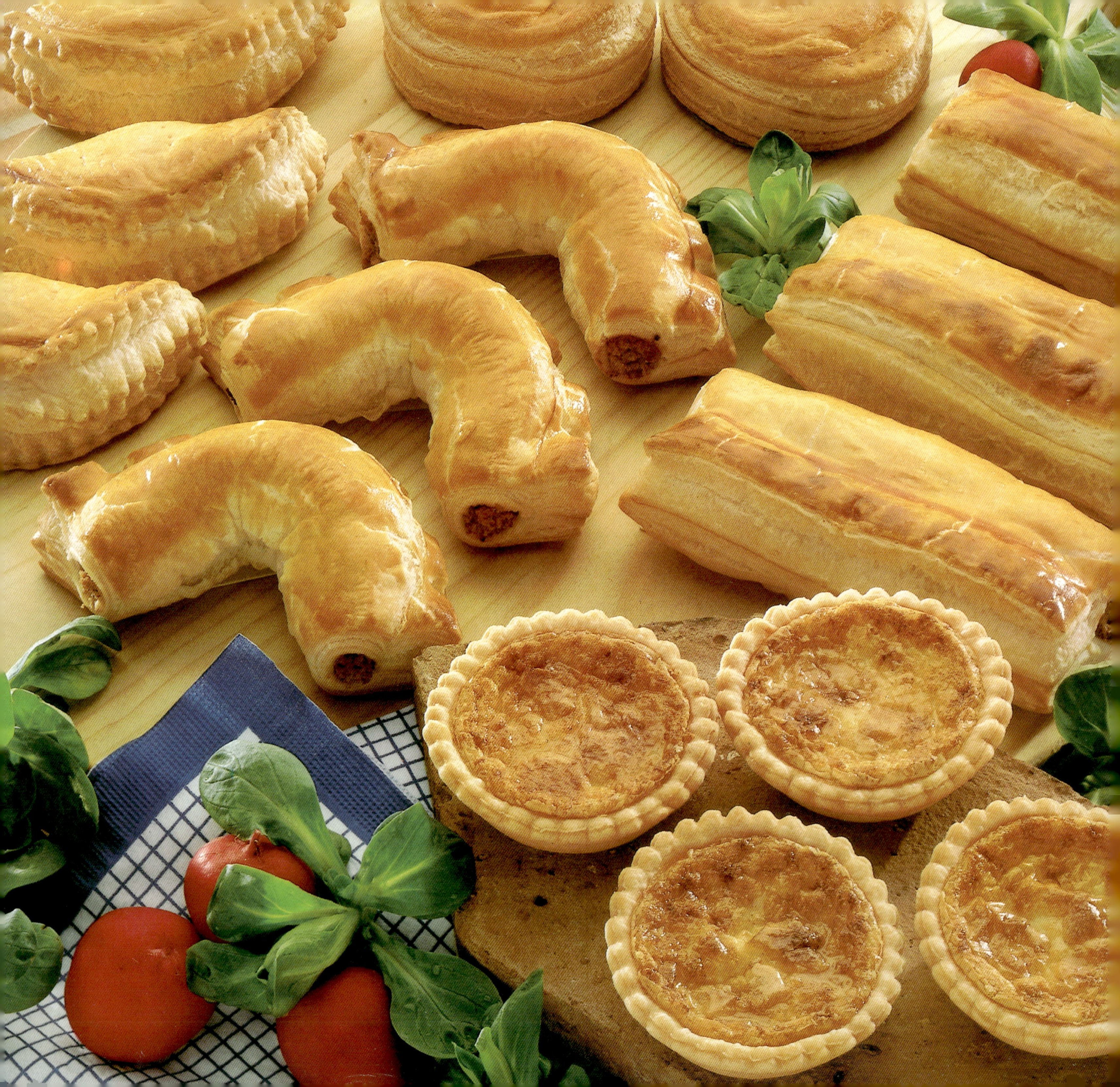

Gesalzene Artikel aus Blätterteig

Wurstweggen

Blätterteig 2 mm dick ausrollen und in Rechtecke von 12 × 15 cm schneiden. Mit dem Dressiersack das Brät der Länge nach aufdressieren.
Den Rand mit Ei bestreichen, den Teig über die Füllung legen und mit einer Latte gut abdrücken.
Auf Blech absetzen, mit Ei bestreichen und backen (220° bis 230° C).

Brät

150 g feingehacktes Rindfleisch
150 g feingehacktes Schweinefleisch
125 g Weggli in
200 g Milch, ca., einweichen
 50 g Zwiebeln
 15 g Gewürzsalz
      Petersilie

Die feingehackten Zwiebeln mit etwas Butter dämpfen, dann das Brät und die eingeweichten Weggli beigeben.
Ergibt 24 Stück.

Sardellenweggen

Blätterteig 2 mm dick ausrollen und in Rechtecke von 10 × 15 cm schneiden. Wurstweggenbrät mit dem Dressiersack der Länge nach aufdressieren.
Ein Sardellenfilet darauflegen, den Teig darüberlegen und andrücken.
Mit dem Messer fünfmal einschneiden und halbkreisförmig auf Blech absetzen.
Mit Ei bestreichen und backen (220° C).
Ergibt 36 Stück.

Gewürz-Salz

1 000 g Salz
  500 g Aromat
   50 g Pfeffer
   50 g Muskat

Käsekrapfen

Herstellung wie Spinatkrapfen.

Käsefüllung

150 g Käsemischung, gerieben
      (Emmentaler, Greyerzer)
100 g Eier
 30 g Paniermehl
      Gewürzsalz
 50 g Milch, ca.

Alle Zutaten gut miteinander vermischen.

Ergibt 24 Stück.

Spinatkrapfen

Füllung

600 g Spinat
120 g Speckwürfel
 25 g Zwiebeln
 30 g Butter
 30 g Mehl
 50 g Bouillon oder Wasser
  5 g Gewürzsalz

Spinatblätter in Salzwasser weichkochen, dann mit kaltem Wasser abschrecken. Zum Abtropfen auf ein Sieb schütten, von Hand ausdrücken und mit dem Messer grob hacken.
Speckwürfel mit den Zwiebeln anbraten, den Spinat beigeben und zusammen aufkochen.
Das Butter-Mehl-Gemisch (Beurre manié) darunterrühren und mit Bouillon oder Wasser ablöschen, würzen und erkalten lassen.

Herstellung

Blätterteig 2 mm dick ausrollen und rund ausstechen, ⌀ 12 cm.
In die Mitte jedes Stückes Spinatfüllung geben, rundherum mit Ei bestreichen, den Teig überlegen und mit dem Rücken eines kleineren Ausstechers gut andrükken.
Mit Ei bestreichen und backen (220° C).
Ergibt 24 Stück.

Schinkengipfel

Blätterteig 2 mm dick ausrollen und in 14 cm breite Streifen schneiden.
Daraus gleichseitige Dreiecke schneiden.
In die Mitte der Dreiecke die Füllung geben und ziemlich locker zu Gipfel aufrollen.
Auf Blech absetzen, mit Ei bestreichen und backen (220° C).

Füllung

350 g Schinken
 90 g Rahm
 15 g Senf
  5 g Gewürzsalz

Den gehackten Schinken mit den übrigen Zutaten vermischen.
Ergibt 24 Stück.

Fisch-Pastetli

Füllung

400 g Fischfilets
 40 g Weggli
120 g Fischsud
 40 g Zwiebeln
 40 g Eiweiss

Mit Wasser, Salz, Gewürz, Lauch, Sellerie, Rüebli, Gewürznelken und Lorbeerblatt einen Sud zubereiten.
Die Fischfilets darin weichkochen, Kochzeit ca. 10 Minuten.
Danach die Filets etwas zerkleinern und mit den eingeweichten Weggli, den gedünsteten Zwiebeln, dem Eiweiss und dem Gewürz vermischen.

Herstellung

Aus 2 mm dick ausgerolltem Blätterteig mit glattem Ausstecher runde Plätzchen ausstechen, für die Böden 9 cm ⌀, für die Deckel 10 cm ⌀.
Die Böden auf Blech absetzen, in die Mitte etwas Füllung geben, rundherum anstreichen und die Deckel auflegen.
Mit einem Ausstecherrücken gut andrücken.
Mit Ei bestreichen und backen (220° C).
Ergibt 24 Stück.

Käsepastetli

Guss

750 g Milch
500 g Rahm
400 g Käsemischung, gerieben
        (Emmentaler, Appenzeller, Sbrinz)
650 g Eier
 25 g Gewürzsalz

Tartelette-Förmchen schmieren und mit Kuchenteig oder Abfall-Blätterteig auslegen.

Herstellung

Milch und Rahm auf 45° C erwärmen, Käsemischung, Eier, Gewürzsalz und eventuell etwas Milch knollenfrei anrühren.
Die restliche Flüssigkeit beigeben.
Mit dem Giesstrichter in die Förmchen abfüllen und backen (210° bis 220° C).

Grosser Vol-au-Vent

Blätterteig 3 bis 4 mm dick ausrollen.
Zwei gleichgrosse Scheiben und ein Ring ausschneiden.
Den Rand der einen Scheibe mit Ei bestreichen, in die Mitte wenig Mehl streuen und die zweite Scheibe auflegen.
Ganz mit Ei bestreichen und die Mitte mit der Gabel zeichnen.
Den Ring auflegen, mit Ei bestreichen und den Rand leicht einkerben.
Abstehen lassen und backen (220° bis 230° C, mit Dampf anbacken).
Nach dem Backen den Deckel herausschneiden und den in der Mitte schwach gebackenen Teig entfernen.
Eventuell nochmals kurz in den Ofen geben.

Vol-au-Vent-Sauce

- 400 g Kalbfleisch (Schnitzelfleisch)
- 200 g Milke
- 1 kleine Zwiebel
- 1 Zinke Knoblauch
- 1 Loorbeerblatt
- 2 Nelkenköpfchen
- 1 kleine Karotte
  Petersilie
  Gewürzsalz
- 1200 g Wasser
- 100 g Butter
- 100 g Mehl
- 100 g Champignons
- 100 g Weisswein
- 50 g Eigelb
- 50 g Rahm

Herstellung

Gemüse und Gewürz mit dem Wasser aufkochen.
Kalbfleisch und Milke beigeben.
Nach 10 bis 15 Minuten die Milke herausnehmen, in kaltem Wasser abschrecken, von der Haut lösen und in kleine Stücke zerteilen.
Das Kalbfleisch, wenn weich gekocht, in Würfel schneiden.
Den Sud passieren und wieder zum Kochen bringen.
Butter und Mehl miteinander vermischen und in den Sud rühren.
10 bis 15 Minuten kochen lassen, dann den Weisswein und die mit dem Rahm vermischten Eigelb darunterrühren, sowie die Champignons, das Kalbfleisch und die Milke.

Kleiner Vol-au-vent

Blätterteig 2,5 mm dick ausrollen.
Runde Plätzchen, ⌀ 8 cm, ausstechen.
Die Hälfte davon auf mit Wasser leicht benetztes Blech absetzen, mit der Gabel zwei- bis dreimal stupfen und mit Ei bestreichen.
Aus den restlichen Plätzchen Ringli ausstechen (innen ⌀ 5 cm) und diese auflegen.
Mit Ei bestreichen, abstehen lassen und backen (220° bis 230° C, mit Dampf anbacken).

Tip: Sollte die Sauce zu dünn werden, so kann sie mit weiterem Mehl-Butter-Gemisch verdickt werden.

Pastetenhafen (Luzerner Chügelipastete)

Abfallblätterteig 2 bis 3 mm dick ausrollen und rund ausschneiden.
Auf Blech absetzen.
Papierwolle zu einem Knäuel formen und in dünnes Pergamentpapier einwickeln.
In die Mitte der Teigscheibe legen und den Rand mit Ei bestreichen.
Ausgerollter Abfall-Blätterteig 2 bis 3 mm dick darüberlegen und am Rand gut andrücken.
Mit Ei bestreichen und Teigbändchen über die Pastete legen und oben in die Mitte einen Teigring.
Den unteren Rand mit einem Teigband aus frischem Blätterteig belegen und mit einem Messerrücken einkerben.
Die Flächen zwischen den Bändchen mit ausgestochenen Herzchen, Sternen, Blümchen oder ähnlichem ausgarnieren.
Das ganze mit Ei bestreichen und backen (210° bis 220°).
Nach dem Backen den Deckel herausschneiden, das Pergamentpapier mit der Schere durchschneiden, die Papierwolle und anschliessend das Papier sorgfältig herausziehen.
Eventuell ungebackener Teig entfernen und nochmals kurz in den Ofen geben.

Füllung Luzerner Chügelipastete
(für ca. 12 Personen)

500 g	Kalbsvoressen, klein geschnitten
500 g	Brätkügeli, blanchiert
200 g	Champignons, gekocht
2	Äpfel in kleine Würfel geschnitten
1	Knoblauchzehe
½	Zwiebel
1	Loorbeerblatt
2	Nägeliköpfe
1	Suppenlöffel in Cognac eingelegte Sultaninen
½	Suppenlöffel Kirsch
250 g	Weisswein
1 dl	Rahm
1500 g	helle Bouillon (Hühner, Kalb usw.)
100 g	Butter
150 g	Mehl
1	Saucenwürfel, braun

Zubereitung

Kalbsvoressen anbraten, in eine Kasserolle geben, leicht würzen, Loorbeerblatt, Nägeli und brauner Saucenwürfel beifügen.
Den Weisswein beigeben und fertigkochen.
In einer Kasserolle Butter schmelzen, Mehl beigeben, rühren und die Bouillon beifügen. Ca. 20 Minuten leicht kochen lassen.
Mit etwas Salz und Aromat würzen.
In einer weiteren Kasserolle die gehackte Zwiebel und den Knoblauch hell andünsten.
Brätkügeli und Champignonwürfel beifügen und mitdünsten.
Die Sauce (eventuell passieren wegen Knollen) zu den Kügeli und Champignons geben.
Die Apfelwürfel und das gekochte Kalbsvoressen ebenfalls beigeben, nochmals 5 Minuten leicht kochen, dann den Rahm und den Kirsch beifügen.
Eventuell etwas nachwürzen.
Nun diese Füllung in die gut vorgewärmten Pasteten einfüllen und die separat gewärmten Weinbeeren darüberstreuen.

Tip: Sollte die Sauce zu dünn sein, kann sie mit Weizenstärke gebunden werden.

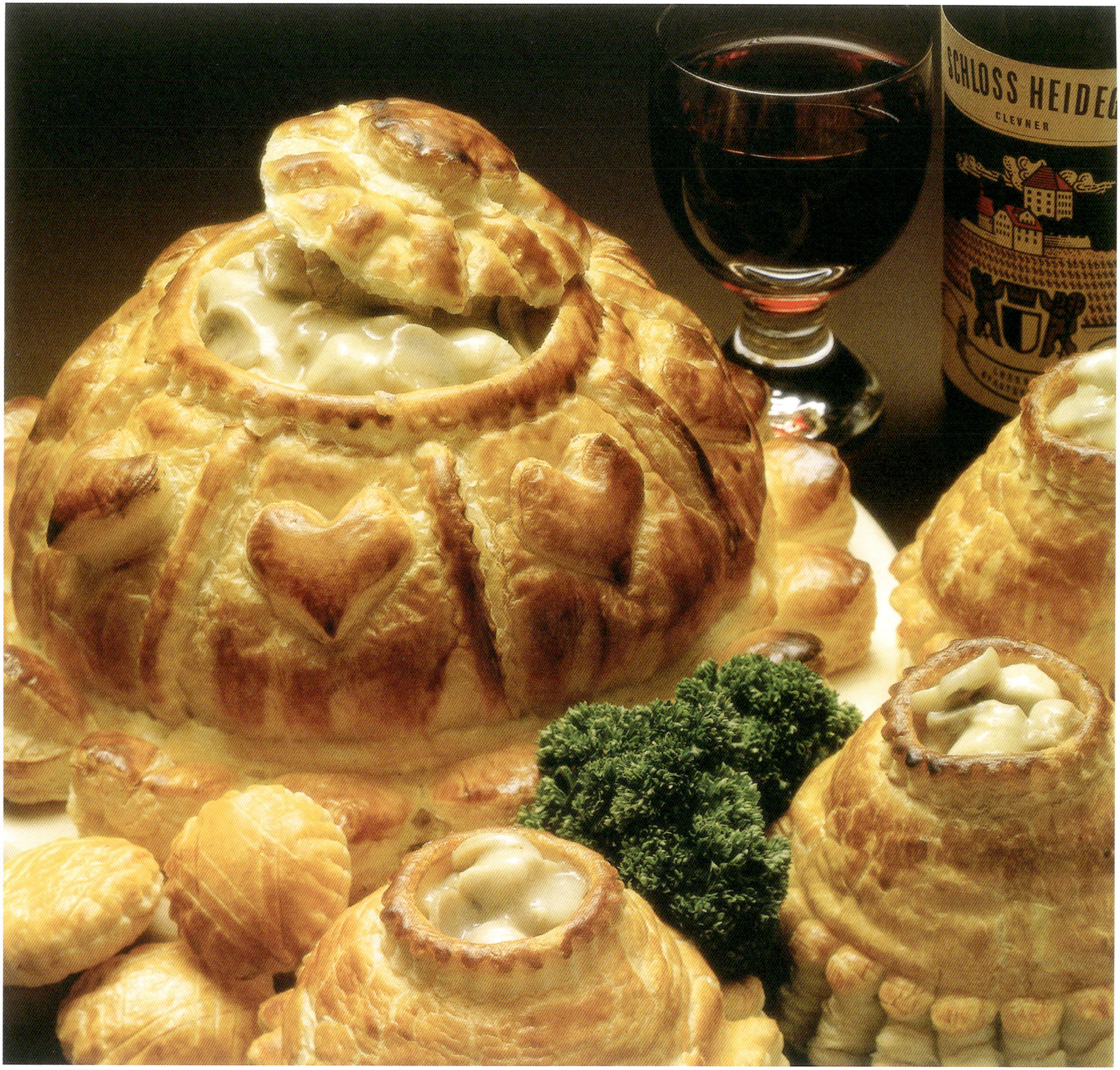
CLEVNER

Blätterteigkonfekt, gesalzen

Den Teig 2 mm dick ausrollen.
Backtemperatur 210 bis 220° C

Obere Reihe:
Mandelcravättli
Sesamdreieck
Halbmond

Mittlere Reihe:
Brätkrapfen
Käseweggen
Mandelplätzchen
Käse-Sacristin

Untere Reihe:
Schinkengipfeli
Sardellenstengel
Kümmelbrezel

Mandelcravättli

6 cm breite Streifen mit Ei bestreichen, mittelfeine, gehobelte Mandeln und wenig Salz darüberstreuen.
Leicht andrücken und in 3 cm breite Stücke schneiden.
In der Mitte zweimal drehen.

Brätkrapfen

Den Teig rund gezackt ausstechen (∅ 6 cm).
Mit Ei bestreichen, in die Mitte Wurstweggenbrät (Seite 252) dressieren.
Den Teig überlegen und mit einem Ausstecherrücken andrücken.
Mit Ei bestreichen.

Schinkengipfeli

7 cm breite Streifen in Dreiecke schneiden.
Die Füllung (gehackter Schinken, wenig Rahm und Senf) daraufgeben und zu Gipfel aufrollen.

Sesamdreieck

5 cm breite Streifen mit Ei bestreichen und Sesam darüberstreuen.
In Dreiecke schneiden.

Käseweggen

In 5 cm breite Streifen schneiden.
Der Länge nach schmale Käsestreifchen legen.
Den einen Rand mit Ei bestreichen, den Teig überlegen und gut andrücken.
Mit Ei bestreichen, mit der Gabel zeichnen und in Stücke schneiden.

Sardellenstengel

5 cm breite Streifen mit Ei bestreichen und der Länge nach mit Sardellenfilets belegen.
Mit einem zweiten Streifen abdecken, mit Ei bestreichen, mit der Gabel zeichnen und in Stücke schneiden.

Halbmonde

Den ausgerollten Teig mit Mohn und wenig Salz bestreuen.
Mit gezacktem Ausstecher (∅ 6,5 cm) ausstechen.

Käse-Sacristin

Den Teig mit Ei bestreichen und Käse darüberstreuen.
Etwas andrücken, in Streifen schneiden und schraubenförmig rollen.
In Stücke schneiden.

Mandelplätzchen

Rund, gezackt ausstechen (∅ 4,5 cm).
Mit Ei bestreichen und weisse Mandeln auflegen.

Kümmelbrezel

20 cm breite Streifen mit Ei bestreichen, Kümmel und wenig Salz darüberstreuen.
1 cm breite Streifen schneiden, diese schraubenförmig rollen und zu Brezel flechten.

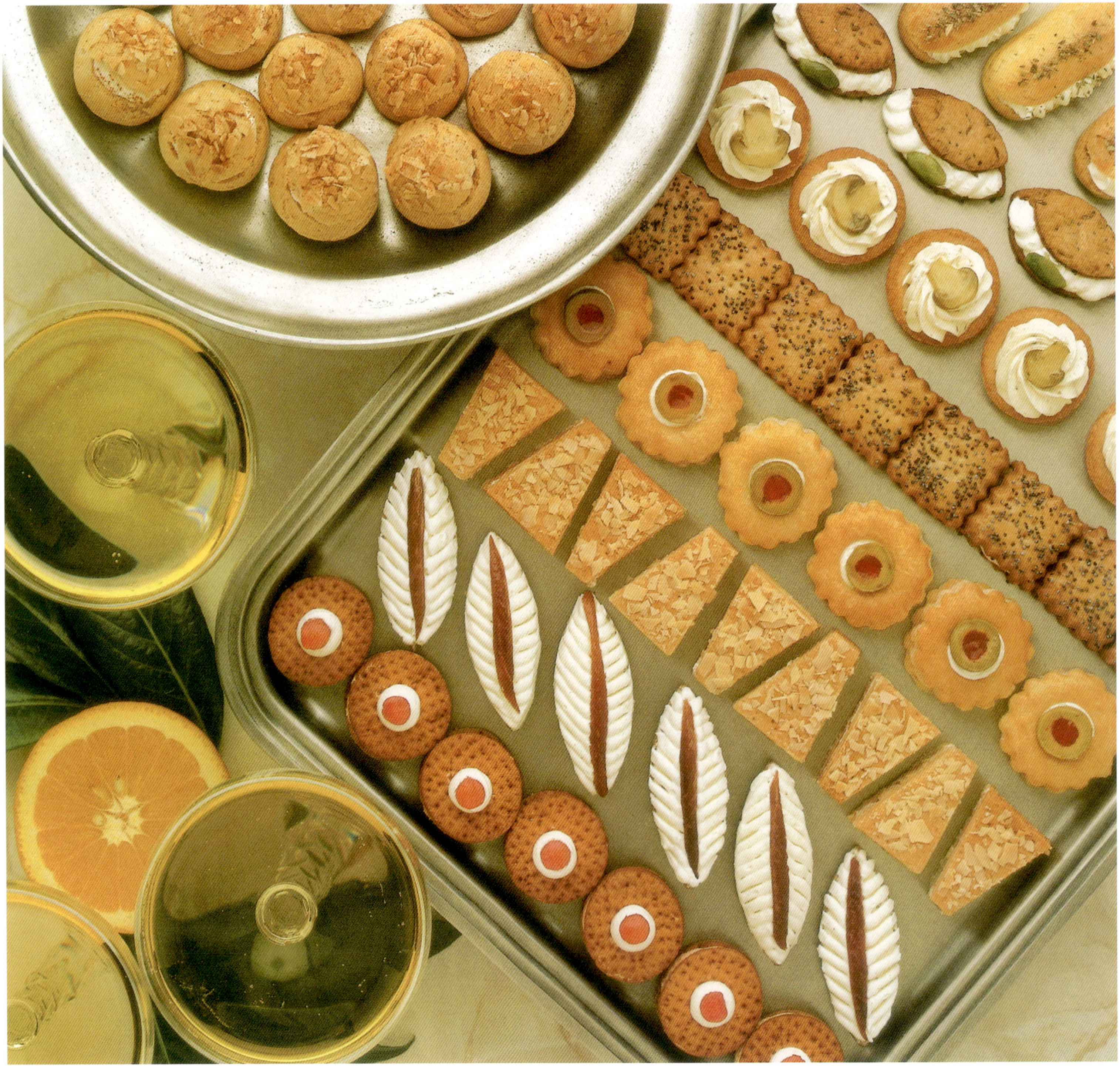

Gesalzene Petit Fours

Choux

Kleine Choux (Seite 63) durchschneiden, Sauce Remoulade einfüllen und je eine Crevette auflegen.

Sauce Remoulade

Mayonnaise vermischen mit feingehackten Cornischons, Kapern, Petersilie und Sardellenfilets.

Eclairs

Kleine Eclairs aufschneiden und mit Schinkenmousse füllen.

Schinkenmousse

100 g Butter, schaumig
200 g Schinken püriert
      Cognac, Paprika, Salz

Züngli

Je ein grosses und ein kleines Züngli aus Crackersteig (siehe Kümmelkrackers) mit Käsecreme zusammensetzen.

Käsecreme

200 g Butter, schaumig
100 g Käse, gerieben

Dekor: halbe Pistazie.

Käsesablés

Teig

500 g Mehl
300 g Butter
200 g Greyerzer, gerieben
 50 g Eier
 50 g Milch
  5 g Salz
     Pfeffer, Muskat
  5 g Backpulver

Wie einen Mürbteig vermischen, aufarbeiten und backen.
Die Käsecreme auf die Sablés dressieren.
Dekor: Champignons

Käsecreme

150 g Butter
200 g Weichkäse
     Pfeffer, Paprika, Salz
Zusammen schaumig rühren.

Kümmelkrackers

Teig

500 g Mehl
300 g Butter
 40 g Kümmel
 40 g Mohn
 20 g Puderzucker
 15 g Salz
 20 g Eigelb
120 g Wasser

Zu einem Teig vermischen und abstehen lassen.
2,5 mm dick ausrollen und auf Blech legen.
Mit der Carréwalze zeichnen und mit dem gezackten Rädchen Quadrate von 4,5 × 4,5 cm schneiden.
Stupfen, mit Ei bestreichen und backen (200° C).
Nach dem Erkalten mit Kräutercreme zusammensetzen.

Kräutercreme

200 g Butter
100 g gehackte Kräuter
     (Petersilie, Kerbel, Estragon,
     Schnittlauch)
     wenig Zitronensaft
     Salz
Zusammen schaumig rühren.

Pastetli

Kleine Blätterteigpastetli mit folgender Creme füllen:

100 g Butter, schaumig
150 g Gänseleber oder Parfait
  Cognac
  Cayennepfeffer, Salz

Dekor: gefüllte Olive.

Trapez

Abfallblätterteig dünn ausrollen, stupfen, mit Ei bestreichen und für die Deckel mit gehobelten Mandeln überstreuen. Backen, mit Eiermousse füllen, anziehen lassen und schneiden.

Eiermousse

100 g Butter, schaumig
200 g Eigelb, hartgekocht
  Cognac, Madeira
  Paprika, Salz

Schiffchen

In leer gebackene Schiffchen aus geriebenem Teig Sardellenbutter eindressieren.
Dekor: Sardellenfilets.

Sardellenbutter

150 g Butter, schaumig
  2 Sardellenfilets, fein verrieben
    Worcestersauce
    wenig Cayennepfeffer

Tomatensablés

Teig

500 g Mehl
300 g Butter
 50 g Eier
100 g Tomatenpüree
  5 g Backpulver
  5 g Salz
    Paprika, Pfeffer

Wie ein Mürbteig vermischen, abstehen lassen, 3 mm dick ausrollen, mit der Carréwalze zeichnen, ausstechen und backen (200° C).
Mit Tomatencreme füllen.
Dekor: Tupfen aus schaumig gerührter, gesalzener Butter, Peperonistückchen.

Tomatencreme

200 g Butter
100 g Tomatensauce
    Paprika, Salz
    wenig Thymian

Zusammen schaumig rühren.

Inhaltsverzeichnis

Einleitung 5
Aus der Geschichte der Konditorei 7

Warenkunde
Das Mehl 8– 9
Die Stärken 10
Zucker und Zuckerarten 11–14
Eier 15
Milch und Milchprodukte 16–17
Fettstoffe 18
Nüsse und Kerne 19–20
Früchte 21
Kakao und Schokolade 22–24
Gewürze, Spirituosen 25–26
Gelier- und Bindemittel 27
Lockerungsmittel 28
Konservierungsmittel, Farbstoffe 29
Aromastoffe 30

Berufskunde
Kühllagerung, Lebensmittelverordnung 31
Halbfabrikate 32– 35
Cremen und Füllungen 36– 40
Blätterteig 41– 43
Rezeptaufbau süsse Butterteige 44– 47
Rezeptaufbau Biscuitmassen 48– 53
Rezeptaufbau Buttermassen 54– 57
Rezeptaufbau Schneemassen 58– 61
Abgeröstete Massen 62– 65
Makronen-Massen 66– 67
Honigteige 68
Verschiedene Rezepte 69– 70

Konditoreiprodukte
Patisserie 73–103
Schnitt-Torten und Torten 105–123
Rahm- und Cremedesserts 125–135
Konfekt ungefüllt und gefüllt 137–161
Stückli 163–177
Stücksachen 179–215
Lebkuchen und Biber 217–227
Schwimmend Gebackenes 229–233
Hefegebäcke 235–249
Gesalzene Artikel aus Blätterteig 251–262

Rezepte

Patisserie	73
Ananas-Ecken	79
Ananas-Japonais	85
Ananas-Schnitten	77
Ananas-Törtli	98
Apfelcreme-Schnitten	99
Apfel-Schnitten	103
Aprikosen-Quark-Schnitten	103
Birnen-Törtli	96
Capris-Rollen	85
Caracas	89
Choux	92
Conversation	75
Cornets	74
Cremeschnitten	74
Diplomat	99
Doboschschnitten	87
Eclairs	93
Engadinerschnitten	88
Excellent	97
Florentiner-Schnitten	98
Frucht-Törtli	93
Handörgeli	76
Haselnusswürfel	78
Hawaii	90
Helvetiaschnitten	87
Holländerli	75
Jamaica-Rahmschnitten	97
Japonais	84
Japonaisroulade	83
Kartoffeln	81
Kirschroulade	82
Linzerschnitten mit Konfitüre	91
Linzerschnitten mit Mandelmasse	91
Meringues	94
Mirleton	75
Mocca-Bohnen	80
Mocca-Halbmond	79
Mohrenköpfe	80
Mousse mit Früchten oder Beeren	100
Mousse au chocolat	100
Napolitain	88
Nougatines	90
Nuss-Schnittli	88
Orangenschnitten	78
Pariserzungen	76
Pfirsich	81
Pralineschnitten	77
Pralinewürfel	79
Puits d'amour	74
Rehrücken	87
Rosetten	98
Roulade dressiert	83
Roulade gepresst	83
Roulade geschnitten	82
Royal-Kugeln	80
Sappho	89
Sarah Bernhard	90
Silvana	84
Schokoladekugeln	86
Schokoladerollen	94
Schokoladerosetten	81
Schokolade-Schnitten	96
Schokoladespitzen	77
Schokoladestengel	86
Schokoladewürfel	78
Schwänli	92
Schweden-Choux	92
St. Honoré	93
Vermicelles	94

Vier-Finger	76
Wienerwaffeln	91
Zickaschnitten	86
Zitronenrolle	82
Zitronen-Schnitten	96
Zitronentörtli	89
Zugerkirschtörtli	84
Züngli	85
Zwetschgenschnitten	103
Schnitt-Torten und Torten	105
Engadiner-Nusstorte	120
Engadiner-Torte	109
Erdbeer-Torte mit Joghurt	117
Florentiner-Torte	114
Frucht-Torte	115
Haselnuss-Torte	107
Japonais-Rahmtorte	111
Pflümli-Torte	112
Quarktorte abgeflämmt	118
Rahmquark-Torte	116
Rüebli-Torte	106
Sachertorte	122
Solothurnertorte	121
Schokolade-Birnentorte	113
Schwarzwälder-Torte	110
Trüffes-Torte	123
Zitronen-Torte	119
Zuger-Kirschtorte	108
Rahm- und Cremedesserts	125
Ananas-Royal	130
Charlotte Royal	131
Charlotte Russe	129
Eugénie mit Erdbeeren	133

Pariserring	134
Savarin	135
St. Honoré	132
Vacherin	126
Vacherin-Marquise	128
Vacherin-Panaché	127
Vacherin-Vermicelles	127
Konfekt ungefüllt und gefüllt	137
Anisbrötli	222
Basler Leckerli	222
Baumnuss-Makronen	154
Baumnuss	157
Biberli	226
Blätterteigkonfekt, gesalzen	258/259
Blätterteigkonfekt, süss	160/161
Brunsli	150
Caramel	159
Chemin de fer	152
Choco-Plätzchen	156
Chräbeli	222
Cigarettes parisiennes	146
Cornets, Rölleli	152
Croquettes Suisse	141
Dressiertes Mandelkonfekt	149
Florentiner	153
Florentinerringli	153
Gewürzkonfekt	139
Gianduja-Züngli	147
Harlequin	142
Holländer-Makronen	151
Honignüssli	226
Honigspitzen	154
Kirsch	157
Löffelbiscuit	145

Magenbrot	227	Totenbeinli	141
Mailänderli	138	Triestini	138
Makrönli	151	**V**anillebrezeli, dressiert	139
Mandelbrot	141	Vanille-Hörnli	139
Mandelgipfeli	149	Venezianer	140
Mandelkonfekt, dressiert	149	**W**ienerwaffeln	143
Mandelschnittli	152	**Z**imtblätter	140
Mandelstengeli	147	Zimtsterne	150
Mandel-Tuiles	146	Zitronen-Makrönli	158
Maraschino	157		
Mocca	159	**Stückli**	163
Nero	144	Amaretti	168
Nord-Süd	150	**B**irnenweggen	171
Norwegerkugeln	227	Butter-S	165
Nusskonfekt	142	**F**lorentinercarré	176
Ochsenäugli	142	**G**lacestengeli	170
Orange	158	**H**aselnussmakrönli	167
Palets de dames	146	Hufeisen	170
Parisermakronen	149	**K**okosmakronen	166
Pariserstengel	145	Kokosplätzli	175
Pertikus	144	Linzertörtli	177
Pistache	159	**M**akronen-Halbmond	167
Pralineringli	145	Makronenstengel	176
Prinzesse	143	Makrönlistengel	176
Sablés	140	Mandelgipfeli	171
Sebastopol	154	Mandel-Hörnli	168
Siegel	158	Mandeltörtli	173
Schokolade-Makronen	151	**N**usscaré	177
Schokolade-Schäumchen mit Mandeln	147	**P**ertikusplätzli	175
Schokoladeschnittchen	156	Prussiens	170
Schwabenbrötli	138	**R**otary-Schnitten	177
Studentenküsse	143	**S**ablés	164
Tarragoner	144	Sebastopol	166
Toscaner	153	Spiegeli	174
Toscaner, gefüllt	156	Sultaninenplätzli	164

Sultaninentörtli	173	Holländer	181
Schmelzbrötli	165	**K**irschcakes	204
Schokoladekokosstengel	175	Kirschencakes	192
Schokoladeplätzli	174	Knuspercakes	194
Schokolade-S	168	**L**inzertorte, dressiert	184
Vanillebrezel	165	Linzertorte mit Konfitüre	183
Vogelnestli	167	Linzertorte mit Mandelfüllung	183
Windrädli	171	**M**occablätter	207
Zimtblätter	164	Moccacakes	204
Zitronenplätzli	174	**N**apolitain	184
Zitronentörtli	173	Nussholländer	182
Zuckerbrötli	166	**O**sterfladen	185
		Pithivier	213
Stücksachen	179	Polonais	212
Ananascakes	189	**R**eformcakes	191
Ananascakes (Tortencakes)	205	Rehrücken	197
Ananasholländer	181	**Sch**metterling	213
Apfelholländer	182	Schokoladeholländer	180
Apfel-Streusel	215	Schokolade-Kokos-Cakes	190
Apfeltorte mit Butterstreusel	186	Trüffelcakes	209
Biscuithasen	198	**U**rner Pastete	211
Caracas	208	**V**alenciacakes	193
Caramelroulade	206	**W**illiamstörtli	187
Farmercakes	196	Windsorroulade	206
Financier	195	**Z**itronencakes	203
Fisch	212	Zitronenroulade	205
Florentinercakes	203		
Früchtecakes	188	**Lebkuchen und Biber**	217
Fruchtkuchen mit Blätterteigrand	214	**A**nisbiber	223
Fruchtkuchen mit Meringage	214	Anisbrötli	222
Giandujacakes	204	**B**asler Leckerli	222
Glarner Pastete	210	Biber	220
Gugelhopf, gerührt	201	Biberli (Konfekt)	226
Gugelhopf mit Hefe	241	**Ch**räbeli	222
Gugelhopf nach Grossmutter-Art	199	**H**aselnuss-Lebkuchen	221

Honignüssli	226	**Gesalzene Artikel aus Blätterteig**	251
Lebkuchen	218	**B**lätterteigkonfekt gesalzen	258/259
Luzerner Lebkuchen	224	Fisch-Pastetli	254
Magenbrot	227	Käsesablés	261
Norwegerkugeln	227	Käsekrapfen	252
		Käsepastetli	254
Schwimmend Gebackenes	229	Kümmelkrackers	261
Berliner Pfannkuchen	230	Luzerner Chügelipastete	256
Fasnachtsküechli	232	**P**astetenhafen	256
Rosenküechli	233	Pastetli (Vol-au-vent)	255
Schenkeli	230	Petit Fours gesalzen	261/262
Schlüferli	233	**S**ardellenweggen	252
Storchennester	232	Spinatkrapfen	253
Zigerkrapfen, Innerschweizer und Zürcher	231	**Sch**inkengipfel	253
		Tomatensablés	262
Hefegebäcke	235	**V**ol-au-vent, gross, klein	255
Bienenstich	240	**W**urstweggen	252
Bierbrezel	249		
Brioches	243	**Verschiedene Rezepte**	
Croissants feuilletés (französische Methode)	246	**A**bgeröstete Massen	62/63
Dänisch-Plunder	244/245	Amaretti-Masse	67
Delice	249	Ananas, halbconfiert	70
Gugelhopf	241	Apfelcreme	99
Hefekranz	237	**B**ackmasse	32
Hefering	238	Biber-Gewürz	70
Laugengebäcke	248/249	Bienenstich-Masse	65
Nussgipfel	242	Birnenweggen-Einlage	32
Parisergipfel	246	Biscuitbrösel	35
Rollkuchen	237	Biscuitmassen, warm und kalt	50
Silserbrezel (gefüllt)	249	Biscuitmassen mit Aufschlagmittel	53
Schnecken	242	Biscuitmasse für Florentinerschnitten	69
Schlüferli (Dänisch-Plunder)	244	Blätterteig	42/43
Streuselkuchen	239	Braune Mandelmasse	32
Tourierter Hefesüssteig	236	Butterbiscuit	50
		Butterblätterteig	43

Buttercremen	38/39
Buttermassen	57
Caprisrollen-Masse	69
Caramel	33
Caramel-Schaumcreme	39
Couleur	33
Creme Bavaroise	36
Cremen mit Quark und Joghurt	40
Deutscher Blätterteig	42
Deutscher Marzipan	32
Diplomat-Creme	37
Dobosch-Masse	70
Féculestreiche	35
Fettglasur (Überzugsmasse)	34
Fondant	34
Florentiner-Masse	65
Französischer Blätterteig	43
Französischer Marzipan	32
Fruchtcreme mit Joghurt	40
Früchtecakes-Masse	57
Ganache	40
Gewürz-Salz	70
Gianduja	33
Gleichschwer-Cakes-Masse	57
Gugelhopf, gerührte Masse	57
Gummi arabicum	35
Halbconfierte Ananas	70
Haselnussbiscuit	50
Haselnussfüllung	236
Haselnuss-Masse	32
Haselnussbiscuitmasse für Rouladen	51
Hefesüssteig, touriert	236
Helvetiaschnitten-Masse	70
Holländermasse	70
Holländischer Blätterteig	42
Japonaisbrösel	35
Japonaismassen	60
Japonaisrouladen-Masse, dressiert	69
Joghurt-Cremen	40
Käsecreme	261
Knusper-Cakes-Masse	57
Kokosmakronen-Masse (abgeröstet)	64
Kräutercreme	261
Krokantstreusel	35
Lebkuchengewürz	70
Leckerliglasur	34
Linzerteig	47
Löffelbiscuit-Masse	52
Mailänderliteig	47
Makronenmassen	66/67
Makrönlimasse	67
Mandelbiscuit	50
Mandelfüllung für Hefegebäcke	236
Mandelkonfekt-Masse	67
Mandelmasse	32
Mandelmürbteig	47
Mandelrouladenbiscuit	51
Mandelschneemasse	69
Marron-Püree	32
Marzipan	32/33
Moccamürbteig	70
Mohrenkopfmassen	52
Mousse mit Früchten oder Beeren	100
Mousse au chocolat	100
Mürbteig	47
Napolitainteig	47
Nougat	33
Nougatstreusel	35
Orangencreme	40
Pâte-à-Choux	63

Patisserie-Ganache	40
Pellerines	52
Persipan	32
Praline-Cakes-Masse	57
Pralinemasse	33
Pralinesandkapseln	70
Punschmasse	97
Quarkcreme	40
Rouladenbiscuits	51
Rouladenbiscuits mit Aufschlagmittel	53
Sabléteig	47
Sandmasse	50
Sardellenbutter	262
Sauce Remoulade	261
Sebastopol-Masse	64
Sirup	35
Spritzglasur	34
Schaumcreme	39
Schinkenmousse	261
Schokoladebiscuit	50
Schokolade-Cakes-Masse	57
Schokoladebiscuitmasse für Rouladen	51
Schokolade-Mousse	100
Schokolade-Mürbteig	47
Schokolade-Rouladenmasse, dressiert	69
Schokolade-S-Massen	69
Schokoladeschaumcreme	39
Schokoladespäne	35
Schokoladestreusel	35
Tempo-Blätterteig	42
Tourierter Hefesüssteig	236
Vanillecremen	36
Vanillecreme, leicht	37
Vollkorn-Früchtecakes-Masse	57
Wasserglasur	34
Weisse Mandelmasse	32
Wiener-Biscuitmasse	50
Wienerwaffelteig	47
Zitronencreme	40
Zitronencreme mit Schnee	37
Zuckerteig	47
Zünglimassen	61